新媒体环境下
传统媒体的转型战略研究

郭全中 等 著

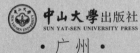

·广州·

版权所有　翻印必究

图书在版编目（CIP）数据

新媒体环境下传统媒体的转型战略研究/郭全中等著.—广州：中山大学出版社，2019.6
ISBN 978-7-306-06637-4

Ⅰ.①新… Ⅱ.①郭… Ⅲ.①传播媒介—发展—研究—中国 Ⅳ.①G219.2

中国版本图书馆 CIP 数据核字（2019）第 103519 号

出 版 人：	王天琪
策划编辑：	徐诗荣
责任编辑：	徐诗荣
封面设计：	林绵华
责任校对：	王　睿
责任技编：	何雅涛
出版发行：	中山大学出版社
电　　话：	编辑部 020-84110283，84111997，84110779，84113349
	发行部 020-84111998，84111981，84111160
地　　址：	广州市新港西路 135 号
邮　　编：	510275　　传　真：020-84036565
网　　址：	http://www.zsup.com.cn　　E-mail:zdcbs@mail.sysu.edu.cn
印 刷 者：	佛山市浩文彩色印刷有限公司
规　　格：	787mm×1092mm　1/16　18.5 印张　363 千字
版次印次：	2019 年 6 月第 1 版　2019 年 6 月第 1 次印刷
定　　价：	39.00 元

如发现本书因印装质量影响阅读，请与出版社发行部联系调换

本书为国家社会科学基金重点项目"新媒体环境下传统媒体的转型战略研究"(项目批准号:13AXW006)研究成果

本书主要作者

郭全中［中共中央党校（国家行政学院）文史教研部副教授］

胡　洁（中国社会科学院数量经济与技术经济研究所研究员）

向　熹（广州时间网络科技有限公司 CEO）

郭　凯（中国人民大学商学院博士后）

鲍林强（华数集团党委委员、副总经理）

王俊杰（中央财经大学商学院副教授）

郭凤娟（北京资产评估协会职员）

序

范以锦

互联网自 1994 年 4 月 20 日进入中国以来,经过 20 多年的发展,从根本上重构了传媒生态,给传统媒体带来了前所未有的影响。"转型",已成为传统媒体革命性变革的关键词。要顺利进行转型,就必须弄清以下问题:传统媒体陷入困境的节点在哪里?转型的着眼点是什么?应采取何种转型战略?什么样的转型思路和转型目标才能与转型战略相匹配?要采取什么样的配套措施才能使转型战略真正落地?针对这些问题,由郭全中副教授主持的国家社会科学基金重点项目"新媒体环境下传统媒体的转型战略研究"采取"知行合一"的研究方法,进行了深入、系统的研究,并提出了创新性强、可操作的对策与建议。细读其研究报告,如下观点值得学界与业界重视和借鉴。

一、传统媒体陷入困境的根源是用户连接失效

首先,传统媒体已经深陷困境。在新媒体的冲击下,传统媒体的困境具体表现为:受众大量流失、广告主抛弃传统媒体、骨干大量流失、自身平台的传播力严重削弱。①受众大量流失。2012 年以来,传统报刊的印刷量和发行量大幅度下降,传统电视的收视率大幅度下滑,其原因是受众大量流失并转移到互联网媒体尤其是移动互联网媒体上。互联网尤其是移动互联网已经成为年轻用户获取新闻和内容的主要渠道。②广告主抛弃传统媒体。广告主看中的不是谁生产了什么内容,而是内容在哪个平台上最受用户尤其是精准用户关注。在受众大量流失的情况下,传统媒体的"二次销售"商业模式基本失效,导致传统媒体的广告收入出现"断崖式"下滑。根据"艾瑞数据"以及本项目课题组的实际调研显示,我国互联网广告收入已经远远超过传统四大媒体(报纸、杂志、广播、电视)广告收入之和,较大比例的市场化传统媒体已经亏损严重。③骨干大量流失。当骨干对传统媒体的未来产生悲观期望和收入下滑时,他们就纷纷离职,或跳槽或创业。由于传统媒体具有典型的"轻资产"属性,人才是其最重要的资源,所以大量的骨干流失给传统媒体的转型带来巨大的困难。④自身平台的传播力严重削弱。虽然有采访证的传统媒体采写和发布了大量事关国家决策和社会重大事件

的新闻，但许多受众并非从内容生产者的平台上看到。受众的大量流失导致传统媒体自身平台的传播力严重削弱，传统媒体的舆论引导能力也不可避免地受到严重影响。

其次，传统媒体缺少强有力的互联网媒体平台导致用户连接失效。①传统媒体深陷困境问题的根源是新媒体的冲击。当前，对于传统媒体深陷困境的根源有外部环境说，也有体制说，当然这些说法都有一定道理，但我们更要充分认识到互联网带来的根本性变革。互联网带来了第三次工业革命和第四次传播革命，已经成为整个社会的底层架构和操作系统，在媒体的变革中起着决定性作用。而且，无论在国内还是在国外，无论何种体制的传媒实践，新媒体都在高速成长而传统媒体深陷困境，因此，新媒体带来的猛烈冲击是传统媒体陷入困境的主要原因。②传统媒体缺少能够与用户有效连接的互联网平台。虽然传统媒体在各类新媒体建设方面投入了较多精力，但是从整体上讲，尚缺乏用户数量巨大、影响力广泛的互联网平台，目前在移动互联网媒体领域，事实上已经形成了"两微一端"（微信、微博和今日头条①客户端）主导的新格局。在这一格局下，传统媒体面临着眼前的生存和未来的发展的双重困境。在生存方面，由于收入"断崖式"下滑导致难以为继；在发展方面，由于缺乏先进的互联网平台导致发展潜力不大。因此，传统媒体成功转型的关键在于在保持有效运转的前提下，搭建起实力强大的互联网平台。

二、提出基于生态系统的"互联网+跨界"转型战略，并构建出系统化的"三三"转型战略具体框架

首先，传统媒体的互联网转型战略要以"自生理论"和生态系统理论为指导。课题组在认真调研与分析传统媒体现有转型战略和成功互联网媒体的基础上，认为传统媒体的互联网转型成效不大，而且互联网媒体的成功经验难以复制到传统媒体，这就需要创新理论。课题组提出以"自生理论"和生态系统理论来指导传统媒体的互联网转型。所谓"自生理论"，就是打破体制制约，互联网业务和新业务按照自身发展规律和市场规律自我成长和发展，关键在于传统媒体在现有体制内对其做出体制外的制度安排。"自生理论"认为，传统媒体的互联网转型应坚持如下原则：一是基于用户"痛点"；二是完全市场化的体制；三是设置科学合理的长期激励约束机制，如对于高风险的互联网新业务，给予管理层

---

① 今日头条是北京字节跳动科技有限公司开发的基于数据挖掘的推荐引擎产品，是一款为用户推荐信息、提供连接人与信息的服务的产品。

相对较高的股权或期权激励；四是与贡献成正比的、公平的薪酬机制；五是建立起技术基因；六是对互联网等新业务采取全新的考核机制；七是采取专业化的决策机制；八是给予充足的资源支持。至于传统媒体转型中的生态系统，其中，传统媒体是品牌，多元产业是资源和品牌延伸，而互联网媒体是转型的最终目标和归宿。高水平的运营者能够有效地把传统品牌通过产业拓展来实现中期的商业价值变现，通过互联网转型来实现长期的商业价值变现；传统媒体可以利用其自身的资源优势和品牌优势来拓展当地的细分产业，并拿赚取的利润来补贴传统媒体和为互联网转型提供资金支持；具有强大现代传播能力的互联网媒体是构建生态系统的目的和根本，当传统媒体的互联网业务具有强劲的盈利能力后，可以更好地反哺传统媒体。

其次，课题组提出基于生态系统的"互联网+跨界"转型战略。一是严格按照互联网规律实施"互联网+"转型：以互联网思维为指导，以现代传播能力建设为核心，以技术和内容为驱动，彻底按照互联网规律重构组织结构、采编流程和业务流程，打造新型主流媒体；充分利用当地智慧城市建设和政府数据资源开放的机会，打造基于本地或者本行业的智能信息服务平台。二是通过跨界来实现品牌的最大价值变现，为传统媒体的互联网转型提供充足的资金支持。采取"专业的人办专业的事"原则，通过合作、投资等方式，把传统媒体长期以来积淀的政治资源优势和品牌优势嫁接到文化地产、创意产业园区、文化休闲旅游、养老保健、教育等产业，把品牌实现最大价值的商业变现。

最后，课题组构建起"三三"转型战略具体框架。传统媒体转型正面临着"短期现有业务在快速坍塌，但是互联网媒体业务仍然看不到希望"的发展悖论，这就要求传统媒体在转型时采取合理的转型战略框架。为了有效地解决传统媒体的生存和发展问题，课题组提出了"三三"转型战略框架。所谓"三三"转型战略框架，是指把传统媒体的转型分为短期、中期和长期三个阶段，以及现有传统业务、多元产业业务和融媒体业务、互联网媒体业务和新兴战略业务三种业务类型。一是在短期内，把传统业务做精做优。运营者要把传统业务当成"现金牛"和"利润池"，做优做强做精传统媒体，开源节流，使传统媒体在转型中具有一定的物质基础。二是在中期内，进行产业转型，建立新业务支柱。传统媒体要充分利用自身已经形成的品牌和影响力，尽可能地占领稀缺性资源，在中期实现自身的产业转型。产业转型的目的是打造新的产业增长点，以抵消现有业务的下降。三是在长期内，实现真正意义上的互联网媒体转型成功。通过互联网媒体的完全成功转型，实现互联网收入的稳步增长，最终承担起原来传统业务所承担的"现金牛"责任。

三、以用户为中心，实施用户战略以重建用户连接

媒体生存和发展的核心在于能否拥有数以亿计、忠诚度高的用户群，这就要求树立起"用户体验为王"的理念，以技术为驱动，充分利用移动互联、大数据、物联网等新技术，搭建起大数据信息资源平台、智能生产和传播平台、用户沉淀平台三大平台，在实现信息智能匹配的基础上实现用户的有效沉淀，进而重建用户连接。

第一，秉持"用户体验为王"理念。传统媒体应以用户为中心，以体验为核心，以用户"痛点"为出发点，做到用户在哪儿就服务到哪儿、用户需要什么就提供什么。

第二，在大数据信息资源平台建设方面。核心是通过互联网采集、接口导入、历史数据导入、远程汇聚等各种方式，将传媒集团内部资源、互联网资源、第三方资源以及 UGC[①] 资源汇聚到大数据资源中心，实现信息和数据资源的汇集。

第三，在智能生产和传播平台建设方面。核心是建立起智能化的新闻线索智能决策系统、智能创作系统和融媒体智能发布系统，实现创作的智能化、个性化，提高新闻采编的效率和针对性，进而实现新闻内容的一次加工和多渠道多终端统一发布，将新闻资讯和信息服务点对点推送给潜在用户，实现信息服务的个性化、智能化。

第四，在用户沉淀平台建设方面。核心是用户画像[②]，即对采集数据进行分析，通过不同模型及算法实现对用户肖像的刻画、行为轨迹的分析等多维度的分析，为产品优化、精准营销以及面向用户的智能化需求提供服务。

四、"互联网 +"的转型思路与转型目标

首先，传统媒体要采取"互联网 +"的转型思路。从传统媒体实践来看，目前的转型思路多是"+ 互联网"思路，导致转型效果不好。"互联网 +"转型

[①] UGC 是 "User Generated Content" 的缩写，中文可译作：用户原创内容。UGC 的概念最早起源于互联网领域，即用户将自己原创的内容通过互联网平台进行展示或者提供给其他用户。

[②] 用户画像又称用户角色，作为一种勾画目标用户、联系用户诉求与设计方向的有效工具，用户画像在各领域得到了广泛的应用。用户画像最初是在电商领域得到应用的，在大数据时代背景下，用户信息充斥在网络中，企业将用户的每个具体信息抽象成标签，利用这些标签将用户形象具体化，从而为用户提供有针对性的服务。

思路具体表现为如下五个方面：一是按照互联网规律运营，具备互联网思维；二是树立起"信息服务为王"的新理念；三是建立起"信息+服务"的商业模式；四是建立起多元化的盈利模式；五是基于自身优势的增量改革。

其次，传统媒体要确定如下转型目标：以移动智媒体为抓手，打造现代传播能力。①以现代传播能力建设为核心。现代传播能力具备如下四个特征：以移动智媒体为主体；用户量巨大；传播话语体系同理化；商业模式和盈利模式先进。②移动智媒体是主体。所谓移动智媒体，是指立足于共享经济，充分发挥个人的认知盈余，基于移动互联、大数据、虚拟现实、人机交互等新技术的自强化的生态系统，形成了多元化、可持续的商业模式和盈利模式，实现信息与用户需求的智能匹配的媒体形态。智媒体具有智慧、智能和智力三大典型特征。③移动智媒体的三大层次。传统媒体可以从三个层面上去充分利用大数据机会，即政务发布、政府数据公开与智慧城市建设。在政务发布方面，要推动地方政府大力推进政务发布与传统媒体创办的新媒体业务的整合；在政府数据公开方面，要利用政府数据公开的机会掌握数据源；在智慧城市方面，要抓住智慧城市建设的重大机遇，在打造智能传播平台的基础上，力争成为当地智慧城市生态系统的运营商。

五、构建完善的转型配套政策体系

传统媒体的转型作为复杂的系统工程，除了思路、用户之外，还需要观念、体制、资本、技术、"一把手"等方面一系列的配套政策。

第一，在观念转型方面进行彻底"换脑"。一是变"内容为王"为"用户体验为王"；二是变"剩者为王"为"自我革命"；三是在观念转型方式方面，可采取放空、"一把手"先完成转变、利用系统培训来毁"旧三观"、内部研讨和内部创业等方式。

第二，以体制机制改革促转型。一是深化"分类改革"；二是引入战略投资者，建立起多元化的产权结构；三是建立起传媒职业经理人制度；四是建立起科学合理的决策机制；五是进行"体制外"制度安排。

第三，充分利用移动互联、大数据等新技术，培植技术基因。传统媒体要摒弃之前"重采编、轻经营、无管理、无技术"的观念，以技术为驱动，高度重视技术。当前主要的技术是移动互联和大数据技术。

第四，打通资本市场，给转型注入活力。一是通过上市打通直接融资渠道；二是在新三板挂牌；三是引入战略投资者；四是设立各类基金。尤其需要指出的是，要借助特殊管理股的制度安排，完善国有传媒类上市公司的股权结构。

第五，大力培育具有企业家意识的优秀"一把手"。处于转型期的优秀"一把手"除了懂政治、强战略、会用人、善领导、配资源之外，还需要具备高超的判断力、娴熟的协调力和坚定的毅力与决心。

第六，利用转型孵化机制，储备新项目。一是积极进行外部股权投资；二是建立相应的产业基金；三是内部孵化新项目。

尤其可喜的是，在课题组全体成员的艰苦努力下，该课题取得了丰硕的成果。一方面，在学术价值方面，在国内外公开发行的学术刊物和报纸上发表了200多篇文章，其中3篇文章被《新华文摘》全文转载，3篇文章被中国人民大学复印报刊资料全文转载，获得了国家行政学院论文三等奖1次，相关研究成果被学界广泛认可，得到了较高的评价。另一方面，在应用价值方面，该课题研究成果被很多传统媒体集团采纳并取得了良好的实践效果，创造了良好的经济效益。

作为郭全中副教授的博士后导师，我对他及其团队取得的新的研究成果深感欣喜，在此向业界和学界的同仁推荐这个课题的最新研究成果，相信您一定能够从中有所获益。

（范以锦，暨南大学新闻学院院长、教授、博士生导师，南方日报社原社长、南方报业传媒集团公司原董事长）

目 录

第一章 前　言 ··· 1
　一、课题研究的背景 ·· 1
　二、传统媒体转型战略的文献综述 ··· 2
　三、课题研究的范围与主要内容 ·· 13
　四、课题研究的技术路线 ··· 14

第二章 互联网及其对传媒业的影响 ·· 16
　一、互联网代表着新理念与新思维 ·· 16
　二、互联网意味着新商业模式 ··· 22
　三、第四次传播革命和第三次工业革命 ·································· 27
　四、互联网媒体与传统媒体的本质区别 ·································· 31
　五、互联网媒体已经成为主流媒体 ·· 34

第三章 新媒体环境下的传媒业新趋势 ··· 37
　一、消费升级新时代利好传媒业发展 ····································· 37
　二、用户时间迭代用户数量 ·· 40
　三、音视频迭代图文 ··· 42
　四、智能媒体成为新趋势 ··· 44
　五、从在线到在场 ·· 46
　六、直播业高速发展 ··· 49
　七、短视频蓬勃发展 ··· 54
　八、多产业融合 ··· 57
　九、传媒产业新格局形成 ··· 60
　十、互联网巨头通过并购打造生态系统 ·································· 62
　十一、传媒改革进一步深化，对互联网的监管政策趋严 ············ 66

第四章　传统媒体转型现状分析 ………………………………… 69
一、优秀传统媒体积极制定和推进互联网转型战略 ……………… 69
二、传统媒体向互联网转型取得了一定进展 ……………………… 72
三、各级政府给予各种扶持 ………………………………………… 82
四、体制改革取得一定进展 ………………………………………… 84
五、积极通过区域化大整合等方式推进供给侧改革 ……………… 87
六、探索多元化资本运作道路 ……………………………………… 88
七、多元化产业拓展成效不小 ……………………………………… 89

第五章　传统媒体转型中存在的突出问题 ………………………… 94
一、互联网转型成效不大 …………………………………………… 94
二、"+互联网"思路难以实现有效转型 …………………………… 97
三、绝大多数传统媒体缺乏有效的互联网转型战略 ……………… 98
四、技术能力远远不足以支撑转型 ………………………………… 99
五、体制机制改革滞后 ……………………………………………… 100
六、人力资源管理水平低，人才结构不合理 ……………………… 102
七、资金实力不足 …………………………………………………… 103

第六章　传统媒体深陷困境的根源分析 …………………………… 104
一、传统媒体深陷困境 ……………………………………………… 104
二、关于传统媒体深陷困境的解释 ………………………………… 113
三、互联网导致的受众连接失效才是传统媒体深陷困境的根本原因 … 113
四、传统媒体陷入困境的具体表现 ………………………………… 117

第七章　国外传统媒体转型实践分析 ……………………………… 122
一、国外传统媒体转型的主要实践 ………………………………… 122
二、对我国传统媒体转型的启示 …………………………………… 137

第八章　基于生态系统的"互联网+跨界"转型战略 …………… 141
一、传统媒体转型战略的目标体系 ………………………………… 141
二、传统媒体的"内容+"转型战略难以成功 …………………… 143
三、"自生理论"助推传统媒体向互联网媒体有效转型 ………… 146
四、基于生态系统的"互联网+跨界"转型战略 ………………… 149
五、"三三"转型战略具体框架 …………………………………… 152

第九章　传统媒体转型的用户战略：重建用户连接 · 157
　　一、传统媒体只有受众而无真正用户 · 157
　　二、大数据使得智能传播平台成为可能 · 159
　　三、基于大数据的三大技术平台——重建用户连接 · 161
　　四、今日头条的经验与做法 · 169

第十章　传统媒体转型的内容传播战略 · 171
　　一、转变话语体系 · 171
　　二、搭建融媒中心实现全渠道传播 · 173
　　三、用好数据新闻 · 176
　　四、机器人新闻 · 179

第十一章　传统媒体转型的资本战略 · 183
　　一、传统媒体互联网转型耗资巨大 · 183
　　二、打通资本通道的传媒集团转型较快 · 184
　　三、上市融资 · 185
　　四、到新三板挂牌 · 193
　　五、组建基金 · 195
　　六、组建投资公司直接对外投资 · 196

第十二章　完善传统媒体互联网转型的对策与建议 · 198
　　一、转型思路："互联网＋" · 198
　　二、转型目标：以移动智媒体为抓手，打造现代传播能力 · 200
　　三、转型中心：用户 · 203
　　四、观念转型："换脑" · 203
　　五、转型保证：体制机制改革 · 206
　　六、转型驱动力：移动互联、大数据等新技术 · 209
　　七、转型前提：具有企业家意识的优秀"一把手" · 210
　　八、转型孵化：新项目储备 · 210
　　九、转型激励：创新和组织调整 · 211
　　十、转型关键：人才与长期激励 · 212
　　十一、转型活力：资本 · 214

第十三章　案　例 ·· 216
　一、案例1　浙报集团的转型道路 ·· 216
　二、案例2　《都市快报》基于本地服务基因的转型之路 ············ 229
　三、案例3　《温州都市报》的全媒体转型 ································ 240
　四、案例4　大众报业：区域控制、资本运作、跨界运营 ··········· 247
　五、案例5　湖南广电：基于媒体生态的转型 ···························· 254
　六、案例6　华闻传媒以并购为抓手的资本转型探索 ·················· 263
　七、案例7　SMG的系统化转型 ··· 269

参考文献 ·· 276

第一章 前　　言

一、课题研究的背景

在互联网技术快速演进的驱动下，受众需求和市场需求都发生了革命性变化，这直接导致了在全世界范围内传统媒体先后陷入困境，美国报业广告从2006年开始进入"断崖式"下滑①；2012年之后，我国报业广告收入也开始进入"断崖式"下滑。目前，在全世界范围内除印度等少数国家之外，传统媒体的困境已经从报纸快速扩大为报纸、电视、杂志、广播、广电网络等传统媒体，具体表现为受众流失、广告主转移、骨干流失和传播力下滑，在这种情况下，传统媒体必须顺应互联网技术发展的新趋势，通过自身的战略转型来实现涅槃。

进入21世纪以来，全世界范围内的传统媒体也纷纷采取各种措施进行转型，从最早的电子版到"报网互动""台网互动""付费墙"以及PC（个人电脑）网站、"两微一端"、自己的新闻客户端，再到最新的各种媒体融合新措施，等等。

2014年更是被称为"中国媒体融合元年"。2014年4月23日，时任中共中央宣传部（简称为"中宣部"）部长刘奇葆在《人民日报》发表了《加快推动传统媒体与新兴媒体融合发展》的文章，指出要"以中央主要媒体为龙头，以重点项目为抓手，坚持传统媒体和新兴媒体优势互补、一体发展，坚持先进技术为支撑、内容建设为根本，推动传统媒体和新兴媒体在内容、渠道、平台、经营、管理等方面深度融合，加快建设形态多样、手段先进、具有强大传播力和竞争力的新型主流媒体，努力达到世界一流水平"②。2014年8月18日，中央全面深化改革领导小组召开第四次会议，审议通过了《关于推动传统媒体和新兴媒体融合发展的指导意见》，习近平总书记在会议中强调要"推动传统媒体和新兴媒体融

---

① 根据美国报业协会（NAA）的数据，2006年美国报业广告总收入为493亿美元，此后开始进入"断崖式"下滑通道，2013年美国报业广告收入为236亿美元，此后NAA不再发布产业范围内的收入数据。而根据皮尤研究中心等的数据，美国报业广告收入在2014年之后仍然处于下滑态势，目前仍然没有止跌回稳。

② 刘奇葆：《加快推动传统媒体和新兴媒体融合发展》，载《人民日报》2014年4月23日第6版。

合发展,强化互联网思维"。自此之后,媒体融合上升为国家战略。

但是从整体上来说,传统媒体转型的效果并不尽如人意,问题出在传统媒体当前选择的转型路径是"内容+"思路,根本原因在于没有认清传统媒体深陷困境的深层次原因是互联网技术带来的革命性冲击,而直接原因则是用户连接失效。

在互联网技术仍然在日新月异的时代大背景下,传统媒体要实现真正的转型,就必须在认清传统媒体深陷困境根源的基础上,摒弃之前的"内容+"思路,采取"互联网+跨界"战略来重建用户连接,同时创新全员观念,创新体制机制,分阶段、分步骤地实现自身的互联网转型,建设起基于互联网的现代传播能力。

二、传统媒体转型战略的文献综述

(一) 国内研究综述

国内学者对传统媒体转型战略的研究主要集中于如下八个方面。

1. 新媒体的界定

清华大学的熊澄宇从新媒体的技术基础方面认为:"所谓新媒体,是建立在计算机信息处理技术和互联网基础之上,发挥传播功能的媒介总和。"[①] 上海交通大学的蒋宏和徐剑从新媒体的内涵和外延方面认为,"新媒体"包含众多的通信网络和系统,加快了信息传播的速度,拓宽了传播的方式。[②] 中国传媒大学的黄升民从新媒体的内容出发,认为可将IPTV[③]、地面移动电视、手机电视视为新媒体的三大部分。[④] 学者宫承波认为,门户网站、搜索引擎、虚拟社区、电子邮件、网络文学、网络游戏属于新媒体。[⑤] 中国人民大学的匡文波则认为,"新媒体"是一个通俗的说法,严谨的表述是"数字化互动式新媒体","数字化""互

[①] 熊澄宇、廖毅文:《新媒体——伊拉克战争中的达摩克利斯之剑》,载《中国记者》2003年第5期。

[②] 蒋宏、徐剑:《新媒体导论》,上海交通大学出版社2006年版,第14页。

[③] IPTV即交互式网络电视,是一种利用宽带网,集互联网、多媒体、通讯等技术于一体,向家庭用户提供包括数字电视在内的多种交互式服务的崭新技术。

[④] 虢亚冰、黄升民、王兰柱:《中国数字新媒体发展报告》,中国传媒大学出版社2006年版,第1页。

[⑤] 宫承波:《新媒体概论》,中国广播电视出版社2007年版,第1页。

动性"是新媒体的根本特征。① 他从新媒体的载体角度将新媒体定义为"借助计算机（或具有计算机本质特征的数字设备）传播信息的载体"②。随着互联网技术的高速发展，互联网对各行各业都产生了根本性的影响，2015 年 3 月 5 日，李克强总理在政府工作报告中提出"互联网+"行动计划。2015 年 3 月 16 日，国家发展改革委办公厅发布《关于做好制定"互联网+"行动计划有关工作的通知》。阿里研究院认为，"互联网+"的诞生与"云计算、大数据、新分工网络有不可分割的关系"③。喻国明认为："把互联网视为构造我们整个社会、构造我们的市场和行业全新格局的要素和力量。"④ 在互联网对于社会的影响方面，喻国明认为，互联网是新理念、新范式，是将一切重新构造的力量，对于我们社会的本质意义就是，它是一种新社会的组织与结构方式，是整个社会的"操作系统"。⑤ 本课题组认为，新媒体的本质就是互联网媒体，其技术基础是互联网技术，其传播模式是多对多、链式的传播模式，其商业模式是"免费+收费"的商业模式，传统媒体向新媒体转型的具体路径就是"互联网+"。

2. 新媒体对传统媒体的影响

朱光烈对传统媒体的前景很悲观，认为信息高速公路将使现存的各种传媒化为乌有，将使现存的大众传播工作者化为乌有。今后中国大众传播业将是小媒体的天下，大媒介不宜发展。⑥ 而孔德涌则从互联网也存在一定的缺陷出发，认为互联网存在网速太慢、使用不方便等缺陷，以及人们对传统媒体的依赖，认为短期内传统媒体不至于被取代。⑦ 杜建华认为，网络和数字技术的快速裂变式发展，特别是随着云计算、移动互联、4G、物联网技术发展的相互叠加与嵌套，将带来新闻传播业生态的剧烈变化和媒介格局的全方位调整。⑧ 匡文波认为，新媒体的许多优势是纸质文献永远不可能具备的，纸质文献会在 50～100 年内消

---

① 匡文波：《关于新媒体核心概念的厘清》，载《新闻爱好者》2012 年第 10 期。
② 匡文波：《到底什么是新媒体？》，载《新闻与写作》2012 第 7 期。
③ 阿里研究院：《"互联网+"的动力：云计算、大数据与新分工网络》，见 360 图书馆网站（http://www.360doc.com/content/15/0314/09/20625606_454997293.shtml）。
④ 喻国明：《媒体融合是一场革命》，见传媒圈网站（http://www.mediacircle.cn/?p=13735）。
⑤ 喻国明：《媒体融合是一场革命》，见传媒圈网站（http://www.mediacircle.cn/?p=13735）。
⑥ 朱光烈：《我们将化为"泡沫"——信息高速公路将给传播业带来什么？》，载《现代传播》1994 年第 2 期。
⑦ 孔德涌：《因特网会替代传统媒体吗》，载《瞭望新闻周刊》1998 年第 51 期。
⑧ 杜建华：《"微时代"：表现、特征及传统媒体的着力点——以纸媒体为例》，载《新闻大学》2015 年第 2 期。

失。① 石峰认为，传统媒体的优势在于严谨的内容、导向意识、权威性、公信力以及训练有素的庞大采编队伍等，而其缺陷在于传播力落后。新媒体拥有先进的理念、跨时空区域的传播力，自主、灵活的体制优势，但其缺陷在于内容的鱼龙混杂、主流意识的欠缺、权威性、公信力不足等方面。因此，传统媒体和新媒体具有很强的互补性。② 本课题组认为，传统媒体相对于新媒体具有内容优势，但在技术快速变革的当下，具有技术基因的新媒体将从根本上对传统媒体进行重构，只有能够补齐技术短板的传统媒体才能成功转型。

3. 传统媒体向新媒体转型中存在的问题及转型前景等方面的研究

李良荣等认为，当前很多传统媒体向新媒体的转型，只是将传统媒体中的内容转移到互联网环境中，这只是初级的数字化行动。③ 喻国明认为，当下传统媒介最主要的问题是，在"互联网＋"的新常态下，传统传播渠道的"失灵"是其中的关键性症结所在。④ 张志安认为，我国报业媒介融合的主要挑战表现在三个方面：第一，媒介融合并未有实质性的实施，大多数只是姿态性的尝试；第二，尚未建立全新的盈利模式；第三，无法建立现代企业制度。⑤ 尹明华认为，传统媒体向新媒体的转型存在五个方面的制约性因素：全覆盖、可占有、快繁殖的内容分发渠道的缺乏；缺少可购买的第三方实时数据社会提供者；从"内容为王"到"理解为王"的转换障碍；被选择、被评价的自我角色定位障碍；社交媒体传播新方式对复合型竞争能力的新要求。⑥ 对于传统媒体转型的前途，黄升民认为"媒体融合，道路曲折前途光明"，但也有较多的担忧，传统媒体的行动过晚，传统媒体的任何策略或行动已无法撼动百度、阿里巴巴和腾讯已然形成的市场垄断态势，更难以与其一较高下。⑦ 蔡雯则更为乐观，她认为具有国家战略意义的"媒体融合"政策，是对中国新闻传媒业发展具有重要意义的历史契机，它将推动具有初步融合基础和成果的传统主流媒体加快改革步伐，率先转型为新型媒体集团。⑧ 本课题组认为，传统媒体向新媒体的转型中存在着观念、体制、技术、人才、用户等系统化问题，成功转型虽有一定希望但也存在很大的困难和

---

① 匡文波：《纸质文献会消失吗？》，载《图书馆理论与实践》2008年第4期。
② 石峰：《传统媒体和新兴媒体融合的路径探讨》，载《编辑之友》2014年第12期。
③ 李良荣、周宽玮：《媒体融合：老套路和新探索》，载《新闻记者》2014年第8期。
④ 喻国明：《未来之路："入口级信息平台＋垂直型信息服务"——关于未来媒介融合发展主流模式的思考》，载《新闻与写作》2015年第8期。
⑤ 张志安：《媒介融合与传媒数字化转型》，载《采写编》2015年第1期。
⑥ 尹明华：《破解媒介融合的相关性制约因素》，载《新闻大学》2015年第3期。
⑦ 黄升民：《媒体融合：道路曲折前途光明？》，载《广告大观》（综合版）2014年第10期。
⑧ 蔡雯：《媒体融合：面对国家战略布局的机遇及问题》，载《当代传播》2014年第6期。

风险。

4. 传统媒体向新媒体转型总体思路方面的研究

李良荣等认为，媒体融合需要深入探索适应新环境的内容表现形式，以数字化的思维导向来指导传统媒体的生产和经营，才是真正的融合之路，也才能够实现相应的数字化蜕变。而且，他主张新媒体就是融合媒体，业界无须再人为地合成一个融合媒体，而应该集中精力探索互联网形态下新的表现形式。① 史安斌主张"强化互联网思维"，他认为，对传统媒体的改造应该从传播理念入手，用运营新媒体的思维方式对传统媒体进行升级，从而重新塑造媒体市场竞争力。② 喻国明明确主张把过去的"＋互联网"模式转变成今天的"互联网＋"模式，认为这并不是一个符号前后简单的颠倒，而是对于互联网价值逻辑、发展逻辑、应用逻辑的一个深刻的转型和改变。"互联网＋"实际上是把互联网看成一个构造新传媒领域的结构性力量，换句话说，在互联网的作用下，整个社会资源、社会要素组合、面对的现实基础都已发生革命性的改变。③ 本课题组认为，传统媒体转型实践的总思路多是"内容＋"而不是"互联网＋"，而对于当前处于互联网转型短期内难以获得足够收入、短期内传统收入"断崖式"下滑两难困境的传统媒体来说，应该采取"互联网＋跨界"的转型总思路。

5. 传统媒体向新媒体转型的主体方面的研究

传统媒体向新媒体转型的关键问题是以谁为主体，传统媒体转型的实践多以传统媒体为主体，但实践效果很差，因此，很多专家认为应把新媒体作为转型主体。陈力丹认为，媒体转型要理解为"内容生产＋产品形态＋渠道占有"的"一体"，包括新闻采编流程的一体化、媒体组织架构一体化、新闻采编与运营一体化，重构媒体与用户的关系，借助技术和资本市场启动媒体融合，强调要打破新旧媒体界限实现内容、技术、平台与人才的"一体化"融合和共享。④ 陈昌凤认为，"产消⑤融合"将使传统的共享型传播转型为分享型传播，变成了点对点、多对多的传播。只有转型到分享型传播，才会有真正意义上的媒介融合。在媒体融合时代，用户的参与行为建立了一种媒介生产者与消费者之间的文化融合

---

① 李良荣、周宽玮：《媒体融合：老套路和新探索》，载《新闻记者》2014年第8期。
② 史安斌、赵涵漠：《媒体融合：触及媒体人灵魂的革命》，载《电视研究》2014年第10期。
③ 喻国明：《"互联网＋"逻辑下传媒发展的进路与关键》，载《声屏世界·广告人》2015年第8期。
④ 陈力丹：《用互联网思维推进媒介融合》，载《当代传播》2014年第6期。
⑤ 指生产和消费。

关系。只有通过打造新的平台，为用户提供"产消融合"的渠道，依靠收集、挖掘、分析用户的大数据，同时与用户建立分享型的传播关系，才能最终实现融合时代的媒体新变革。① 喻国明认为，如何使传统媒介生产的内容产品能够有效地"嵌入"到社会关系渠道中，便成为今天构建传统媒介传播有效性的关键性问题，而建立"入口级信息平台+垂直型信息服务"便是解决这个问题的密钥。② 本课题组认为，新媒体将是未来媒体的主导形态，因此，传统媒体向新媒体的转型必须以新媒体为主体。

6. 在传统媒体转型目的方面的研究

大家普遍认为，传统媒体转型的目的是为了构建现代传播体系。宋建武认为，从媒体集团的概念到现代传播体系的概念的转化，在本质上表现为一种传播关系的转变与重构，并且他认为媒体融合不应该仅仅是媒体与媒体之间的融合，更是媒体与人的融合，"是传播活动的参与者作为独立主体之间的社会关系"③。陈力丹同样认为传统媒体转型的最终目标是实现"现代传播体系"，并且他认为当前的新闻媒体界仍然是仅仅停留于对自身利益最大化的追求上，只研究和关注那些会入围中央圈定的"新型媒体集团"的媒体，而缺乏一种从国家战略高度来理解媒体融合的视角。④

蔡雯认为，现代传播体系的构建需要从如下五个方面入手：一是亟待转变观念，二是完善规制建设，三是深入体制、机制改革，四是争取处理好媒体经营与新闻内容生产的矛盾，五是提升新闻传播人才的培养水平和新闻从业者的素养。⑤ 本课题组认为，传统媒体转型的根本目的是构建现代传播能力，从国家宏观层面来说是建立起现代传播体系，从媒体微观层面来说是变传统传播能力为现代传播能力。

7. 传统媒体向新媒体转型的具体措施方面的研究

蔡雯于 2004 年最早把"媒介融合"的概念从美国引入国内，她认为，"媒介融合"是指传媒行业的各产业组织在经济利益和社会需求的驱动下，以数字、网络和电子通信技术等作为技术基础，通过合作、并购和整合等手段，实现不同

---

① 陈昌凤：《用户为王："产消融合"时代的媒体思维》，载《新闻与写作》2014 年第 11 期。
② 喻国明：《未来之路："入口级信息平台+垂直型信息服务"——关于未来媒介融合发展主流模式的思考》，载《新闻与写作》2015 年第 8 期。
③ 宋建武：《媒体融合重在建构现代传播体系》，载《青年记者》2014 年第 9 期。
④ 陈力丹：《用互联网思维推进媒介融合》，载《当代传播》2014 年第 6 期。
⑤ 蔡雯：《媒体融合：面对国家战略布局的机遇及问题》，载《新闻与传播研究》2014 年第 6 期。

媒介形态的内容、传播渠道和媒介终端融合的过程。① 彭兰把基于互联网的"场景"概念引入传统媒体转型的实践中,认为场景就是"人与周围景物关系的总和,其最为核心的要素是场所与景物等硬要素,以及与此密切相关的空间与氛围等软要素"。而且,"场景"已经成为继内容、形式、社交之后媒体的另一种核心要素,媒介融合的核心目标就是要做到"场景适配",同时"场景"本身也可能成为"移动媒体的新入口"。彭兰认为,媒介融合必须通过"场景再造"实现,即从"受众场景"向"用户场景"转变。②

在生产流程和生产机制再造方面,张志安认为,报业集团在媒介融合过程中,要逐步打破以"报纸"为核心的生产流程,建立以"互联网"为核心的全新生产机制。③ 刘永坚认为,媒体融合需要集成运用四项技术,即用户中心梳理用户消费信息,构建决策系统和精准投送系统;移动端数据采集器采集用户各项数据,为数据挖掘打基础;数据中心用来打通业务数据、内容数据、消费数据等,便于企业数据打通、可视化及便捷的管理;知识库用来搭建内容汇聚复用系统,实现一次采集、多次生成、动态重组、多元发布、多渠道融合、多平台互动。④

在用户数据方面,杨斌认为大数据的利用可以分为四个层次:"第一,通过大数据去获取网上最热或即将成为热点的信息;第二,通过新媒体矩阵丰富用户体验,收集用户反馈,增强把控能力;第三,在内容资源库建设的基础上,展开多元化相关性分析;第四,通过线上线下活动,构建用户大数据系统,为用户提供更加精准的服务。"⑤

在广播电视媒体转型的具体策略方面,黎斌认为,传统媒体须以新媒体为借鉴进行改革,然后得以生存。⑥ 李永凤等认为,电视媒体有两个选择:第一个选择是改革,做一个能极度满足客户需求的媒体;第二个选择就是与新媒体合作,共同发展。⑦ 谷虹认为,我国广电行业应该在文化体制改革的背景下,立足于自身独特的资源和优势,一方面通过内外联动,盘活存量,实现内平台化;另一方面,通过中心发力,吸聚资源,实现外平台化。另外,通过"DVB+OTT 模式"

---

① 蔡雯、王学文:《角度·视野·轨迹——试析有关"媒介融合"的研究》,载《国际新闻界》2009 年第 11 期。
② 彭兰:《场景:移动时代媒体的新要素》,载《新闻记者》2015 年第 3 期。
③ 张志安、张小瑞:《都市报融合转型:观念、策略和体制》,载《传媒》2015 年第 2 期。
④ 刘永坚:《以技术为要的媒体融合之路》,载《传媒》2015 年第 9 期。
⑤ 杨斌:《大数据驱动媒体融合》,载《中国报业》2014 年第 12 期。
⑥ 黎斌:《电视融合变革:新媒体时代传统电视的转型之路》,中国国际广播出版社 2011 年版,第 23 页。
⑦ 李永凤、潘浩:《电视媒体的转型策略分析》,载《当代电视》2014 年第 1 期。

的业务重组,基于内容分类和双向互动技术,为用户提供"直播点播融合"的视频节目;基于用户行为监测和大数据技术,为用户提供"关联推荐和智能推荐"等视频增值服务;并最终由此带来基于内容关联、兴趣关联、用户关联、位置关联、数据关联的多种商业模式创新。[1] 谭天等认为,传统媒体的转型应采取"一体两翼"的策略,即以内容生产运营为主体、自建平台和对接平台为两翼,通过更好地运营内容、服务用户的"双平台"战略,找到电视媒体转型的进路。[2] 卢钊凯认为,新媒体的IP[3]产业发展路径虽然清晰,但其IP资源却相对有限。广电媒体几十年来所经营的IP品牌,范围广泛、层次众多,更具有全媒体产业开发的价值,一些深入人心的IP在新媒体生态下可以催生出巨大的长尾效应,不断延伸产业链条,创造更大的市场价值。在媒介融合环境下,广电媒体集团的IP应进行分级化处理,而全媒体产业链设计应以新媒体IP为核心进行布局。[4] 汪文斌认为,技术进步促进了互动传播,提升了观众的参与度,更是引领电视产业进入大数据时代,机顶盒、智能电视和移动视频终端的普及使全样本统计成为可能,对传播效果和用户偏好都有更精确的判断,用户个性化服务成为可能,而建立用户思维则是根本前提。[5]

在报刊等传统媒体转型的具体策略方面,李军认为,在媒介融合背景下要推动报刊业的科学发展,各单位应该从四个方面进行努力:第一,坚持正确舆论导向,巩固壮大主流思想舆论;第二,加强媒介融合,推动科学发展;第三,抓住重点领域关键环节,全面深化改革;第四,推动报刊兼并重组,打造一批骨干传媒集团。[6] 朱静雯认为,在媒介融合背景下消费类期刊应在内容生产层面、产品结构层面、传播方式层面和广告经营层面进行产业创新。在内容生产层面,一是通过社会化在线内容抓取来获取内容,二是采用以内容处理加工为主的层级开发模式进行内容生产;在产品结构层面,要由原始性期刊产品、后生性期刊产品向再造性期刊产品转型;在传播方式层面,期刊的流通应该能够从单纯的实体发行向多形态、多平台、多终端转移;在广告经营层面,应该通过数据收集对用户进

---

[1] 谷虹:《广电产业与新兴媒体融合发展的平台战略》,载《暨南学报》(哲学社会科学版)2014年第9期。

[2] 谭天、林籽舟、张甜甜:《"一体两翼":电视媒体与新兴媒体融合策略选择》,载《中国广播电视学刊》2015年第2期。

[3] IP的全称为intellectual property right,即知识产权。

[4] 卢钊凯:《用IP打通全媒体产业链条——对广电媒体融合发展路径的思考》,载《中国电视》2014年第12期。

[5] 汪文斌:《从一云多屏到多屏互动——中国网络电视台台网融合的探索与实践》,载《电视研究》2014年第10期。

[6] 李军:《加强媒体融合 推动报刊业科学发展》,载《传媒》2015年第8期。

行个性化定制,并开发基于 RTB① 的程序化购买。② 朱春阳等分析了《东方早报》向"澎湃新闻"转型的案例,认为《东方早报》有望通过"澎湃新闻"的上线实现华丽转身,并将该模式称为"时政类报纸新媒体融合的上海模式",同时指出,专业组织与网民的互动关键是看媒体能否与网民在互动中共同确认议程,而非传统思路中的以专业组织设置议程为主。传统媒体要形成与民间舆论场的良好互动,如此才是融合成功的关键所在。③ 邱国栋和黄睿通过对辽宁出版集团的案例研究,认为其已经实现了从以"控制"为主导的组织结构向以"创新"为主导的组织结构的转变。前者是纵向管理;后者则渗入了多维管理思想,其主要形式以事业部制、公司治理等形式出现。通过对该案例的分析可以看出,组织结构变化是创新管理的具体表现,在媒介融合的方针下,"一次采集、多种生成、多元传播"创新三步骤的组织结构变化将成为国内出版集团创新管理新的关键环节。④ 本课题组认为,传统媒体向新媒体转型应该采取"三三"策略,即把转型分为短期、中期和长期三个时期,把业务分为传统业务、新兴产业业务和互联网业务三种业务,不同的时期内对不同的业务有针对性地采取具体的策略。

8. 传统媒体向新媒体转型的制度环境等方面的研究

由于我国的传统媒体基本上是国有性质,因此,传统媒体向新媒体转型就需要较为完善的制度等环境。石峰认为,传统媒体和新媒体融合发展有多种可供选择的路径,但需注意融合发展是深层次的融合而不是表面的融合,并且应该充分发挥市场机制和制度创新的作用。⑤ 熊波认为,我国电视媒体的管理体制与市场机制之间仍然难以适应。⑥ 陆地认为,传统电视存在着"公平失意、垄断受宠,企业化未竟、集团化先行,弱者不合、强者不争"等问题。⑦ 朱鸿军和农涛认为,传媒制度的现代化是我国媒体转型成功的关键,并开出了具体的药方:一是解放思想,树立由"传统媒体+"到"互联网+"的治理理念。二是加快改革,继续加速传统媒体的市场化改造。具体措施包括从国家层面继续推动并深化传统

---

① RTB(real time bidding)即实时竞价,是一种利用第三方技术在数以百万计的网站或移动端针对每一个用户展示行为进行评估以及出价的竞价技术。
② 朱静雯、李靓:《媒介融合背景下消费类期刊创新研究》,载《科技与出版》2015 年第 4 期。
③ 朱春阳、张亮宇:《澎湃新闻:时政类报纸新媒体融合的上海模式》,载《中国报业》2014 年第 15 期。
④ 邱国栋、黄睿:《新旧媒体融合发展的创新管理研究——以辽宁出版集团组织结构演进为例》,载《科技与出版》2014 年第 9 期。
⑤ 石峰:《传统媒体和新兴媒体融合的路径探讨》,载《编辑之友》2014 年第 12 期。
⑥ 熊波:《新媒体时代中国电视产业发展研究》,载《武汉大学学报》2013 年第 5 期。
⑦ 陆地:《中国电视产业市场发展的现状分析》,载《媒介研究》2004 年第 1 期。

媒体的转企改制工作，以特殊管理股为突破口来弥补单一国有产权存在的不足，以股权激励、公开选拔等方式留住和吸引高层次传媒人才。三是配好"刹车"，竭力使商业新兴媒体的规制更加规范。只有改革落后的传媒制度，促使传媒制度现代化，我国才有可能实现传统媒体与新兴媒体的真正融合。① 肖叶飞和刘祥平认为，在媒介融合时代，再采取新闻出版、广播电视和电信业等分业管理的方式已经不合时宜了，必须建立适应媒介融合的规制政策以及更具有融合性的市场准入制度。按照传媒产业与传媒事业分类运营的原则，放松经济性规制，降低进入壁垒，加强产业交易。同时，强化社会性规制，维护公共利益，形成融合规制体系。另外，在规制的理念上要保持公平与效率的平衡，在规制的主体方面要构建融合规制主体，在规制手段上要采用多元化的规制措施。② 本课题组认为，传统媒体向新媒体的转型需要较为完善的市场化环境，而核心是使得传统媒体的企业化业务成为真正的市场主体。

（二）国外研究综述

国外关于传统媒体向新媒体转型的研究主要集中于如下六个方面。

1. 关于新媒体的定义与影响

"新媒体"（New Media）一词最早是于1967年由美国CBS技术研究所所长P.戈尔德马克在一份商品开发计划中提出的。早期，联合国教科文组织对新媒体的定义是：新媒体就是网络媒体③，美国《连线》杂志对新媒体的定义是：所有人对所有人的传播④。

在新媒体的影响方面，Ronald E. Rice早在1984年就提出"新兴技术例如计算机处理技术、有线电视、卫星通信等都将对传统媒体带来翻天覆地的变革"⑤。Everett M. Rogers认为，新媒体具有很强的互动性，将给个人、组织与社会生活带来新的问题。⑥ Leah认为："新媒体将推动全球性媒体的加速形成。"⑦ Nicholas

---

① 朱鸿军、农涛：《媒体融合的关键：传媒制度的现代化》，载《现代传播》2015年第7期。
② 肖叶飞、刘祥平：《媒介融合与规制融合》，载《现代传播》2015年第3期。
③ 转引自匡文波《关于新媒体核心概念的厘清》，载《新闻爱好者》2012年第10期。
④ 转引自匡文波《关于新媒体核心概念的厘清》，载《新闻爱好者》2012年第10期。
⑤ Ronald E. Rice. *The New Media*: Communication, Research, and Technology. Sage Publications, 1984 (4): 6-8.
⑥ Everett M. Rogers. *Communication Technology*: The New Media in Society. Free Press, 1986 (1): 43-44.
⑦ Leah A. *Lievrou and Sonia Livingstone*, The Handbook of New Media. Sage Publications, 2006 (3): 31-32.

Negroponte 认为，人类生存于一个虚拟的、数字化的生存活动空间，在这个空间里，人们应用数字技术从事信息传播、交流、学习、工作等活动。① Joseph Straubhaar 认为，新媒体在播出形态和播出时间上对传统电视进行了极大的颠覆。② Srivastava 认为，碎片化的收看时段使电视受众更加难以把握，电视媒体不得不创新出更大的进步比如增强互动性来获取更多的电视观众。③ John A. Bargh 和 Katelyn Y. A. McKenna 认为，互联网在继承过去媒体产品优势的同时又有创新，如能够桥接很远的距离，并且有效到达广大观众，最关键的是能够"给予用户的相对匿名性与满足类似利益和价值观人群聚集的场地需要"④。

2. 关于媒介融合的定义与影响

"媒介融合"最早是由美国麻省理工学院的伊锡尔·德索拉·普尔提出的。他在《自由的科技》一书中指出，一种可成为"形态融合"的过程，正在模糊媒体之间、点对点传播与大众传播之间的界限。那种存在于一种媒介及其用途之间的一对一的关系正在消逝⑤，各类媒介正在呈现出多功能一体化的趋势⑥。尼古拉斯·尼葛洛庞帝认为，媒介融合是在计算机技术和网络技术二者融合的基础上，用一种终端和网络来传输数字形态的信息，由此带来不同媒体之间的互换性和互联性。⑦ 安德鲁·纳齐森将媒介融合定义为印刷的、音频的、视频的、互动性数字媒体组织之间的战略的、操作的、文化的联盟。⑧ Janet Staiger 等多数研究者认为，"媒介融合是传统媒体（如印刷媒介、电视、广播和电影）与新技术（如有线电视、互联网和数据广播）的结合"⑨。

在媒介融合的影响方面，约翰逊认为，在媒介融合的时代，受众接收新闻的自由度大大提高，新闻媒介之间的界限日渐模糊，受众与新闻媒介之间的互动也

---

① Nicholas Negroponte. *Being Digital*. Knopf，1995：3.
② Joseph Straubhaar. *Media Now：Communications Media in Information Age*. Wadsworth Thomson Learning，2002（4）：20.
③ Srivastava. *Interactive TV Technology and Markets*. Artech House Publishers，2002：38.
④ John A. Bargh，Katelyn Y. A. McKenna. *The Internet and Social Life*. Review in Advance，2003（2）：58.
⑤ [美]亨利·詹金斯：《融合文化：新媒体和旧媒体的冲突地带》，杜永明译，商务印书馆 2012 版，第 40 页。
⑥ 郭毅、于翠玲：《国外"媒介融合"概念及相关问题综述》，载《现代出版》2013 年第 1 期。
⑦ 王菲：《媒介大融合：数字新媒体时代下的媒介融合论》，南方日报出版社 2007 年版，第 23 页。
⑧ Andrew Nachison. *Good Business or Good Journalism Lessons from the Bleeding Edge：A Presentation to the World Editors'Forum*. Hong Kong，June 5，2001.
⑨ Janet Staiger，Hake Sabine. *Convergence Media History*. Routledge，2009：76.

实现了前所未有的突破。① 沃克认为，媒介融合使公民获取新闻信息更加全面和便捷，同时拓宽了受众社会参与的渠道，使受众社会参与的积极性和参与度更高，但同时也使整体新闻质量下降，媒介融合从另一方面削弱了新闻报道对公共利益的维护程度。②

3. 关于媒体融合的内容和形式方面的研究

戴维等把新闻融合的具体内容分解成四个方面："一是生产流程整合，二是多媒体专业技能，三是全媒体传播平台，四是受众互动参与。"③ 布拉德肖将媒介融合时代背景之下的新闻报道分解成"微博、博客、报道、背景、分析、互动、定制这 7 个阶段"④。尔道认为，在媒介融合的背景下，传统新闻的生产方式发生了改变，不同的新闻媒介可以使用同样的新闻内容，新闻媒介的平台性功能凸显，建设全媒体传播平台和全媒体集团是时代所驱。⑤ 拉里·普莱尔认为，融合新闻是指新闻从业人员一起工作，为多种媒体平台生产多样化的新闻产品，并以互动性的内容服务大众，通常以一周七日、每日 24 小时的周期运行。⑥

4. 关于媒体融合观点的争论的研究

美国学者迈克尔·卡兹教授在《介绍：融合、规制和竞争》一文中归结了自 20 世纪 90 年代初期以来关于媒介融合的三种观点，即局限于电信领域的现象、电信业和计算机归并的过程、产业的结构性整合。⑦ 英国学者西蒙·穆雷在《媒介融合的第三次浪潮：内容流》中认为，自 20 世纪 90 年代以来，媒体融合经历了三次浪潮：主流媒体的收购和跨媒体集团化浪潮、媒介数字化改造浪潮、

---

① Ivar John Erdal. *Researching Media Convergence and Cross Media News Production*. Nordicom Review Volume，2007（2）：28.

② Tamara Walker. *Doing More With Less? Convergence and Public Interest in the New Zealand News Media*. A Thesis Submitted to Auckland University of Technology，2009.

③ David Domingo, et al. *Four Dimensions of Journalistic Convergence: A preliminary Approach to Current Media Trends at Spain*. 2007.

④ Bradshaw. *The News Diamond – A Model for the 21st Century Newsroom*. http://oline journalism blog. com/2007/09/17/a – model – for – the – 21st – century – newsroom – Ptl – the – news – diamond/，2015.

⑤ Johnson Kirsten. *User Participation in a Converged Media World: A Model of Media Convergence*. Drexel Research Day，2005（2）：33.

⑥ 转引自蔡雯《从"超级记者"到"超级团队"——西方媒体"融合新闻"的实践和理论》，载《中国记者》2007 年第 1 期.

⑦ 李莉、张敏：《预测、发现与批判：2012—2013 年欧美社交媒介研究新著述评》，载《出版发行研究》2015 年第 1 期.

内容流浪潮。①

5. 关于传统媒体转型具体策略的研究

Griffiths 认为，数字电视策略适应了播放的趋势并且以平台型媒体的优势成为流量的接入端口。② Stylianos Papathanassopoulos 认为，新媒体更是一个流量的集散地，可以通过储存和分析大量的用户数据进行更深入的价值挖掘。③

6. 关于不同类型传统媒体转型的效果研究

Janet Kolodzy 等研究者提出："在 21 世纪初，媒介融合的概念往往意味着两个或多个媒体形式间分享新闻资源和内容。机构融合的研究显示，小型的媒体机构往往依靠网络平台分享内容，在网络时代的媒体市场中表现良好。大型媒介组织并不能很好地推进媒介融合，且在使用新技术、新平台的过程中耗费了大量资金。"

可以看出，近些年来，媒体融合是传统媒体转型的重要组成部分，相关的研究主要围绕媒体融合展开。

三、课题研究的范围与主要内容

1. 本课题的研究范围

首先，本课题研究的对象是传统媒体。这里的传统媒体范围相对较广，既包括报纸、杂志、广播和电视等四大传统媒体，也包括出版、广电网络等行业，但主要研究报纸、杂志、广播和电视等四大传统媒体。

其次，本课题研究的主要内容是传统媒体转型战略。核心内容在于研究传统媒体的科学转型，即通过重建用户连接来重建商业模式和盈利模式，并建立起能力一流的现代传播能力。

---

① 李莉、张敏：《预测、发现与批判：2012—2013 年欧美社交媒介研究新著述评》，载《出版发行研究》2015 年第 1 期。

② Alan Griffiths. *Digital Television Strategies*: *Business Challenges and Opportunities*. Palgrave Macmillan, 2002：83.

③ Stylianos Papathanassopoulos. *European Television in the Digital Age*: *Issues, Dymamics and Realities*. Polity, 2002（1）：82.

2. 主要内容

本书主要研究内容如下：一是对国内外传统媒体转型战略研究进行文献综述，并提出了研究路线图；二是分析互联网给传统媒体带来的革命性冲击，分析互联网媒体的迭代和变革；三是分析我国传统媒体转型现状与存在的主要问题；四是分析传统媒体深陷困境的根源，在对传统媒体陷入困境的根源的几种观点进行分析的基础上，提出传统媒体深陷困境的根源是用户连接失效；五是分析国外发达国家尤其是美国的传统媒体转型实践，并分析国内和国外传统媒体的本质性不同；六是提出自生理论和生态系统理论，为传统媒体转型提供理论支持；七是分析传统媒体转型的"互联网+跨界"战略以及"三三"转型具体框架；八是分析传统媒体转型的用户战略，以重建用户连接；九是分析传统媒体转型的内容传播战略；十是分析传统媒体转型的资本战略；十一是分析传统媒体转型的具体路径。本书的最后对七个案例进行分析，以实现理论和实践的有机结合。

四、课题研究的技术路线

本课题研究的技术路线如下：互联网技术带来的革命性变化体现在受众流失、广告主转移、骨干流失、传播力下滑，其根源在于用户连接失效，而解决办法是重建用户连接。而要重建用户连接，需以跨界理论和自生理论为基础，采取"互联网+跨界"的转型战略，具体转型框架是"三三"框架，并实施用户战略、现代传播能力建设战略、资本运营战略等具体战略（图1-1）。

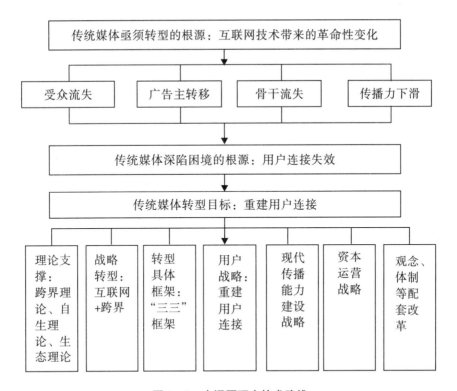

图1-1 本课题研究技术路线

第二章　互联网及其对传媒业的影响

互联网的雏形源于1969年美国的阿帕网，它的运行原理是"不同组间网络在逻辑上用一组通用的协议进行相互连接所形成的单一巨型网络"[①]。1989年万维网的出现是互联网发展中的里程碑。1994年4月20日，互联网正式进入我国[②]，互联网在随后的20多年时间内高速发展，使得各行各业都产生了革命性的变化，传媒业更是首当其冲。

一、互联网代表着新理念与新思维

互联网作为全新的事物，和传统媒体有着本质区别，具有与传统媒体迥异的新特征，代表着新理念和新思维。

（一）互联网新理念

1. 平等理念

互联网的基本理念是平等，本质是平民主义。一是互联网在初始分配资源时，给每台电脑分配的资源都是相同的；二是互联网多采取分布式系统，展现给每一个用户的都是一个统一的整体；三是互联网有海量的空间，每个人都有机会在互联网上发表自己的观点。因此，互联网充分地体现了平等的思想和理念，基于互联网的新媒体一出生就代表着平民文化。而传统媒体的本质则是精英主义，由于传统媒体只有有限的版面和空间，谁掌控了版面谁就掌控了话语权，因此，人数较少的社会精英们就掌控了绝大多数的话语权，而人数占绝大多数的普罗大众则只能作为受众，由此导致的是，传统媒体在很大程度上体现的是等级观念，代表着精英文化和精英意识，这也导致传统媒体容易高高在上而不接地气。

[①] Barry M Leiner. *A Brief History of Internet*. Clinical Orthopaedics and Related Research, 1999 (2): 23. am

[②] 1994年4月20日，中国通过一条64K的国际专线，全功能接入国际互联网，这成了中国互联网时代的起始点，后来也把这一天定为互联网正式进入我国的时间。

2. 开放理念

互联网秉持着开放理念，在设计伊始采取的就是分布式的、全部互联互通的方式，从理论上说，任何一个电脑都能和其他任何电脑联系和沟通。互联网的梅特卡夫定律[①]也使得互联网媒体和企业采取开放的态度和理念，一则互联网企业开放平台吸引更多的开发者，如苹果的 IOS 系统、谷歌（Google）的 Android 系统、Facebook（脸谱）、腾讯平台上都有数以百万计的开发者；二则互联网企业之间为了更好地挖掘用户的商业价值而采取开放共赢的态度，如新浪微博与阿里巴巴的合作、腾讯与京东之间的合作。而传统媒体则代表着封闭，一方面，传统媒体没有有效的技术手段来实现对用户的更多开放；另一方面，传统媒体之间由于观念、利益等因素也难以相互开放，例如传统媒体建立起的各种联盟多以失败而告终。

3. 互动理念

互联网体现着互动和包容的精神，可以通过各种技术手段更好地实现与用户之间的互动，甚至在产品设计和完善时就通过让种子用户[②]参与等方式与用户高度互动，这种良性互动有利于互联网媒体及时了解用户的体验并完善自身的产品。而传统媒体则相对静态，很难实现与用户之间的有效互动，这既导致用户的体验感较差，又使得现有产品很难完善和提升。

4. 共享理念

互联网更加强调共享，通过用户之间的相互分享和沟通，使得信息流动速度更快、更加透明。共享也更加有助于形成社群，有共同爱好的用户基于共同的理念或特征形成社群，通过信息共享增强社群的黏度。而传统媒体则相对强调信息的垄断，由于其商业模式和盈利模式基于信息垄断，其对信息共享有很大的抵触。

（二）互联网新特征

互联网从不同的角度解释有不同的理解，对于传媒业来说，从信息的流动角度来看则更有理论意义和实践意义。从信息流动的角度讲，互联网能够使信息的

---

① 梅特卡夫定律是由计算机网络先驱罗伯特·梅特卡夫提出的，即网络的价值与网络规模（用户规模）的平方成正比。

② 种子用户指具有一定影响力、能够为产品带来新用户的用户，而且种子用户有时间、有精力、有热情参与产品的设计，种子用户对新产品的设计和提升有重要的作用。

流动更加实时和智能。具体说来，表现为四个方面：一是从身份的角度，能够为用户提供更为精准和个性化的信息，如今日头条、百度等针对个人模型提供的"千人千面"信息服务等；二是从连接的角度，可以为用户提供双向实时的信息交换，如微博、微信等；三是从位置的角度，能够为用户提供基于位置属性的信息服务；四是从感应的角度，能够帮助用户感知周边一切信息，用户手中的智能手机等智能终端已经成为使用最频繁、最便利的传感器。

1. 智能化

一方面，互联网"分布式"的结构和超大规模的用户量使得智能化成为主流，人们将继"农业经济""工业经济""服务经济"之后迈入"智能经济"时代；另一方面，人工智能的核心在于数据、算法和模型，数据驱动成为人工智能发展的主要方向，在大数据、机器学习和人工智能技术的快速发展下，以及互联网巨头数以亿计的庞大用户量的助推下，基于用户个人特征模型的智能化推荐成为可能，智能化成为互联网最显著的特征。而传统媒体由于没有真正实现数据化，就没有能力基于大数据技术给用户建立起个人用户模型，自然也无法实现智能化。

2. 降低信息不对称

互联网不仅能够大大拓展人们的活动范围和商业行为的界限，使得物理上的距离感消失，交易成本也大大降低，而且能够让信息在最短的时间内、最广的范围内得到传播，使得信息更加对称。在互联网时代，世界变成了一张时时刻刻在线的网，人们可以通过互联网及时、便捷地沟通，天涯已经变咫尺，同时虚拟世界也越来愈现实化，可以与现实社会实现无缝对接。在传统媒体时代，信息高度不对称，传统媒体的商业模式也是以信息垄断为前提，而随着信息越来越对称，传统媒体的商业模式面临着越来越大的挑战。

3. 创造新需求

用户有各类需求，既有显现需求又有潜在需求，而新技术的出现能够把用户的一些潜在需求激活成显现需求，毫无疑问，互联网新技术是有效激活用户潜在需求的利器。此外，用户潜在需求的满足所带来的用户体验会更好。例如，用户更喜欢主动的点播式的互联网视频而不是被动的统一格式化的传统电视，但是，点播式这种潜在需求在传统媒体技术下是根本不可能实现的。

4. 大型平台

互联网具有"边际成本趋向于零"特点，因此，互联网媒体就有能力打造巨型平台，为数以亿计的用户提供高质量服务。如 Facebook、谷歌、亚马逊、腾讯微信、今日头条、新浪微博的用户都高达数亿，而根据 Facebook 的财报，其月活跃用户数已经超过 20 亿人①。而传统媒体由于技术、成本等因素的制约，则很难打造互动性强、数以亿计用户的大型平台。

5. 操作系统

从整体上讲，互联网已经渗透到社会和经济的方方面面，成为社会和经济发展的基础。通过"互联网+"，能够有效地改进和完善社会和其他产业的效率与效能。因此，互联网已经成为整个社会的操作系统，起着基础设施的作用。

（三）互联网思维

互联网作为全新的新生事物，有其自身的思维和哲学。关于互联网思维的定义林林总总、不一而足，本课题组认为，互联网思维就是"用户体验为王"，即以用户和市场为导向，以体验为核心。互联网思维在具体实践中，又表现为如下 9 个具体思维。

1. 极致思维

所谓极致思维，即打造超越用户想象的极致产品。苹果公司的乔布斯就是极致思维的典范，在他手中推出的 iPod、iPhone 和 iPad 等产品，每一种产品都以超越用户想象的品质，激活用户的潜在需求并引发饥饿营销②。

2. 粉丝思维

所谓粉丝③思维，就是让粉丝为产品和企业做贡献。在当前的粉丝经济时代，粉丝在产品设计、生产、促销和反馈中的作用越来越大，粉丝在产品中的贡

---

① 《Facebook 财报：2017 年 Q2 Facebook 月活跃用户数超 20 亿人》，见 199IT 网（http://www.199it.com/archives/617892.html）。

② 饥饿营销常运用于商品或服务的商业推广，是指商品提供者有意调低产量，以期达到调控供求关系、制造供不应求假象，以维护产品形象并维持商品较高售价和利润率的营销策略。

③ 粉丝是一个英语单词 fans 的音译。fan 是"运动、电影等的爱好者"的意思，fans 是 fan 的复数，就是追星群体的意思。粉丝也叫追星族，意思是崇拜某明星的一种群体。他们多数是年轻人，有着时尚流行的心态。粉丝就是指支持者，本书的"粉丝"即取此意。

献越大,其忠诚度也越高。我国的小米科技有限责任公司(简称为"小米公司")就极具粉丝思维,在产品的设计中就大量吸引"米粉"参与,充分吸收"米粉"的意见。

3. 众包思维

所谓众包思维,就是充分借助大众的力量。随着生产力的提高,人们的自由时间越来越多,互联网可以采取众包思维,充分利用各行业专业人士的"认知盈余"①来实现自身的快速发展。美国的赫芬顿邮报、Facebook、Twitter(推特)等,我国的虎嗅网、钛媒体、微博、微信、今日头条、知乎等互联网媒体都是善于利用众包思维的高手,他们通过用户自生产(UGC)机制,用很低的成本来组织起海量的内容。

4. 迭代思维

所谓迭代思维,是指允许产品和服务有所不足,而通过快速迭代来不断完善。互联网"唯快不破",讲究的是降维攻击②和以快打慢,这就要求产品尽快推向市场,并在快速推向市场之后对原产品进行快速迭代,这种快速迭代式的方法能够给用户提供体验更好的产品。小米公司的米聊系统就是在快速推向市场之后,一周快速迭代一次。而在推向市场之前追求尽善尽美的方式存在两方面的致命缺陷:一是难以获得用户的反馈而不能对产品进行及时完善更新,二是贻误战机。传统媒体极其缺乏迭代思维,一是在产品形态上很少迭代,而经常采取的迭代措施不过是每年改一次版而已;二是很多传统媒体的技术平台自从交付使用之后就不再迭代,最后导致"BUG"(漏洞)丛生,用户体验极差。

5. 免费思维

所谓免费思维,是指降低用户门槛以吸引更多的用户。互联网媒体就是以免费的新闻内容来吸引用户,进而打造拥有数以亿计用户的巨型平台,再通过其他服务来实现商业价值变现。

---

① 所谓认知盈余就是指人们的自由时间,如美国人一年花在看电视上的时间就高达2000亿个小时,克莱·舍基在《认知盈余》一书中指出,人们的自由时间除了仅仅用于内容消费,还应更多用于内容分享和创造。

② 降维攻击出自中国科幻作家刘慈欣的科幻小说《三体Ⅲ·死神永生》,从三维降至二维的攻击由二向箔触发,其本质是将攻击目标本身所处的空间维度降低,致使目标无法在低维度的空间中生存从而毁灭目标。

6. 平民思维

中国互联网市场与西方发达国家的互联网市场存在本质区别，其根本原因是不同的人口结构所造成的，西方发达国家的人口结构是以中产阶层为主的"纺锤形"结构，而我国则是富裕阶层和中产阶层人口数量都不大而低收入阶层一头独大的"哑铃形"结构。这种人口结构决定了我国互联网经济是"平民经济"①，这就要求互联网媒体在选择商业模式时以用户数量最多的平民需求为重点。而在互联网实践中，最具有付费意愿的恰恰是数量众多的平民，如网络游戏和互联网直播的主要付费用户都是平民。传统媒体的本质是精英媒体，这也导致其很难设计出满足平民需求的互联网产品。

7. 入口思维

所谓入口思维，是指只有成为入口才可能有大量的流量。无论是传统媒体，还是网站、微博、微信和今日头条等互联网媒体，其竞争的核心都是抢占用户入口，争取成为用户的第一入口。之前，传统媒体无疑是人们获得信息的第一入口，而目前传统媒体的入口地位已经一降再降，甚至到了岌岌可危的地步。

8. 流量思维

所谓流量思维，是指商业价值的变现要靠流量。互联网商业价值变现的主要手段是流量变现，互联网媒体运作的核心在于流量和黏度，黏度高有助于流量增加，进而形成良性循环。

9. 开放思维

所谓开放思维，就是指分享风险和利益。互联网具有高投入、高风险、高收益的特点，这就要求采取开放思维，多方面进行战略合作，共担风险、共享收益。在互联网实践中，互联网创业者通过多轮融资来降低自身风险、促进自身快速发展。在融资时，之前的或潜在的竞争对手也经常参与其中。而传统媒体长期以来讲求"控制"，而不是对市场开放，这导致其新产品难以有效地利用社会资本。

---

① 也有互联网研究者把这种现象称之为"屌丝经济"，但是毫无疑问这种称谓既不规范也不科学。

二、互联网意味着新商业模式

互联网媒体的商业模式与传统媒体存在本质区别。众所周知,传统媒体采取的是"二次销售"的商业模式;而互联网大幅度消除了信息不对称,使得媒体的中介功能日渐减弱,互联网媒体采取的往往是"免费+收费"的商业模式。

(一)传统媒体的"二次销售"的商业模式

传统媒体的商业模式为"二次销售"模式,即当经过传统媒体的采编人员的采写和编辑形成新闻产品后,它还要经过两次售卖才能形成自己的价值和实现商业价值变现。其中,第一次销售是通过完善的发行渠道,借助一定的传播媒介把新闻产品传递给受众,如报纸和期刊的媒介是纸张,广播的媒介是无线电,电视的媒介是电视机。传统媒体通过高质量的新闻信息采编和有效发行,能够获得高质量受众的认可,并对其产生忠诚度,在此基础上,传统媒体就具有了自身独特的影响力和公信力,也就相应具备了传播功能。第二次销售是把传统媒体所具备的传播功能售卖给广告主,广告主看重的是传统媒体的受众,也就是传统媒体所具有的传播功能的强弱。一般来说,一家传统媒体的有效受众的数量越多、质量越高,则其传播功能越强,其商业价值也就越大。例如,在传统媒体中,受众数量最多的央视(中央电视台)的广告收入也最多;同等发行量的报纸中,财经类报纸的广告收入则远远高于其他类型的报纸。综上所述,传媒商品第一次销售的客户是受众,第二次销售的客户是广告主。具体见图2-1。

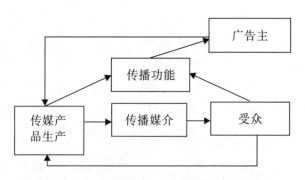

图2-1 传统媒体的"二次销售"商业模式

传统媒体借以获得传播功能的第一次销售——发行工作成本巨大:绝大多数

市场化报纸是"倒挂发行"①。2014年之前，北京、广州、上海等地区的市场化报纸都是厚报，每发行一份，仅仅是印刷成本就大约要亏损2元，这就需要巨额的广告收入来弥补；而电视台要在一个地级市落地就需要数百万元的落地费，如果想在全国范围内实现落地全覆盖则需要3亿~5亿元的巨额成本。这就导致传统媒体不可能采取全覆盖的方式而只能采取分众式模式，即细分自身的有效用户以实现有效发行。在传统媒体的商业模式下，媒体和受众之间以及广告主和受众之间都是相对割裂的，媒体很难精确地掌握受众的特征和偏好，广告主就更不能清晰地了解媒体的受众。

"二次销售"商业模式要真正有效运行，就必须采取全价值链运营。传统媒体的价值链包括采编、发行和经营三个关键环节，这就要求：媒体必须从客户角度来定位和运营；实现采编、发行、经营和管理之间的良性互动；在管理层的安排上，要同时配备高素质的采编、发行、经营和管理团队。

(二) 互联网"免费+收费"的商业模式

互联网得益于"摩尔定律"②，具有边际成本趋向于零的特征，因此可以以较低的成本吸引巨量的用户，进而构建起"免费+收费"的商业模式和多元化的盈利模式。

1. 边际成本趋向于零

随着科学技术的进步，在互联网技术领域，由于"摩尔定律"和"复合学习曲线"的作用，网络技术产品在效能大幅度提高的同时，其成本却在快速下降，而其边际生产成本甚至出现归零化的倾向。在这种情况下，互联网经济就有其不同于其他经济的鲜明特点：先期成本很高（或者说沉没成本很高），后期成本较低，逐步趋向于零。例如，对于互联网媒体来说，其前期需要投入大量的设备来搭建平台和研发先进的技术来保障平台的正常运行，当用户达到一定数量之后，每增加一个用户却只需要增加一点点设备，而且这种设备的价格也在快速下降，可以说用户的边际成本基本上可以忽略不计，用户数量越多则越经济。而传统媒体由于印刷成本、落地费等成本巨大，不可能无限制地发展用户。例如，由于印刷成本高企，全世界发行量最大的报纸其发行量也不过1000万份左右，而我国报纸的发行量又相对少得多，2017年发行量最高的《人民日报》也不过是

---

① "倒挂发行"是指发行是亏本的，因此形象地称之为"倒挂"。
② 摩尔定律是英特尔公司联合创始人戈登·摩尔在1965年提出的，其主要内容是：当价格不变时，集成电路上可容纳的元器件的数目，约每隔18个月便会增加一倍，性能也将提升一倍。换言之，每一美元所能买到的电脑性能，将每隔18个月翻一倍以上。

330多万份；至于期刊，由于其是小众媒体且印刷成本较高，发行量就更低。这些数量和互联网媒体动辄上亿的注册用户相比无疑是沧海一粟。由于互联网具有边际成本趋向于零的显著特点，其可以构建海量的巨型网络平台。

2. 吸引巨量用户

由于互联网媒体的前期投入巨大，而后期成本投入相对较小，其就可以在基础业务平台方面利用免费的优势来尽可能地吸引用户，并在此基础上搭建巨型平台。由于互联网媒体平台的空间是海量的甚至是无限量的，成本相对低廉，其就可以建立起海量的信息平台来最大限度地吸引用户，一方面能够更好地满足数以亿计用户的大众化的信息需求；另一方面也能很好地满足用户多样化、个性化的信息需求，即充分利用长尾效应①，把各种个性化和小众化的用户吸引到巨型平台上来。目前，谷歌、Facebook、腾讯、新浪微博、今日头条等互联网平台都积累了数以亿计的用户。截至2017年第二季度，Facebook的月活用户数已经超过20亿，占世界总人口数的1/4强，微信与WeChat的合并月活用户数达到9.38亿，具体见表2-1。

表2-1　2017年主要互联网媒体的用户数

互联网媒体	主要用户数与增速
腾讯（第一季度）	QQ月活用户数达到8.61亿，同比下降2%；QQ智能终端月活用户数达到6.78亿，同比持平；QQ最高同时在线账户数（季度）达到2.66亿，同比增长3%；微信和WeChat的合并月活用户数达到9.38亿，同比增长23%；QQ空间月活用户数达到6.32亿，同比下降3%；QQ空间智能终端月活用户数达到6.05亿，同比持平；收费增值服务注册账户数为1.19亿，同比增长10%
新浪微博（第二季度）	月活用户数为3.40亿，同比增长30%，91%为移动端用户；日活用户数为1.54亿，同比增长28%

---

① 长尾效应最早是由美国《连线》杂志主编克里斯·安德森于2004年10月提出的。他认为，商业和文化的未来不在热门产品，不在传统需求曲线的头部，而在于需求曲线中那条无穷长的尾巴。具体说来，人们大多数的需求会集中在头部，而分布在尾部的需求则是个性化的、零散的、小量的需求，这部分差异化的、少量的需求在需求曲线上面就表现为一条长长的"尾巴"，这些数量巨大的长尾加起来却是数量惊人的市场，有时候甚至会比头部市场更大。

(续表 2-1)

互联网媒体	主要用户数与增速
今日头条（2016年年底）	用户激活量过6亿，日活用户数为7800万，月活用户数为1.75亿，单用户日均使用时长为76分钟
Facebook（第二季度）	日活用户数平均值为13.2亿，同比增长17%；月活用户数为20.1亿，同比增长17%
Twitter（第一季度）	平均月活用户数为3.28亿，同比增长6%；平均日活用户数同比增长14%

资料来源：上市公司财报，见 http://tech.sina.com.cn/focus/finance_report/，2017-07-31。

说明：今日头条数据为本课题组到今日头条调研时所获得的数据，其他互联网公司数据来自其财报。

3. "免费 + 收费"的商业模式

互联网媒体普遍采取的是"免费 + 收费"的商业模式：充分发挥互联网的规模经济和范围经济效用，利用免费新闻等吸引巨量的用户，进而搭建大型平台进行资源协同和共享，并在此基础上开展增值业务等收费业务，进而实现商业价值变现。在互联网经济情况下，市场不仅仅只是买卖双方匹配的系统，更是市场多方共存的生态系统，其中只有在某些环节双方直接进行交易，但更多的是依靠三方或多方交易。具体说来，互联网媒体常常采取交叉补贴的模式，即付费的给不付费的提供补贴，一方面，同质化的信息变得免费，而客户定制化的信息则要变得昂贵；另一方面，第三方给获得免费信息和服务的用户付费。以 Google 为例，Google 对使用其一般搜索业务的用户免费，而通过向广告主等第三方收费来补贴免费业务，或者把读者的流量转移到第三方的网站上，采取和第三方分成广告收入的方式来补贴免费业务。再以腾讯为例，对 QQ 的一般用户实行免费，而让购买昂贵的 QQ 道具的用户来补贴免费业务，而在大量用户基础上开展的网络游戏等增值业务带来的收入更能很好地补贴免费业务。具体来说，互联网媒体的收入来源一般是广告、增值业务、网络游戏、深层次信息服务等。

毫无疑问，互联网媒体的"免费 + 收费"的商业模式与传统媒体的"两次售卖"商业模式存在着本质性区别。一是获得新用户的边际成本存在极大的差异,传统媒体获得新用户的边际成本虽然也在降低,但是相比互联网媒体仍然较高,导致其难以无限制地扩张用户群,也无法搭建起巨型平台;而互联网媒体在前期大投入之后,获得新用户的边际成本趋向于零,这就使其能够无限制地扩张其用户群,进而搭建起巨型信息服务平台。二是传统媒体在第一次售卖中很多是亏损的,而必须靠第二次售卖的广告来补贴,而互联网媒体可以在平台上直接实现盈利,如腾讯可以直接售卖给用户增值服务,直接向玩网络游戏的用户收费,等等。

4. 多元化的盈利模式

首先,传统媒体的盈利模式主要有如下四种。

一是发行收入。由于国情不同,各国以及不同类型的媒体发行收入占总收入的比例相差悬殊。日本报纸的发行收入占比为50%左右,发行基本是"正挂"的;美国报纸的发行收入占比为20%~30%,发行多是"倒挂"的;我国都市类报纸的发行收入占比在2012年之前一般不超过20%,有的甚至不到10%,而在2012年之后,随着广告收入的断崖式下滑,发行收入占比略有提高,但发行基本上是"倒挂"的;我国党报尤其是中央级党报发行收入占比较高,尤其是近三年来党报纷纷提高发行价,发行大多是"正挂"的。

二是广告收入。这块收入是市场化报纸的主要收入源,一般占比60%以上,而且广告收入又较多地依赖房地产、汽车等行业。

三是多元服务收入。例如,举办大型论坛、活动等以及发行公司的物流配送收入。

四是版权输出收入。由于我国缺乏有效的版权保护措施,这一块收入较低。但是,近几年优秀的传统媒体的版权收入保持较高的增长速度,如2016年《新京报》的版权收入已经达到2000万元左右。

其次,互联网媒体的盈利模式主要有以下四种。

一是广告收入。美国的Google、Facebook、Twitter等主要互联网媒体的收入主要来自于广告,我国的主要互联网媒体中,百度、新浪、搜狐的主要收入来自于广告,而腾讯、网易的广告收入占比较低,都未达到20%。

二是社交网络收入。例如,腾讯的数字内容与虚拟道具能够带来巨大的收入,腾讯的社交网络收入占比为24.4%。

三是网络游戏收入。腾讯和网易的这块收入占比都很高,网易的网络游戏收入占比高达74.05%,腾讯的占比为42.11%。

四是其他收入。

具体见表2–2。

表 2-2 2016 年第四季度主要互联网公司收入结构

公司	总收入	广告收入		非广告收入					
				网络游戏		社交网络		其他收入	
		值	占比(%)	值	占比(%)	值	占比(%)	值	占比(%)
腾讯（亿元）	438.64	82.88	18.89	184.69	42.11	107.22	24.44	63.85	14.56
网易（亿元）	120.99	6.65	5.50	89.59	74.05	—	—	24.75	20.46
搜狐（亿美元）	4.12	2.71	65.78	0.95	23.06	—	—	0.46	11.17
百度（亿元）	182.12	161.66	88.77	—	—	—	—	20.46	11.23
新浪（亿美元）	3.134	2.696	86.02	—	—	—	—	0.439	14.01
Alphabet①（亿美元）	260.64	223.99	85.94	—	—	—	—	36.67	14.07
Facebook（亿美元）	88.10	88.10	100	—	—	—	—	—	—
Twitter（亿美元）	7.17	6.38	88.98	—	—	—	—	0.79	11.02

资料来源：上市公司财报，http：//tech.sina.com.cn/focus/finance_report/，2017-07-31。

三、第四次传播革命和第三次工业革命

（一）技术赋权：第四次传播革命

从远古到现在，人类经历了文字的发明、古登堡印刷术和活字印刷术、电报

---

① Alphabet 是谷歌重组后的"伞形公司"名字，Alphabet 采取控股公司结构，把旗下搜索、YouTube、其他网络子公司与研发投资部门分离开来。

技术的应用和互联网等四次传播革命,每一次传播革命都使得信息的数量快速增加。

1. 文字发明

文字发明打破了时间的限制,使得代际传播成为可能。在文字发明之前,传播只能通过口口相传,一方面信息量极其有限;另一方面一个民族的传奇故事和历史主要靠"说书人"来延续[①],但是一旦"说书人"去世,则很多故事就会失传。在公元前5000年楔形文字出现之后,文字发明带来的第一次传播革命使得代际传播成为可能,信息数量也开始大幅度增加。

2. 古登堡印刷术和活字印刷术

印刷术打破了范围限制,使得大范围传播成为可能。在古登堡印刷术和活字印刷术出现之前,书籍主要依赖掌握文字的抄书人。一方面,由于抄书人的数量很少,信息积累和传播的范围受到很大的限制;另一方面,书籍的数量很少,价格很贵,一般人难以接触到。1450年,古登堡发明了印刷术,以及在此之前400年我国毕昇发明的活字印刷术,带来了第二次传播革命,在古登堡印刷术出现之后的50年间,大约有800万本书被印刷,比之前的所有的手抄本还更多。数量庞大的书籍帮助更大范围的人获取知识和信息,使得更大范围的精英能够更好地获得信息。

3. 电报技术

电报技术[②]打破了时间和距离的制约,使得大范围、远距离的传播成为可能。电报技术的发明,带来了第三次传播革命,使得千里之外的信息瞬间可至,不仅大大提高了信息的传播速度,信息的数量也急速增加,更多的人也能够更好地获得信息。

4. 互联网技术

互联网技术打破了为精英所控制的传播限制,使得及时、互动的自媒体传播

---

① 时至今日,一些没有自己文字的少数民族,其民族的英雄传奇故事还靠说书人来代代相传,我国的土家族就是如此。

② 19世纪30年代,由于铁路迅速发展,迫切需要一种不受天气影响、没有时间限制又比火车跑得快的通信工具。此时,发明电报的基本技术条件(电池、铜线、电磁感应器等)也已具备。1837年,英国库克和惠斯通设计制造了第一个有线电报,此后美国的莫尔斯发明了"莫尔斯电码",促进了电报的快速发展。

成为可能。发轫于1989年的万维网,带来了第四次传播革命,借助于互联网技术,人人都可能成为自媒体,人人都可以拥有"麦克风"。一方面,这打破了信息由精英控制的局面,在很大程度上赋予普通人传播信息的权力;另一方面,由于社交媒体等的出现,信息数量极速增加。根据 ZDNET(至顶网)的数据显示,2013 年中国产生的数据总量超过 0.8ZB①,2 倍于 2012 年,相当于 2009 年全球的数据总量;到 2020 年,我国的数据总量将达到 16ZB②。

综上所述,四次传播革命对于传播都造成了革命性的影响,但是也存在着一定的区别,具体见表 2 - 3。

表 2 - 3 四次传播革命的区别

传播革命	传播介质	传播特点	带来影响
文字发明	龟甲、泥土等	保存久远	打破时间制约,实现代际传播
印刷术	纸张等	数量多、易传播	打破距离限制
电报技术	电	及时、互动	打破时间和距离限制
互联网	互联网	海量、及时、互动	世界联成一张网

(二) 第三次工业革命

互联网技术带来了继"蒸汽机"和"电力的广泛运用"之后的第三次工业革命,已经成为整个社会的底层架构和标配,也给整个社会带来革命性影响。

1. 提升政府治理能力

由于每个个人都可以借助互联网发出自身的声音、表达自身的诉求,民众的表达意愿和参与度也大大增加,在这种情况下,民众的诉求就更为多元化和复杂化,因此,政府治理也必然更为困难、更为复杂,金字塔形的组织体制将被更为分权化、扁平化的组织体制所替代,集权式的管理方式也必然被分权式的管理方式所替代。在这种复杂的情况下,政府应该充分利用互联网技术,借助"网络问政"和"网络行政"等手段,简政放权,转变政府职能,提升民众的参与度,达到有效提升执政能力和行政效率的目的,实现治理体系和治理能力现代化。

---

① ZB 是泽字节的意思,1ZB = 1 万亿 GB,相当于 2500 亿张光盘的存储数据量。
② ZDNET:《数据中心 2013:硬件重构与软件定义》,见环球网(http://tech.huanqiu.com/Enterprise/2014 - 01/4748456.html)。

2. 大量准公共知识平台的建立

互联网使得人们的知识水平大幅度提高，民众的法治和民主意识也得到了很大程度的普及。随着互联网的普及，以新浪、腾讯、搜狐、网易等门户网站，新浪微博、腾讯微博、人人网等社交网站，百度、今日头条等信息分发平台，以及天涯、凯迪、知乎、豆瓣等论坛为代表的各种各样的准公共知识平台如雨后春笋般地出现，在为普罗大众带来及时新闻资讯的同时，也带来大量的各领域的相关知识。这种准公共知识平台和之前的书籍、报刊以及电视等传统的知识平台的根本区别在于：一是由于其接触门槛低、成本低，广大的中低收入者尤其是广大农民成为最大的受益者；二是由于这些准公共知识平台可以搭建巨型平台，相应地知识和信息的承载量就更大，人们能够获得更多的知识和信息；三是由于这些准公共知识平台可以承载各种声音，所以更加多元化。

3. 市场需求更为个性化、定制化和多元化

互联网技术有效地激发了用户的潜在需求，用户可以在互联网上对品种极其丰富的产品进行选择，并且可以及时和厂家进行沟通来彰显个人的意志和选择，用户的需求相应地就更为个性化、定制化和多元化；此外，他们对及时、便捷的要求也更高。这就会倒逼厂家来适应市场需求的变化，改变自身的运作方式：一是要从以前的大规模、流水线式的生产方式转变为更为个性化的生产方式；二是要从以前的"B2B"模式转变为"C2C"模式①，即先利用互联网技术来收集用户需求和市场变化，真正实现按需定产；三是互联网为更多的产品提供了更多的展示和推广机会，也使得新产品有更多的发展机会。未来，互联网媒体将能够借助大数据、人工智能等技术更好地满足用户的个性化、定制化、多元化的信息需求。

4. 创业更容易

互联网也必将激发更多人的创业激情，商业精神将快速成长。一是由于已经有了淘宝、腾讯、今日头条、苹果和谷歌这样的巨型平台，创业者可以充分利用这些巨型平台，使得创业成本更低，产品推广起来也更为容易，例如苹果和谷歌系统的很多个人开发者，淘宝平台上的很多中小型卖家，他们一创业就能接触到全国乃至世界范围内的用户；二是对于一些高科技的创业团队来说，不用自己去搭建耗资巨大的平台，一方面可以省去巨大的投资成本，另一方面也可以利用云

---

① "B2B"是指厂家对厂家，"C2C"是指消费者对消费者，"C2C"由于可以实现按需定产，未来潜力更为巨大。

计算等技术省去不菲的设备费用；三是可以充分发挥自身特长，而自身不擅长的环节可以交给互联网平台打理；四是可以借助互联网接触更新的资讯和前沿的观点，为自己的创业提供更多的参考。尤其需要指出的是，更为容易的创业环境将极大地激发整个社会的创业激情，这将在很大程度上改变在我国盛行几千年的"官本位"文化和观念，有助于"商业精神"的生长和繁荣。目前，借助微信、UC 浏览器和今日头条的巨型平台，大量的自媒体从业者进行创业，并已经涌现出了不少的优秀创业企业。

四、互联网媒体与传统媒体的本质区别

（一）传播机制区别

互联网等新技术的出现彻底颠覆了传统的传播机制，已经从传统媒体的点对面的传播机制转变为互联网媒体的多点对多点、全立体的传播机制。

1. 传统媒体一点对多点的传播机制

传统媒体的传播机制是一点对多点或者说是点对面的传播机制，在这种传播机制下，控制版面或者媒体稀缺资源的精英人士掌控着信息源，更掌控着话语权。相关管理部门在管理时，可以非常容易地通过控制信息传播源头来控制传播内容。但是，这种传播机制的缺点也很明显。一是难以提供海量的内容。二是缺乏有效互动。在传统媒体的业务范畴内，人和信息是分离的：传统媒体作为信息发布者，负责编采内容，然后通过发行渠道把内容和信息发布出去，但是，由于传统传播媒介、渠道和技术的制约，传统媒体和受众之间是相互分离的，很难实现良性的互动。缺乏读者和受众的互动，就会使得媒体难以掌握受众和市场的真实需求和最新动向，也难以打造真正适合市场和读者需要的产品和媒体。三是难以提供个性化内容。具体见图 2-2。

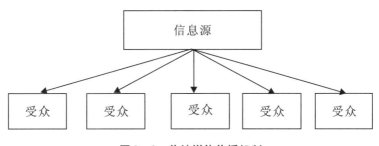

图 2-2　传统媒体传播机制

2. 互联网媒体全立体的传播机制

互联网媒体的传播机制是多点对多点、全立体、"病毒式"的传播机制，具体见图2-3。

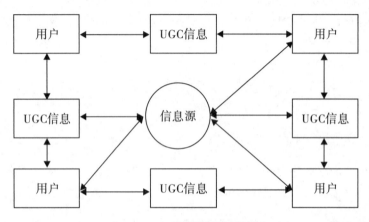

图2-3 互联网媒体传播机制

互联网媒体的传播机制也对相关管理部门的管理提出了很大的挑战，由于每个人都可以成为信息源，信息的发布渠道和数量呈几何量级增长，很难有足够的人力、物力对信息进行全面的收集和检查，这就要求必须变以前"以堵为主"的管理方式为"以疏为主"的管理方式。互联网媒体由于其较低的进入门槛和更为自由的氛围，大大拓宽了普罗大众获得信息的渠道和降低了获得信息的成本，把大量的以前消费不起媒体和信息的潜在读者转变为真实的信息消费者，大范围地传播知识和法治之精神变为可能。

（二）传播源区别

1. 传统媒体的传播机制下传播者与受众泾渭分明

在传统媒体传播机制下，传播者与受众有着严格的界限且高度分离，传播者是绝对的信息主导者，而受众只是被动地接受信息。

2. 互联网媒体的传播机制下出现"产消合一者"

在互联网媒体的传播机制下，信息源和用户之间的角色逐渐模糊，"产消合一者"出现，即传统意义上的信息源在发布信息的同时，通过和用户的互动，本身也成了信息的接受者，用户在一定意义上也成为信息源，例如通过博客、微博和微信等手段，很多用户在消费信息的同时也成为信息的发布者，信息的提供开始逐步走向自组织和自生产阶段。

（三）受众和用户[①]在信息传播中的主动性不同

1. 传统媒体的受众基本上是被动的

在传统媒体的传播机制下，传播什么信息、信息的重要性排序以及如何传播都是由传统媒体来决定，而受众没有发言权，只能被动接受信息。

2. 互联网媒体的用户是高度主动的

在互联网媒体尤其是智能媒体的传播机制下，用户可以通过自己的选择来决定需要什么类型的信息以及信息的重要性排序等，用户拥有信息的决定权。

根据前面的分析，传统媒体和互联网媒体在客户、传播机制、商业模式和盈利模式等方面都存在本质区别，具体见表2-4。

表2-4 互联网媒体与传统媒体的区别

	传统媒体	互联网媒体
客户	受众	用户
媒介	纸张、无线电、电视等	互联网
技术基础	广播、电视等技术	大数据、人工智能等
传播机制	一点对多点	多点对多点、全立体、链式
传播特点	精品、滞后、分众传播	海量、及时、互动、大众传播
传播源与受众关系	传播者与受众严格分离	产消合一
信息主导权	采编人员掌控，受众被动	用户掌控，用户主动
基因	内容基因	技术基因
理念	内容为王	用户体验为王
商业模式	二次销售	免费+收费
盈利模式	广告、发行等	广告、网络游戏、增值服务等

---

① 受众和用户是两个完全不同的概念，受众是基于传统媒体技术的统计学意义上的概念，而用户是基于大数据技术的个人数据模型的概念，后文会对此专门论述。

五、互联网媒体已经成为主流媒体

(一) 技术驱动互联网媒体快速迭代

互联网媒体从一出生开始,就被深深根植了技术基因,技术成为互联网媒体不断迭代优化的驱动力,自 2000 年以来的互联网技术主要如下。

首先,2000 年,百度搜索技术的诞生,帮助用户在浩瀚的信息海洋中快捷地找到自己需要的信息和答案;2002 年,博客技术的诞生,使得人人都可以建立起自己的博客,发出自己的声音;2005 年,网络视频技术的出现,在互联网上给用户带来丰富的视觉盛宴。

其次,2006 年,"P2P"(对等网络)技术的出现,让我们能够享受到更快、更流畅和更清晰的视觉体验;2008 年,SNS(社交网络服务)技术的出现,使得具有共同兴趣爱好的用户可以便捷地成为好友;2009 年,微博技术的诞生,标志着互联网进入了 Web2.0 时代,人人都有"麦克风"、人人都可以是自媒体的时代到来,个性得到了极大解放;同年,移动互联网技术出现,用户可以随时、随地地上网"冲浪"分享,移动互联网用户急剧增长。

最后,2011 年,微信技术的出现使得圈层传播成为可能,社群经济蓬勃发展;2012 年,个性化推荐技术的出现,标志着互联网进入了 Web3.0 时代,实现了信息传播的千人千面,较好地解决了信息过载难题;2013 年,大数据技术在传播领域的大量使用,能够帮助媒体开发出更好的数据产品,更好地展现事物之间的逻辑;2013 年,区块链技术的出现,短期内能够更好地保护知识产权,长期内则会改变传播业;2014 年,4G 技术开始商用,更快的速度带给用户更好的用户体验和快感;同年,AI(人工智能)技术的升级,帮助媒体更好地认识用户,用户更好地认识自己,实现了信息与用户之间的智能匹配;2015 年,直播技术出现,其低成本、高移动性使得主播们可以随时随地与用户进行互动与分享;同年,VR、AR、MR[①] 技术的火爆,能够让用户沉浸在身临其境的体验中,也标志着互联网从在线化时代进入在场化时代。

(二) 已经成为真正的主流媒体

商业化的互联网媒体虽然没有新闻采访权,不能做原创新闻,但是其通过购

[①] VR 是虚拟现实(virtual reality)的简称,AR 是增强现实(augmented reality)的简称,MR 是混合现实(mixed reality)的简称。

买传统媒体的新闻版权以及传统媒体在互联网分发平台上的官方账号等,具备了海量的新闻内容,成为实质意义上的主流媒体。

1. 互联网媒体的自采内容已经远远超过购买的内容

互联网媒体的自采内容主要通过五种方式来实现。一是通过博客、微博、微信公众号、今日头条号等生产的 UGC 内容,即用户自生产的内容。截至 2017 年 7 月,微信公众号的数量就已经超过 2000 万。二是非传统媒体机构的 PGC 内容①,目前发展较好的自媒体已经发展成专业小机构。三是依靠技术手段产生的内容,例如,新浪财经利用股票分析软件,随时对股市信息进行分析而产生的内容。四是通过自己采访而产生的娱乐内容,例如互联网媒体通过自身的直播室而邀请名人面对面采访,也生产了大量的内容。五是通过转播体育等赛事而产生的内容,例如,腾讯购买了 NBA 的版权,通过直播 NBA 就产生了大量的体育内容。目前,通过上述五种方式,在财经、文体和娱乐方面,互联网媒体制作的内容占总内容的比例超过 70%,很多传统媒体在进行文体、娱乐报道时,不少是依据互联网媒体的报道。互联网媒体只是在时政类新闻等极其少的领域,其自采内容低于 50%。

2. 互联网媒体已经成为舆论监督的重要阵地

舆论监督一直是传统媒体极其擅长的核心能力和竞争利器,但是,随着互联网媒体的快速发展,由于互联网媒体具有数以亿计的用户,且可以及时互动,舆论监督的主阵地已经转移到互联网媒体。从近年来的舆论监督事件来看,多是在互联网媒体上先发酵,然后才是传统媒体的跟进。

(三) 自媒体发展迅速

Web2.0 乃至 Web3.0 技术以及大型社交网络平台的出现,使得以前不可能掌控话语权的芸芸众生也能够利用博客、微博、微信等发表自己的观点,传达自己的思想,自媒体也应运而生,可以说,社交网络开辟了自媒体时代。

1. 自媒体发展历程

自媒体最早可以追溯到个人网站。随着互联网技术的发展以及网络媒体运行成本的大幅度下降,个人网站作为自媒体的雏形,开始从传统媒体、门户网站、

---

① PGC 的全称是 Professional Generated Content,即专业机构生产的内容,除了传统媒体机构之外,目前产生了大量的内容生产小机构。

各种政府网站的重围中展现出一丝自媒体的曙光,但是,由于平台等各方面因素的制约,个人网站整体影响有限。

时光推移,门户网站以及大型网站开始推出博客平台,为自媒体的发展提供了良好的基础,个人博客开始风靡世界。个人博客能基本上实现媒体功能,但是由于其互动性差,导致博客的传播范围不够广,传播效果不好。

微博的出现彻底改变了自媒体的生存环境,促进自媒体爆炸式地增长。借助于微博平台,每个微博用户都成为实际上的自媒体。目前,微博以其海量、快速、及时、便捷、互动性强等优势,用户群高速发展,同时也在快速分流着传统媒体的受众。

而微信的出现,使得社群经济的商业闭环已经形成,自媒体人可以借助微信实现自身的商业价值变现。目前,全国已经有近2000万个微信公众号,其中有内容更新的超过100万个。

2. 开始对传统媒体进行瓦解和重构

微博、微信作为自媒体的典型样本,对传统媒体组织意味着瓦解和重构。借助微博、微信的技术平台,任何人或者机构都可以成为一个具有较大影响力的媒体。这里有个形象的比喻:"如果你的粉丝超过100,你就像是本内刊;如果你的粉丝超过1000,你就像是个布告栏;如果你的粉丝超过1万,你就像本杂志;如果你的粉丝超过10万,你就是一份都市报;如果你的粉丝超过100万,你就像份全国性报纸;如果你的粉丝超过1000万,你就像个电视台;如果你的粉丝超过1亿,你就是CCTV;如果你的粉丝超过10亿,你就像台春晚。"

随着微博、微信的商业价值逐步得到开发,自媒体将有能力维持自身的良性运转,这将对传统媒体组织形成致命的冲击,在优秀的传统媒体骨干大量流失的情况下,传统媒体组织将被瓦解和重组。

第三章 新媒体环境下的传媒业新趋势

互联网作为全新的媒介形态,在互联网媒体自身快速发展的同时,也给传媒业带来了新趋势和新挑战。

一、消费升级新时代①利好传媒业发展

1. 消费升级将大幅提升传媒产业占 GDP 比重

首先,我国正在处于消费升级新时代。根据国际实践和经验,当一国或地区的人均 GDP 超过 6000 美元时,该国就会处于新一轮消费升级时代。根据国家统计局发布的《2016 年中国国民经济和社会发展统计公报》,2016 年我国 GDP 为 744127 亿元,全年人均 GDP 为 53980 元②,近 8000 美元,这标志着我国正迎来消费升级的新时代。

其次,私人消费对经济的贡献度越来越大。根据国家统计局的数据显示,2006—2010 年,私人消费对 GDP 的增长贡献率只有 32%;而在 2011—2015 年期间,私人消费对 GDP 的增长贡献率已经达到 41%;而根据阿里研究院的研究数据,在 2016—2020 年间,私人消费对 GDP 的增长贡献率将达到 48%。③

消费尤其是私人消费由于和每个消费者高度相关,相比起出口和投资等,更能带动传媒业的发展。而根据国外发达国家的传媒业发展实践,当其处于消费升

---

① 改革开放以来,我国总共出现了三次消费升级。第一次消费升级出现在改革开放之初,表现为粮食消费下降、轻工产品消费上升,"老三件"(自行车、手表、收音机)是典型的时代特点;第二次消费升级发生在 20 世纪 80 年代末至 90 年代末,表现为耐用消费品向高档化方向发展,且带动了电子、钢铁、机械制造业等行业的快速发展,"新三件"(冰箱、彩电、洗衣机)是典型的时代特点。当前我们正在处于第三次消费升级的时代大潮中。

② 国家统计局:《2016 年中国国民经济和社会发展统计公报》,见国家统计局网站(http://www.stats.gov.cn/tjsj/zxfb/201702/t20170228_1467424.html)。

③ 阿里研究院、波士顿咨询公司:《中国消费趋势报告》,见今日行业报告数据分享网(http://www.imxdata.com/archives/11101)。

级期时，传媒业收入占 GDP 的比重就会大幅度提升①，极大地利好传媒业的发展。

2. 传媒业将是新一轮消费升级的重点产业

当一国的经济和社会发展达到一定水平时，物资类消费的重要性开始减弱，而电影、传媒业、文化休闲等满足精神类消费的需求开始快速增加，近几年来我国电影产业的爆发式增长就是最好的例证。

尤其需要指出的是，我国的中产阶层已经过亿，根据瑞士信贷银行发布的《全球财富报告2015》显示，中国中产阶级人数达到1.09亿人，成为全球中产阶级人数最多的国家②；《大西洋月刊》联合高盛全球投资研究所发布了一份2015年《中国消费者新消费阶层崛起》的报告：中国城市中产消费者的人数已经过亿，约有1.46亿，他们的人均年收入在11733美元③。无论按照哪种方法计算，我国的中产阶层都已经具有较大的规模。毫无疑问，中产阶层对于精神类产品有着更为强劲的需求，这必将助推精神类需求的进一步爆发，利好整个传媒业。

3. 我国传媒业增速仍将高于 GDP 增速

首先，我国传媒业和国外发达国家相比差距仍然较大。改革开放以来，我国的广告市场虽然从1981年的1.18亿元增加到2016年的6489亿元，增长了5489.15倍，但是和国外发达国家相比，广告收入占GDP的比率以及人均广告消费都还有较大的差距。2016年，我国广告收入占GDP的比率为0.87%，远远低于美国的2%，人均广告消费为469.3元，也远远低于发达国家。

其次，消费升级能够有效地提升我国广告收入占GDP的比例。综观我国传媒业的发展历史，虽然传媒业发展存在一定的滞后性，但是每一次消费升级都能够大幅度提升广告收入占GDP的比重，而当前我国正处于新一轮的消费升级期，该比例也将会稳步提升。具体见表3-1。

---

① 根据国家工商总局广告监督管理司司长刘敏在第十三届中国广告论坛上的发言，2016年我国广告收入为6489亿元，占GDP的比例为0.872%，而美国的比例则为2%左右。

② 瑞士信贷银行：《全球财富报告2015》，见360图书馆网站（http：//www.360doc.com/content/15/1218/10/1503776_521240970.shtml）。

③ 高盛全球投资研究所：《中国消费者新消费阶层崛起》，见雪球网站（https：//xueqiu.com/4385508018/72383368）。

表 3-1　1981—2016 年我国广告市场发展情况

年份	经营额（亿元）	增速（%）	GDP（亿元）	经营额/GDP（%）	人口数（万人）	人均广告消费（元）
1981	1.18	—	4860.30	0.02	100072	0.12
1982	1.50	27.12	5301.80	0.03	101654	0.15
1983	2.34	56.00	5957.40	0.04	103008	0.23
1984	3.42	46.15	7206.70	0.05	104357	0.33
1985	6.05	76.90	8989.10	0.07	105851	0.57
1986	8.45	39.67	10201	0.08	107507	0.79
1987	11.12	31.60	11955	0.09	109300	1.02
1988	14.93	34.26	14922	0.10	111026	1.34
1989	20.00	33.96	16918	0.12	112704	1.77
1990	25.02	25.10	18598	0.13	114333	2.19
1991	35.09	40.25	21663	0.16	115823	3.03
1992	67.87	93.42	26652	0.25	117171	5.79
1993	134.09	97.57	34561	0.39	118517	11.31
1994	200.26	49.35	46670	0.43	119850	16.71
1995	273.27	36.46	57495	0.48	121121	22.56
1996	366.64	34.17	66851	0.55	122389	29.96
1997	461.96	26.00	73143	0.63	123626	37.37
1998	537.83	16.42	76967	0.70	124761	43.11
1999	622.05	15.66	80579	0.77	125786	49.45
2000	712.66	14.57	88254	0.81	126743	56.23
2001	794.89	11.54	95728	0.83	127627	62.28
2002	903.15	13.62	103935	0.87	128453	70.31
2003	1078.70	19.44	116741	0.92	129227	83.47
2004	1264.60	17.24	136584	0.93	129988	97.29
2005	1416.30	12.00	182321	0.78	130756	108.32
2006	1573.00	11.06	209407	0.75	131448	119.67
2007	1741.00	10.68	246619	0.71	132129	131.77
2008	1899.60	9.11	300670	0.63	132802	143.04

(续表3-1)

年份	经营额（亿元）	增速（%）	GDP（亿元）	经营额/GDP（%）	人口数（万人）	人均广告消费（元）
2009	2041.03	7.45	335353	0.61	133450	152.94
2010	2340.51	14.67	397983	0.59	134091	174.55
2011	3125.55	33.54	471564	0.66	134735	231.98
2012	4698.28	50.32	540367.40	0.87	135404	346.98
2013	5019.75	6.84	595244.40	0.84	136072	368.90
2014	5605.60	11.67	643974	0.87	136782	409.82
2015	5973.41	6.56	685505.80	0.87	137462	434.55
2016	6489.00	8.63	744127	0.87	138271	469.30

资料来源：根据《现代广告》所载历年我国广告业发展情况报告、国家统计局网站资料整理。

因此，虽然我国经济已经处于"新常态"，但是传媒业作为朝阳产业，随着我国经济的进一步发展和社会的全面进步，仍将保持着较高的速度可持续发展。

二、用户时间迭代用户数量

自从1994年4月20日互联网正式进入我国以来，我国互联网网民数量一直保持较高的增速迅猛发展，但是发展到今天，网民数量的增速开始放缓，网民红利开始衰竭，而用户时间成为互联网媒体竞争的新焦点。

首先，我国网民数量和手机网民数量的增速开始快速下滑。根据CNNIC的数据，我国的网民从2004年的9400万人增长到2017年6月底的75116万人，增长了6.99倍，在2011年之前一直保持着10%以上的高速增长，2007年则同比增长了53.28%，而到了2016年，同比增长率仅为6.25%；我国的手机网民从2007年的5040万人增长到2017年6月底的72361万人，增长了13.36倍，一直保持着10%以上的增长，2008年的增速最高达到133.33%，但是2016年的同比增速已经明显下滑到12%多，具体见表3-2。而且，由于我国的互联网普及率已经达到54.3%，手机网民渗透率已经高达96.3%，基数已经很大，增速肯定会进一步放缓。

表 3-2 2004—2017 年上半年我国网民和手机网民数

年份	网民数			手机网民数		
	值（万人）	增速（%）	普及率（%）	值（万人）	增速（%）	渗透率（%）
2004	9400	—	7.20	—	—	—
2005	11100	18.09	8.50	—	—	—
2006	13700	23.42	10.50	—	—	—
2007	21000	53.28	16.00	5040	—	24.00
2008	29800	41.90	22.60	11760	133.33	39.50
2009	38400	28.86	28.90	23344	98.50	60.80
2010	45730	19.09	34.30	30274	29.69	66.20
2011	51310	12.20	38.30	35558	17.45	69.30
2012	56400	9.92	42.10	41997	18.11	74.50
2013	61758	9.50	45.80	50006	19.07	81.00
2014	64875	5.05	47.90	55678	11.34	85.80
2015	68826	6.09	50.30	61981	11.32	90.10
2016	73125	6.25	53.20	69531	12.18	95.10
2017.6	75116	—	54.30	72361	—	96.30

资料来源：CNNIC：《中国互联网络发展状况统计报告》，见中国互联网络信息中心网站（http://www.cnnic.net.cn/hlwfzyj/）。

说明：根据历年统计报告整理而成。

其次，网民上网时长逐步增加，数量众多的互联网应用正在为抢占用户时间而战。我国网民的人均周上网时长从 2012 年 6 月的 19.9 小时增长到 2017 年 6 月的 26.5 小时，增长了 6.6 小时，其中 2015 年 6 月和 2016 年 12 月出现了小幅下滑，但是整体呈现稳步增长态势，具体见表 3-3。

表 3-3 2012 年 6 月—2017 年 6 月人均周上网时长

（单位：小时）

时间	人均周上网时长	增长时间
2012 年 6 月	19.9	—
2012 年 12 月	20.5	0.6
2013 年 6 月	21.7	1.2

(续表 3-3)

时 间	人均周上网时长	增长时间
2013 年 12 月	25.0	3.3
2014 年 6 月	25.9	0.9
2014 年 12 月	26.1	0.2
2015 年 6 月	25.6	-0.5
2015 年 12 月	26.2	0.6
2016 年 6 月	26.5	0.3
2016 年 12 月	26.4	-0.1
2017 年 6 月	26.5	0.1

资料来源：CNNIC：《中国互联网络发展状况统计报告》，见中国互联网络信息中心网站（http://www.cnnic.net.cn/hlwfzyj/）。

说明：根据历年统计报告整理而成。

三、音视频迭代图文

1. 我国音视频市场爆发的条件已经具备

第一，4G 的大规模商业化有效地提升了音视频的流畅度。4G 的速度更快、信号覆盖度更好，音视频的播放也自然会更流畅，用户体验更好。

第二，腾讯旗下的 QQ、微信等，今日头条、秒拍、爱奇艺、优酷、阿里巴巴等平台充分认识到音视频市场的巨大潜力，纷纷采取各种措施大力鼓励和支持音视频的发展。

第三，一大波短视频内容创业者进入。近年来，"一条"的徐沪生，"二更"的丁丰，原"壹读"、现"视知"的马昌博，"拇指英雄"的苗炜，"即刻视频"的王留全，"功夫财经"的王牧笛，"梨视频"的邱兵等都曾经是优秀的传统媒体人，他们的进入将大大促进短视频市场的快速成长。

第四，广告主需求发生重大变化。一是广告主更青睐音视频广告形式尤其是短视频广告形式；二是广告主为了争取移动互联用户，开始高度重视移动端音视频的传播和营销。

2. 移动音视频能够更好地利用用户的碎片化时间

每个用户都有大量的、碎片化无聊空闲时间需要打发，而移动音视频无疑是用户打发无聊时间的好工具，在给予用户带来更好体验的同时，也能带来巨量的流量，商业价值和发展潜力都更大。

3. 电信运营商将是助推音视频快速发展的重要力量

我国电信运营商正处于从话费收入为主的盈利模式向以流量收入为主的盈利模式转型的关键时期，而移动音视频将是为电信运营商带来巨大流量的"杀手级"产品，因此，电信运营商基于自身商业模式转型的需要，必将会大力扶持、补贴移动音视频业务。

4. 音视频产业正在高速发展

根据 CNNIC 的数据显示，截至 2017 年 6 月，我国网络视频用户规模达 5.65 亿人，较 2016 年年底增加 2026 万人，增长率为 3.7%；网络视频用户使用率为 75.2%，较 2016 年年底提升了 0.7 个百分点。其中，手机视频用户规模为 5.25 亿人，较 2016 年年底增长 2536 万人，增长率为 5.1%；手机网络视频使用率为 72.6%，相比 2016 年年底增长 0.7 个百分点。[1] 根据艺恩调查数据显示，2016 年中国视频有效付费用户规模已突破 7500 万个，成为继北美、欧洲之后的全球第三大视频付费市场。[2] 根据艾瑞咨询的数据显示，2016 年中国在线视频市场规模可达 609 亿元，用户付费占比 19.3%；预计到 2019 年，用户付费将成为在线视频行业第二大收入来源。[3]

5. 音视频商业价值将是图文的 3 倍以上

由于移动视频所带来的流量远远大于图文，其商业价值自然也更大。在传统媒体为主导的时代，以电视、广播为代表的音视频所承载的广告额是以报纸和期刊为代表的图文所承载的广告额的 2 倍左右，而到了互联网尤其是移动互联网时代，音视频所承载的广告额将是图文所承载的广告额的 3 倍或 4 倍，甚至会高达 5 倍或者更高。

---

[1] CNNIC：《第 40 次中国互联网发展状况统计报告》，见中国互联网络信息中心网站（http://www.cnnic.net.cn/hlwfzyj/hlwxzbg/hlwtjbg/201708/P020170803598956435591.pdf）。

[2] 艺恩：《2016 中国视频行业付费市场研究报告》，见艺恩网（http://www.entgroup.cn/Views/38420.shtml）。

[3] 艾瑞咨询：《2016Q4 中国移动付费视频白皮书》，见艾瑞网（http://www.iresearch.com.cn/report/2958.html）。

四、智能媒体成为新趋势

自从 1994 年互联网正式进入我国以来，在短短的 20 多年的时间内，我国互联网媒体从无到有、从弱到强，无论在销售收入还是影响力上都已经成为彻头彻尾的主流媒体。在互联网技术的快速迭代下，我国互联网经历了三个阶段：一是 Web1.0 时代，以新浪、搜狐、网易、腾讯等门户网站为典型代表，主要特征是海量的内容突破了传统媒体的版面限制，大大丰富了内容和信息；二是 Web2.0 时代，以博客自媒体、新浪微博、腾讯微信等为代表，其主要特征是互动、及时；三是 Web3.0 时代，以今日头条等为代表，其主要特点是数据化、智能化。

1. Web1.0 时代的互联网媒体（1997—2008 年）

这个时代的互联网媒体以门户类网站为主体。门户类网站除了新浪、网易、搜狐和腾讯等四大商业网站之外，也包括传统媒体兴办的人民网、新华网、凤凰新媒体、东方网等各级新闻门户网站。

在商业网站方面，1996 年，新浪网的前身四通利方公司成立，1997 年网易公司成立，1998 年新浪网正式成立，搜狐、腾讯也分别于 1998 年成立，至此四大门户网站的格局基本成立。到了 2000 年，搜索类网站百度创立于北京中关村。

在四大门户网站创立的同时期内，传统媒体也纷纷创立自己的电子版以及网站：人民日报社旗下的人民网创建于 1997 年，新华社旗下的新华网的前身——新华社网站也于同年成立，并于 2000 年改为新华网，凤凰卫视旗下的凤凰新媒体于 1998 年创立，东方网成立于 2000 年。

2. Web2.0 时代的互联网媒体（2009—2014 年）

这个时代的互联网媒体以社交媒体为主体。2002 年，"博客中国"由方兴东在北京创立；2007 年，类 Twitter 的"饭否"成立；2009 年，新浪微博正式启动；2011 年，腾讯推出微信。互联网媒体正式进入 Web2.0 时代，给传统媒体带来了革命性影响。由于"博客中国"和"饭否"等发展得不够好，一般以新浪微博的创立时间作为 Web2.0 时代的起始时间。

社交媒体采取社交推荐方式来解决信息过载难题。为了有效地解决信息过载难题，社交媒体一改之前的媒体推荐，采取社交关系推荐的方式，即通过处于网络节点中的关键人物进行筛选、过滤和推荐，这种相对分布化的推荐方式能够在一定程度上解决信息过载难题。

尤其需要指出的是，社交媒体一方面利用社交关系推荐在一定程度上解决信息过载难题,但另一方面又给我们带来更多的信息,无论是新浪微博和微信的信息都已经严重过载,亟须发展新的技术才能解决信息过载难题。

3. Web3.0 时代的互联网媒体（2015 年至今）

这个时代的代表是以今日头条为代表的智能媒体。2012 年 3 月,今日头条在北京中关村创立,其基于移动互联、大数据和人工智能等新技术的个性化推荐把我们带入互联网的 Web3.0 时代,到了 2015 年,其技术已经相对成熟,市场影响力巨大,已经成为智能媒体的典型代表,引领着 Web3.0 互联网媒体的新潮流。

从 2016 年开始,网易、搜狐纷纷对标今日头条,开始采取个性化推荐技术。到了 2017 年,百度、阿里也开始"头条化",就连最擅长做产品的腾讯也开始"头条化"。2017 年 3 月,腾讯首席运营官任宇昕接替刘胜义兼任 OMG（网媒事业群）负责人,6 月腾讯正式发布邮件公布关于 OMG 组织架构调整及管理干部任免的决定,网络媒体事业群下快报产品部更名为兴趣阅读产品部,负责"天天快报"的研发运营推广;成立内容平台部,负责搭建公司级内容开放平台;网络媒体产品技术部更名为网络媒体技术运营部,负责内容管理、平台研发等工作。① 腾讯此次变革的本质是通过技术变革来驱动内容运营,主要内容是采取个性化推荐技术,也就是"头条化"。

4. 智能传播与其他传播形式的区别

为了更好地了解智能传播与互联网传播和传统传播的区别,可以从信息丰富程度、传播模式、信息公开度、及时性和互动性、商业模式等方面进行比较分析。

第一,在信息丰富程度方面。传统传播适应的时代为信息稀缺时代,在该时代信息相对稀缺,无论是报纸、杂志、广播还是电视,只要内容做得好,就能够吸引用户;互联网传播适应的时代为信息丰裕时代,在该时代信息相对丰富,以门户网站为代表的 PC（个人电脑）互联网媒体,单纯依靠内容已经难以赚取真金白银;智能传播适应的是信息过载时代,在该时代信息严重过载,过载的信息带来极大的"噪音",这就需要针对每个用户提供个性化、定制化的信息。

第二,在传播模式方面。传统传播是一点对多点、标准化的传播;互联网传播则是多点对多点、全立体的、链式的、"病毒式"的传播方式;智能传播则是多点对一点式的传播方式,即多个信息源对应一个用户。

---

① 《腾讯网宣布重大调整,正面对抗今日头条》,见新浪网（http://tech.sina.com.cn/roll/2017-06-17/doc-ifyhfpat5102987.shtml）。

第三，在信息公开度方面。传统传播的信息公开度较低，是精英式的传播；互联网传播的信息公开度较高，实现了信息的高度公开和透明，也在很大程度上打破了信息的不对称性；智能传播则实现了传播者和用户两端的高度公开，实现了信息的对称和透明。

第四，在及时性和互动性方面。传统传播一般滞后于信息，及时性不够，互动性更为缺乏；互联网传播较好地解决了及时性，互动性也有了很大程度的改善；智能传播则在信息和用户两端都实现了及时性和互动性。

第五，在商业模式方面。传统媒体的商业模式为"二次销售"，即第一次通过发行把传媒产品售卖给用户，进而获得传播功能，第二次再把传播功能售卖给广告主；互联网媒体的商业模式为"免费＋收费"的商业模式，即先通过免费的信息和服务来吸引巨量的用户，然后再通过增值业务向某些用户或者第三方收费；智能传播的商业模式则在互联网媒体的商业模式上，进一步实现智能信息直接收费。具体见表3－4。

表3－4 传统传播、互联网传播、智能传播比较

内容	传统传播	互联网传播	智能传播
信息丰富程度	稀缺	丰裕	严重过载
传播模式	一点对多点	多点对多点、链式、全立体、"病毒式"传播	多点对一点，精准式传播
信息公开度	封闭	透明	高度透明
及时性、互动性	滞后	及时性、互动性强	高度的及时性与互动性
商业模式	二次销售	免费＋收费	混合模式

五、从在线到在场

（一）互联网发展到今的重要特征：在线化

1. 内容的在线化

（1）Web1.0实现了内容的数字化。传统媒体创办的互联网网站，把自家的新闻从纸质版及时地转变为网络新闻，并把之前的新闻资料通过数字化放到互联网上。尤其需要指出的是，新浪、搜狐、网易和腾讯等门户网站的出现，充分发

挥互联网的优势,把全国各地的海量新闻汇集起来,实现了一网看遍天下新闻的目的。

(2) Web2.0实现了内容生产者的扩大化。随着互联网技术的进一步发展,博客、微博、微信等社交媒介高速发展,与此相伴的是,手机等可以随身携带的智能终端大大普及,为自媒体的发展提供了坚实的基础,在这种情况下,"人人都有麦克风、人人都可以是自媒体"的新时代到来,信息"产消合一者"出现,用户自生产内容成为互联网媒体的重要组成部分。

(3) Web3.0实现了信息智能匹配。基于大数据的智能推荐技术能够实现用户个性化、定制化、精准化信息需求与信息之间实现智能匹配。

2. 用户的在线化

(1) 互联网用户多,市场普及率高。根据玛丽·米克尔在美国 Code 大会上发布的《2017年互联网趋势报告》显示,截至2016年年底,全球互联网用户达到34亿,普及率为46%。[1] 根据 CNNIC 的数据,截至2017年6月底,我国网民数为7.51亿,手机网民数为7.24亿。

(2) 了解用户。大数据技术通过用户的互联网行为,在更细的程度上了解用户,用户也能够通过相应的数据而更加了解自己。

(3) 用户在线化仍有很长的路需要走。目前,在世界范围内,互联网的普及率只有46%,仍低于50%,仍然存在巨大的数字鸿沟。[2]

3. 服务的在线化

基于内容、信息的在线化和用户的在线化,用户需要的各种服务也都开始在线化。门户网站解决了用户新闻服务的在线化,谷歌、百度解决了用户检索服务的在线化,腾讯游戏、网易游戏解决了用户游戏服务的在线化,Facebook、Twitter、微博、QQ、微信解决了人际交流服务的在线化,Netflix、YouTube、优土[3]、爱奇艺等视频网站解决了视频服务的在线化,淘宝、京东、亚马逊解决了交易服务的在线化。服务在线化呈现如下特点:一是从消费服务在线化向更广、更深的

---

[1] 玛丽·米克尔:《2017年互联网趋势报告》,见雪球网(https://xueqiu.com/5124430882/86609177? from = groupmessage)。

[2] 数字鸿沟(digital divide)指的是在那些拥有信息时代的工具的人以及那些未曾拥有者之间存在的鸿沟,数字鸿沟不仅存在于发达国家和非发达国家之间,在一个国家内也广泛存在于发达地区与非发达地区之间。

[3] 优土为优酷土豆股份有限公司的简称。

范围发展，逐步向产业互联网深化①；二是服务在线化发展迅速，信息服务在线化已经成为主导，互联网零售销售额占社会消费品零售总额的比例已经超过12%②；三是服务在线化成本更低，效率更高，体验更好。

（二）未来互联网的重要趋势：在场化

互联网在在线化程度发展到很高之后，在视频直播、VR、AR、MR 等新技术的推动下，呈现出"在场化"的发展趋势。

1. 所谓在场化，是指用户能够感到强烈的在场感

一是在场化的沉浸式的、第一主角式的用户体验比在线化的用户体验更好。一方面，真实地置入场景中，用户获得的是如真实生活一样真真切切的体验；另一方面，用户虽然知道自己置入的是虚拟景观、虚拟人物和虚拟角色，但是从内心却觉得是真实场景。因此，在场化给予用户的真实角色感带来的体验远远比在线化给予的体验更好。

二是新技术是在场化的助推剂。视频直播、VR、AR、MR 等互联网新技术带领我们进入在场化的世界。视频直播要求主播和用户同步，能够给用户带来在场化的强烈感受。VR 把用户完全植入一个虚拟的世界，但完全排除用户周围的自然环境；AR 在用户周围的自然环境上增加一层虚拟的内容；MR 把虚拟物体与用户周围的自然环境进行有机结合，并能够对虚拟物体进行有效回应。无论是VR、AR 还是 MR，都能通过给用户真实的在场感，在极短时间内把用户送到魔幻场景，也能在极短时间内把魔幻场景送到用户跟前。

三是新技术会倒逼基础设施能力的提升。服务器、带宽、网速等基础设施能力的完善会助推新技术的应用，同时，新技术的应用又会倒逼带宽、网速等基础设施的完善。无论是视频直播还是 VR、AR、MR 等新技术，它们不仅要求更高的带宽能力、更快的网速，还要求更多的数据和更强的数据分析能力，这会倒逼高科技公司开发更好的技术。基于此，未来更快的网速、更好的带宽、更好的数据挖掘能力也必将给用户带来更为极致的体验。

四是手机等智能终端助推在场化。手机等智能终端不仅使得用户可以随时参与视频直播，更是推动 VR、AR、MR 发展的直接推动力：在推动着小型高分辨率屏幕质量提升的同时成本大幅度下降；计算性能媲美于过去的超级计算机，可

---

① 有人把它称之为消费互联网向产业互联网的转型。消费互联网主要是互联网与第三产业的结合，重点满足消费者在互联网中的消费需求，而产业互联网是互联网与第二产业的深度融合。

② 根据国家统计局的数据，2016 年我国网络购物在社会消费品零售总额中的占比为 12.6%。

以在手机屏幕上执行各类操作；手机中的陀螺仪和运动传感器可以用来很好地追踪头部、手部和身体位置，且成本低廉。

2. 在场化能够带来更大的商业价值

在场化不仅能比在线化给用户带来更好的用户体验，而且能够比在线化带来更好的商业价值。

一是互联网巨头的大力参与将助推在场化的深化。目前，所有的巨头，无论是西方发达国家的 Facebook、谷歌、苹果、亚马逊、微软、索尼、三星，还是国内的阿里巴巴、腾讯和百度等，都在大力推进在场化实践。目前，仅 Facebook 在 VR 方面就有 400 多人的团队，全世界从事 VR 的公司更是如雨后春笋，为 VR、AR 和 MR 等新平台创造硬件和内容，实现软硬件的有机结合。

二是 VR 也从实验室的简单体验渗透到娱乐和游戏，并将很快渗透到电商（电子商务）等场景，这也将大大提升在场化的商业价值。

三是在场化将把更多的用户卷入，进而创造更多的商业价值。在场化使得任何用户在任何时候、任何地点都可以使用它，其社交属性也将更为显著，比当前流行的如 Facebook 等社交媒体更具有社交属性，按照网络效应，这也必将带来更多的商业价值。

六、直播业高速发展

2016 年被称为我国的互联网直播元年①，而最早的电视直播是 1984 年的国庆大阅兵直播。此后，9158、YY（欢聚时代）、六间房等基于 PC 端的秀场直播代表着我国互联网直播的 1.0 时代，从 YY 剥离的虎牙直播以及斗鱼、龙珠、熊猫等游戏类直播则代表着互联网直播的 2.0 时代，映客、花椒、易直播、陌陌等移动直播和泛娱乐直播则代表着互联网直播的 3.0 时代，微鲸科技、花椒直播等 VR 直播则代表着互联网直播的 4.0 时代。发展到目前，我国已经有 200 家左右的直播公司，基本覆盖了直播的各个领域。

（一）互联网直播高速发展的成因

互联网直播相比于电视直播和其他媒体形式，不仅表现形式丰富，而且在场感、互动性、实时性强，能够给用户带来更好的体验，这是其能够快速火爆的本质性原因。而直接原因则是技术进步、游戏等娱乐的推动以及资本的大量涌入，

---

① 所谓"元年"，一般是指商业化探索出现成效的年份。2016 年，我国直播业市场高速发展。

等等。

1. 直播技术的快速发展

全世界正处于互联网技术的快速变革期,带宽技术、智能手机性能的提升为互联网直播提供了良好的基础条件,而美颜摄像头、编码硬件、云端存储及CDN①技术的快速发展,保证了互联网直播更流畅、更美观、更及时。当然,由于带宽成本的限制,现在的VR直播仍难以流畅地实现。

2. 游戏等娱乐产业助推互联网直播

游戏尤其是电竞游戏与直播技术的结合,既促进了电竞产业的快速发展,也助推直播产业高速发展。根据相关调查数据显示,使用直播的人群中,72%经常玩电竞游戏,88%的人经常看电竞内容。② 除了电竞之外,其他游戏、综艺、泛娱乐等产业的高速发展也为直播产业添加了动力。

3. 资本成为直播业发展的最大驱动力

直播对带宽的要求很高,带宽成本、主播费及游戏版权费等耗资巨大,这就要求必须以巨额的资本投入为前提。直播产业有着巨大的发展潜力,根据华创证券的预测,2020年直播行业市场规模将由2015年的120亿元增长到1060亿元。③ 根据欢聚时代(YY)财报显示,其2017年第1季度的净营收(营业收入)为人民币22.67亿元,同比增长37.40%,其中直播服务营收为人民币20.57亿元,同比增长51.5%,④ 直播业务收入占总营收的比例高达90.75%。根据陌陌财报显示,2017年第1季度,其净营收达到2.65亿美元,同比增长421%,来自于直播业务的收入为2.13亿美元,⑤ 直播业务收入占比为85.22%。正是因为直播行业的广阔前景,资本蜂拥而入,2015年以来直播行业的主要融资情况见表3-5。

---

① CDN 的全称是 content delivery network,即内容分发网络。
② 《直播新风口,红利如何分享?》,见腾讯研究院网站(http://www.tisi.org/4632)。
③ 《200家,5000万,2亿:这就是游戏直播行业真相?》,见腾讯网游戏频道(http://games.qq.com/a/20160627/026391.htm)。
④ 《欢聚时代2017年Q1净收入22.6亿元,同比增长37.4%》,见网页游戏门户网站(http://ch-anye.07073.com/shuju/1610420.html)。
⑤ 《陌陌:2017年第一季度财报》,见雪球网站(https://xueqiu.com/6155248887/85983703)。

表 3-5 2015 年以来直播行业的主要融资

时　间	融资方	融资金额	投资方	轮　次
2015 年 3 月	虎牙直播	7 亿元	欢聚时代	续投
2015 年 3 月	六间房	26 亿元	宋城演艺	收购
2015 年 5 月	果酱直播	数百万元	不详	天使轮
2015 年 10 月	Imba TV	约 1 亿元	紫金文化基金等	B 轮
2015 年 11 月	微吼	近 1 亿元人民币	不详	B 轮
2015 年 11 月	映客	千万元级别	赛富基金等	A 轮
2015 年 11 月	龙珠直播	近 1 亿美元	游久游戏、腾讯等	B 轮
2015 年 11 月	欢拓科技	1000 万元	赛富基金等	A 轮
2015 年 12 月	火猫 TV	千万美元	优土	A 轮
2016 年 1 月	映客	8000 万元	昆仑万维	A+轮
2016 年 3 月	易直播	约 6000 万元	不详	A 轮
2016 年 3 月	三好网	7500 万元	亦庄互联网等	Pre-A 轮
2016 年 3 月	斗鱼 TV	1 亿美元	腾讯等	B 轮
2016 年 4 月	早道网校	1500 万元	YY 等	A 轮
2016 年 5 月	呱呱视频	1.31 亿元	光线传媒	收购
2016 年 5 月	野马现场	数千万元	明嘉资本	A 轮
2016 年 8 月	斗鱼 TV	15 亿元	凤凰资本、腾讯等	C 轮
2016 年 10 月	花椒直播	3 亿元	中首建投、奇虎 360	A 轮

资料来源：根据互联网资料整理。

4. BAT 互联网巨头大力布局互联网直播

春江水暖鸭先知，哪里有市场机遇，哪里就有 BAT[①] 的身影。BAT 意识到直播蕴藏的重大机遇，纷纷布局直播业务，尤其以腾讯更为彻底，目前布局了 9 家直播平台，其中自建平台就有 NOW 直播、QQ 空间直播、腾讯直播、腾讯新闻、企鹅直播、花样直播等。具体见表 3-6。

---

① BAT，B=百度、A=阿里巴巴、T=腾讯，是中国互联网公司百度公司（Baidu）、阿里巴巴集团（Alibaba）、腾讯公司（Tencent）三大互联网公司首字母的缩写。BAT 被称为中国最大的三家互联网公司。

表 3-6　BAT 的直播布局

公司	APP① 名称	直播形式	具体情况
腾讯	QQ 空间	内嵌式	自家产品
	腾讯新闻	内嵌式	自家产品
	企鹅直播	纯直播	自家产品
	花样直播	纯直播	自家产品
	腾讯直播	纯直播	自家产品
	NOW	纯直播	自家产品
	斗鱼直播	纯直播	投资
	哔哩哔哩动画	内嵌式	投资
	龙珠 TV	纯直播	投资
阿里巴巴	淘宝	内嵌式	自家产品
	天猫	内嵌式	自家产品
	优土	内嵌式	收购
	来疯视频直播秀	纯直播	优土
	陌陌	内嵌式	投资
	一直播	纯直播	投资的微博
	Acfun	内嵌式	投资的合一集团
百度	百秀直播	纯直播	自家产品
	Ala 直播	纯直播	自家产品
	爱奇艺	内嵌式	收购

资料来源：根据猎豹全球智库报告和互联网资料整理。

5. 直播已经成为移动互联网的基础标配

一是直播能够给移动互联网带来更多的流量。互联网尤其是移动互联网的核心指标是流量，直播既可以实现图文形态又可以实现视频形态，尤其是视频形态的直播不仅能够给用户带来更好的体验，而且能够给移动新闻客户端带来巨量的流量。例如，腾讯在里约奥运会上累计直播超过 1000 小时，相当于赛事直播时长的 5 倍，腾讯精心打造的 10 档原创视频节目，播放量也突破 15 亿次，其中里

---

① APP 为 application（应用程序）的简写，一般指安装在智能手机上的软件。

约奥运开幕式持续的 4 个小时中,共有超过 8500 万的用户通过腾讯直播观看了开幕式。在腾讯"天宫二号"的直播中,直播总时长 3.5 小时,双路信号直播 VV① 为 358.9 万次,直播 UV② 为 246.9 万人,最高在线 63.6 万人,产生评论 2.3 万条,1850 万名网友深夜追随。③ 也正是腾讯在移动直播领域的布局和专业内容制作,使得腾讯新闻客户端在 2016 年 8 月份的数据大幅增长。

二是直播能够提供在场感。当前互联网已经从在线化时代进入在场化时代,新闻客户端直播可以为用户提供沉浸式体验,让用户和主播处在同一场景中,从而使用户体验得到更好的在场感。

三是直播交互性更强。在新闻客户端直播中,用户和主播之间能够形成及时、有效的交互和互动,用户的参与感更强,能够增加用户的黏度。

(二) 资讯直播是传统媒体转型的重要方向

1. 资讯直播具有很强的媒体属性

电视直播是资讯直播的最早方式,讲究的是新闻操作的专业性、及时性和客观性。虽然现在资讯直播已经进入移动互联网时代,也需要和其他类型直播一样具有时效性、现场感等特性,但资讯直播不同于秀场、娱乐、垂直细分的直播,它的根本依然是资讯操作的媒体属性,即必须具有广泛的媒体覆盖度、媒体公信力、内容影响力和足够的思想性,而这些必须依靠专业的媒体策划和选题能力等硬实力作为保障。一是媒体属性要求给予用户客观、真实、完整、多角度的信息,这需要深入了解事情的来龙去脉,更需要专家进行解读和分享,而这就必须以专业的内容策划能力和团队协同作战为前提,采取"前方特派员现场报道+后方演播厅专家学者解读"的多路视频直播方式,实现多地多频道联动、不间断直播。二是资讯的本质要求更为专业和客观,这就要求资讯直播必须以内容生产为基础。

2. 资讯直播已经成为媒体融合的重要方向

传统媒体作为媒体属性最强的新闻媒体,在看到资讯直播的巨大潜力之后,纷纷涉足资讯直播。但是,由于自身技术能力不足、互联网用户群体较小,它们大多采取和腾讯新闻、网易新闻、今日头条合作的方式。当前传统媒体进军资讯

---

① VV 为 video view 的简写,即视频播放次数,为当前衡量视频网效果如何的参数之一。
② UV 是 unique visitor 的简写,是指通过互联网访问、浏览这个网页的自然人。
③ 《"不一样的奥运"收官,腾讯引领全民参与时代》,见腾讯网站体育频道(http://2016.qq.com/a/20160822/032387.htm)。

直播的短板在于技术能力不足、经济实力相对弱以及缺少足够的互联网用户,而这可以通过和互联网巨头合作的方式来解决。合作双赢推进资讯直播正成为新趋势。

七、短视频蓬勃发展

近两年,在我国网民尤其是手机网民快速成长、带宽成本大幅度下降、内容创业者大量涌入、4G 的大范围普及等因素的推动下,短视频市场高速发展。据猎豹全球智库数据显示,2016 年至今,在流量涨幅最大的 20 款应用软件中,有 6 个是短视频和直播 APP,流量总和高居首位。①

1. 互联网巨头纷纷大力支持短视频发展

短视频在给互联网企业带来巨大流量的同时,又能够大幅提升用户体验,其作为互联网巨头的杀手级应用②,商业价值和潜力巨大。因此,所有的互联网巨头都充分认识到短视频市场的巨大潜力,依靠自身的平台,采取各种措施大力鼓励和支持短视频的发展。

第一,今日头条从 2015 年 5 月开始进入短视频分发市场,到了 2017 年 7 月,平均每天有近 20 亿的视频播放次数。③ 今日头条上的视频播放量已超过图文和组图的点击阅读量的总和,成为其流量最大的内容体裁。基于此,今日头条在 2016 年 9 月到 2017 年 9 月内,拿出至少 10 亿元人民币,分给头条号上的短视频创作者。④ 目前,今日头条的短视频已经独立出来并更名为西瓜视频。

第二,截至 2016 年 8 月,腾讯 QQ 空间短视频日均播放量已突破 10 亿次,腾讯也于 2016 年 9 月 24 日在"2016 腾讯全球开发者大会"上宣布:砸下 10 亿元,扶持短视频内容创业者。

第三,2015 年年底秒拍的视频播放量较年初增加 20 倍,2016 年年初到 2016 年 9 月又增长了约 4 倍。秒拍也在 2016 年 9 月到 2017 年 9 月投入一亿美元推动

---

① 戴莉莉:《短视频门槛 10 亿 +,传媒竞争机会何在?》,见人民网(http://media.people.com.cn/n1/2017/0526/c40606-29300741.html)。

② 杀手级应用(killer application),是指某个非常有用的计算机程序,并且是消费者愿意为这个程序购买某硬件或软件产品的计算机程序。

③ 赵添:《头条没有播放量的"通货膨胀"》,见搜狐网(http://www.sohu.com/a/160502006_115060)。

④ 《今日头条进军短视频领域,投 10 亿元补贴创作者》,见人民网(http://it.people.com.cn/n1/2016/0921/c1009-28729312.html)。

短视频行业的发展①。

第四，2017 年 3 月 31 日，阿里巴巴文化娱乐集团召开了短视频战略暨新土豆发布会，宣布土豆全面转型为短视频平台。在具体举措方面，推出"大鱼号"并投入 20 亿元现金打造"大鱼计划"，召唤"全球大鱼合伙人"。②

2. 短视频企业的商业模式多元化

短视频企业的商业模式正在演化中，目前主要的商业模式有视频制作模式、广告模式、电商模式，未来更有想象空间的将是游戏模式和综合模式。

第一，短视频制作模式。为了更好地传播和营销，各级政府和各类企业都认识到短视频的巨大优势，纷纷利用短视频进行传播和营销，这就创造出了巨大的短视频制作市场。壹读等采取的就是这种商业模式，2015 年壹读短视频制作收入占其总收入的 2/3 左右③。短视频制作的商业模式投入小、见效快且净利润率较高，但是其缺点在于发展潜力较小。

第二，广告模式。当前传统电视的广告正在往互联网媒体尤其是移动互联网媒体快速转移，基于移动互联的短视频就是很好的承载平台。目前，广告模式主要采取的是以原生广告为主的内容营销。原生广告的特点为有效植入、有机互动、及时灵活。对于短视频分发平台来说，包括原生广告在内的广告模式将成为其主要发展模式。而对于基于内容的短视频创业企业来说，原生广告模式也将成为其重要的商业模式。根据艾瑞咨询公司数据，2016 年中国网络视频广告收入市场规模为 271.7 亿元，增速达 43.1%，远高于网络广告的平均增速。2016 年原生视频广告规模为 29.5 亿元，增速高达 209.6%，预计 2017 年市场规模进一步扩大，总量超过 90 亿元，在网络视频广告中的占比进一步提升至 23.2%。④

第三，电商模式。基于内容的短视频创业企业可以充分利用数以千万计的用户，通过原生广告来实现向电商的导流和转化，进而通过分成等方式来实现自身的商业价值变现。微博等短视频分发平台在这方面有很大的潜力，一条⑤等短视频内容创业企业在电商模式等方面进行了不错的探索。

---

① 新榜：《韩坤：秒拍和微博未来一年将拿出一亿美金扶持短视频》，见百度网（https://baijia.baidu.com/s?old_id=626539）。

② 中国新闻网：《土豆网全面转型短视频平台，20 亿现金打造"大鱼计划"》，见网易（http://news.163.com/17/0401/07/CGU13QLQ000187V5.html）。

③ 该数据是课题组对壹读原 CEO 马昌博的调研所得。

④ 艾瑞咨询：《2017 年原生视频广告总量将超 90 亿元》，见网易（http://jiankang.163.com/17/0616/16/CN2KSAVI003880L9.html）。

⑤ 一条是一个生活方式传播平台，同时拥有自媒体"一条""美食台"和电商平台"一条生活馆"以及线下实体店。

第四，IP模式。短视频分发后，可以通过数以亿计的互联网用户进行评价，这样能够筛选出更有市场潜力的IP，在对经过市场筛选之后的短视频进行优化后，就可以制作出符合市场需要的优质长视频。

第五，综合模式。综合类的商业模式是多元化的商业模式，其营业收入既有短视频制作收入、广告收入、电商收入、IP收入、整合营销收入、打赏收入，还有游戏收入、投资收入等。综合性的商业模式具有最大的潜力，平台型短视频创业企业二更[①]目前采取的就是这种商业模式。

3. 短视频企业的融资数量和金额都在高速增长

随着短视频的高速发展，短视频企业获得了资金的青睐和重视，获得了越来越多的和金额越来越大的融资。根据《2016短视频内容生态白皮书》显示，2016年短视频内容创业共发生超过30笔融资，融资规模达到53.7亿元[②]。根据艾瑞咨询统计的数据显示，截至2016年7月1日，短视频行业共获得43笔投资，其中2012年、2013年各为2笔，2014年为13笔，2015年为17笔，2016年截至7月已有9笔投资，预计会超过2015年全年数据[③]。目前估值超过10亿元的已经有一条、二更等，具体见表3-7。

表3-7　主要短视频内容创业企业融资情况

短视频企业	成立时间	创始人	融资金额
一条	2014年	徐沪生，原《外滩画报》总编辑	完成A轮融资，估值千万美元；完成B+轮融资1亿元，估值13亿元
二更	2014年	丁丰，原《青年时报》副社长	完成5000万元A轮融资，投资方为基石基金和真格基金
拇指英雄	2015年7月	苗炜，原《三联生活周刊》副主编	不详
即刻视频	2015年8月	王留全，原蓝狮子财经出版中心总编辑	获得1300万元天使轮投资，东方弘道领投，经纬中国跟投

---

①　二更是国内知名的原创短视频内容平台。
②　孙浩峰：《短视频创业风生水起，带你解密背后技术力量》，见CSDN网站（http://www.csdn.net/article/a/2017-06-27/15929337）。
③　艾瑞咨询：《2016年短视频行业发展研究报告》，见艾瑞网（http://www.iresearch.com.cn/report/2643.html）。

（续表 3 - 7）

短视频企业	成立时间	创始人	融资金额
功夫财经	2015 年 11 月	王牧笛	获得 1500 万元 A 轮融资，估值超过 2 亿元，合一领投
奇霖传媒	2015 年 12 月	武卿，原央视调查记者	获得天使轮融资
旅行者镜头	2016 年 4 月	Furaha Chen，原央视非洲台创始人	获得千万元天使轮融资，正坤集团领投
梨视频	2016 年 5 月	邱兵，原澎湃新闻 CEO	华人文化注资 5 亿元，持股 70%，管理层持股 30%
今日排行榜	2016 年 6 月	何伊凡，原《中国企业家》执行主编	不详
秒嗨	2016 年 6 月	孙继海	启动资金 2000 万元
视知	2016 年 8 月	马昌博，原壹读 CEO	不详
麒麟财经	2016 年	不详	获得千万元风险投资
Papi 酱	2016 年	网红 Papi 酱	获得 1200 万元的投资

资料来源：根据互联网相关资料整理。

八、多产业融合

互联网技术在很大程度上打破了产业之间的界限，以互联网为基础平台，通过"互联网＋"，不同的产业开始高度融合成新产业。

1. 传媒业、通信业和互联网业融合成"大信息服务业"

在互联网新技术的推动下，传媒业和互联网业、通信业乃至金融业的界线日渐模糊，用户的需求界线已经被打破，"大信息服务业"已经呼之欲出。

如今，IT 业和传媒业已经密不可分，"内容＋平台＋终端"模式已经成熟。软件业为信息服务平台的建设提供了前提条件，目前已经形成了苹果公司的 ios 系统、谷歌公司的 android 系统、微软公司的 WP（Windows Phone）系统三大平台；硬件业为信息的传播提供了用户体验更好的终端，如苹果公司的 iPod、iPhone 和 iPad 等；传媒业为信息服务平台提供更多更好的内容。苹果公司的软件和硬件有机结合的模式很好地诠释了互联网业和传媒业有机融合的趋势，苹果提供了用户体验极好的智能终端产品,并打造了大型信息平台,吸引了大量的"内容提供商"来提供高质量的内容。苹果公司的 2017 年第三财季报告显示,来自于服务业的收入为 72.60 亿美元,同比增长 22%①,占比 15.99%。

2. 传媒业和电信业正在大举融合

当前,由于技术的发展,电信网、互联网和广播电视网的融合在技术层面已经没有任何问题,尤其是电信业从 2007 年到现在为止,绝大多数年份的增长速度低于 GDP 的增长速度,亟须从以"话费收入为主"的盈利模式转变为"以流量收入为主"的盈利模式,而要实现成功转型,电信运营商就必须培养高质量的内容提供商,在这种情况下,电信业有动力积极推动电信业和传媒业的融合。

2016 年,我国电信业务完成收入 11893 亿元,同比增长 5.6%,② 低于同期 GDP 增速。根据有关人士初步估测,如果电信运营商能成功转型,则前端的内容环节会占 15%~20% 的市场份额,这将是 1500 亿元~2500 亿元的大市场。目前,三大电信运营商纷纷建立移动阅读基地并实行公司化运作,这就是在为转型做准备。中文在线③采取与电信运营商转型相捆绑的伴生战略,已经成功上市,取得了很好的效果。

3. 传媒业与体育业高度融合

目前,体育产业已经成为发达国家的重要产业。2013 年,美国体育产业的年产值为 4410 亿美元,约占 GDP 的 3%,并且在 20 世纪 90 年代之后每年都以 10%~15% 的年均增速增加,远远高于同期 GDP 增速。④

而我国体育产业的规模较小,远远低于发达国家。根据国家体育总局、国家统计局的统计资料显示,2015 年,我国体育产业总产出为 1.7 万亿元,增加值为 5494 亿元,占同期国内生产总值的比重为 0.8%。⑤ 在政策大力支持、经济转型与消费能力提升、城镇化率不断提高三大有利因素的助推下,我国体育产业将进

---

① 《一文读懂苹果公司——世界上最赚钱的公司能再造奇迹吗?》,见同花顺网站(http://stock.10jqka.com.cn/20170802/c599399777.shtml)。
② 工信部运营检测协调局:《2016 年通信运营业统计公报》,见工信部网站(http://www.miit.gov.cn/n1146312/n1146904/n1648372/c5498087/content.html)。
③ 中文在线集团(股票代码:300364)2000 年成立于清华大学,为中国数字出版的开创者之一,也是全球最大的中文数字出版机构之一,于 2015 年 1 月 21 日在深圳证券交易所创业板上市。
④ 《中国体育产业占 GDP 比重仅 0.6%,发展潜力大》,见证券时报网站(http://kuaixun.stcn.com/2014/0904/11697876.shtml)。
⑤ 国家体育总局、国家统计局:《2015 年国家体育产业规模及增加值数据》,见国家统计局网站(http://www.stats.gov.cn/tjsj/zxfb/201612/t20161227_1446406.html)。

入快速发展期，体育产业更是名副其实的朝阳产业，发展潜力巨大。根据国务院印发的《关于加快发展体育产业促进体育消费的若干意见》，预计到2025年，中国的体育产业将达到5万亿元[①]。

传媒业和体育业有着天然的联系，互联网巨头更是可以利用用户数量巨大的平台来融合二者，如腾讯体育以超过30亿元的金额签下NBA（美国职业篮球联赛）5年的网络独家直播权，乐视体育以27亿元购买中超（中国足球超级联赛）2016年、2017年这两年的版权，阿里巴巴成立了专门的体育集团，万达集团也通过投资西班牙马德里竞技俱乐部、盈方体育、世界铁人公司来大力布局体育产业。

4. 传媒业与旅游产业融合成休闲旅游业

首先，休闲旅游业潜力巨大。根据国家旅游局的数据，2016年中国旅游总收入为3.9万亿元，同比增长14%。[②] 而根据《国务院关于促进旅游业改革发展的若干意见》：到2020年，境内旅游总消费额达到5.5万亿元，城乡居民人均出游4.5次，旅游业附加值占国内生产总值的比重超过5%，成为国民经济支柱性产业。[③] 可以看出，我国旅游业仍然有着巨大的潜力和发展空间。

其次，休闲旅游业需要传媒业为其植入文化之魂。一是文化与旅游的结合更能吸引游客。例如，华侨城为弥补主题公园静态展示难以满足游客的文化等多样化需求的缺陷，推出了旅游文化演艺这一新颖的市场形式，用故事把文化直观地呈现给游客，使得游客的旅游体验更有文化气息，自然也就大大增强了对游客的吸引力。二是能够积累深厚的文化积淀。例如，华侨城有意识地把文化引入旅游业，通过20多年的积累，已经形成了深厚的文化沉淀。尤其值得一提的是东部华侨城，东部华侨城一期充分体现了中西文化的交融，并且还有以"茶、禅、花、竹"等为主要元素的茶溪谷、天禅晚会、首届国际山地歌会等。2008年10月，东部华侨城华兴寺建成开放，体现了佛教文化和旅游文化有机融合的理念。三是品牌效应显著。例如，华侨城在坚持文化创新的同时，也实现了与旅游地产的有机结合，打造了一批拥有自主知识产权的文化旅游品牌，其中包括自2000年创办至今的华侨城旅游狂欢节，并形成了独具特色的"节庆"王牌："世界之

---

① 《国务院关于加快发展体育产业促进体育消费的若干意见》，见中国政府网（http://www.gov.cn/zhengce/content/2014-10/20/content_9152.htm）。

② 国家旅游局：《2016年国内旅游总收入3.9万亿元》，见凤凰网（http://finance.ifeng.com/a/20170109/15132305_0.shtml）。

③ 《国务院关于促进旅游业改革发展的若干意见》，见中国政府网（http://www.gov.cn/zhengce/content/2014-08/21/content_8999.htm）。

窗"的国际啤酒节和冰雪节、民俗村的泼水节和中国功夫节、欢乐谷的玛雅狂欢节、国际魔术节和流行音乐节、东部华侨城的国际茶艺节,等等。

目前,除了万达集团等大力拓展文化旅游业之外,云南日报报业集团等也开始大力拓展旅游业。

九、传媒产业新格局形成

自 2012 年以来,传统媒体的收入大幅度下滑,而互联网则呈现高速增长。经过近几年的发展变化,互联网媒体产业已经成为传媒产业中的主导力量,旧的以传统媒体产业为主导的传媒产业格局被打破,新的以互联网媒体产业为主导的传媒产业格局已经形成。

1. 互联网广告高速增长

首先,互联网广告已经占我国五大媒体广告市场的 68%。根据艾瑞咨询数据,2016 年我国互联网广告市场达到 2902.70 亿元,同比增长 32.90%,在五大媒体广告收入中的占比已达到 68%。[①] 根据艾瑞咨询的历年监测报告,2010 年我国互联网广告收入为 325.50 亿元,短短 6 年间就增长了 7.92 倍,年均增长 131.96%,具体见表 3 – 8。

表 3 – 8　2010—2016 年我国网络广告收入

年份	广告额(亿元)	增速(%)
2010	325.50	—
2011	513.00	57.60
2012	753.10	46.80
2013	1100.00	46.10
2014	1540.00	40.00
2015	2096.60	36.10
2016	2902.70	32.90

资料来源:http://www.iresearch.com.cn/report/2980.html。

说明:根据艾瑞咨询的历年相关报告整理。

[①] 艾瑞咨询:《2017 年中国网络广告市场年度监测报告》,见艾瑞网(http://www.iresearch.com.cn/report/2980.html)。

其次，互联网媒体也出现了分化。随着互联网媒体的快速迭代，互联网媒体出现了高度分化，一是移动互联网广告的增速远远高于互联网广告的整体增速，移动能力强的互联网媒体的增速也很高。根据艾瑞咨询的数据，2016年，移动互联网广告市场规模为1750.20亿元，同比增长75.40%[1]，远远高于互联网整体广告的32.90%的增速，而且移动互联网广告占互联网广告的比例为60.30%。阿里巴巴[2]、腾讯、网易等在移动互联网布局好的互联网媒体依然保持高速增长。具体见表3-9。

表3-9 2016年互联网媒体广告收入情况表

名称	广告收入	增速（%）
百度（亿元）	645.25	0.80
腾讯（亿元）	269.70	54.57
新浪（亿美元）	8.71	17.00
搜狐（亿美元）	11.08	-4.75
网易（亿元）	21.52	20.29
凤凰新媒体（亿元）	12.30	0

资料来源：http://tech.sina.com.cn/focus/finance_report/。
说明：根据互联网上市公司财报整理。

最后，智能媒体和社交媒体正在剧烈冲击门户网站。目前，门户网站正在"老"去，根据财报显示，2016年，新浪门户网站广告收入同比下滑3670万美元，搜狐网品牌广告收入同比下滑1.26亿美元，凤凰新媒体的移动广告收入增长部分被门户网站的下滑所抵消。而与之形成鲜明对比的是，根据财报显示，新浪微博广告和营销收入同比增加了1.69亿美元，同比增长42%；腾讯效果广告收入同比增加了44.43亿元，同比增长80.08%；而智能媒体的代表——今日头条，其2016年的广告收入超过60亿元[3]，是2015年16亿元的3.75倍。

2. 互联网广告收入超过传统媒体广告收入

根据国家工商总局数据，我国四大传统媒体（电视、报纸、广播和杂志）

---

[1] 艾瑞咨询：《2017年中国网络广告市场年度监测报告》，见艾瑞网（http://www.iresearch.com.cn/report/2980.html）。
[2] 虽然阿里巴巴的财报没有公布准确的广告收入数据，但据估计其广告收入为821.50亿元左右。
[3] 《外媒称今日头条去年营收已达60亿元，今年仍无法盈利》，见腾讯网科技频道（http://tech.qq.com/a/20170526/046731.htm）。

的广告收入之和在 2014 年为 1994.63 亿元,超过互联网广告收入的 1540 亿元;而到了 2015 年,四大传统媒体的广告收入之和为 1844.20 亿元,而互联网广告收入则为 2096.60 亿元,说明我国传媒业市场发生了本质性的变化,互联网媒体的广告收入首次超过四大传统媒体广告收入之和。从市场规模上看,互联网媒体成为真正的主导,而传统媒体则更加式微,具体见表 3-10。

表 3-10 互联网媒体广告和传统媒体广告比较

(单位:亿元)

	2013 年	2014 年	2015 年
互联网	1100.00	1540.00	2096.60
电视	1101.10	1278.50	1146.69
报纸	504.70	501.67	501.12
广播	141.18	132.84	124.49
杂志	87.20	81.62	71.90
传统媒体广告收入之和	1834.18	1994.63	1844.20

资料来源:根据《现代广告》2014 年第 3 期、2015 年第 3 期、2016 年第 3 期,国家工商总局发布的中国广告业发展状况相关数据整理。

尤其需要指出的是,2016 年,阿里巴巴、百度的广告收入都远超央视[①],它们每家公司的广告收入可能为央视的 3 倍以上,而且阿里巴巴、百度任何一家的广告收入都超过中国所有报业和杂志的广告收入之和。

十、互联网巨头通过并购打造生态系统

近几年来,国内的阿里巴巴、腾讯、百度等互联网巨头都是利用其庞大的用户群、先进的技术和强大的资金实力进一步布局传媒业,完善泛娱乐产业链,打造以 IP 为核心的泛娱乐生态系统。

1. 阿里巴巴投资的主要公司

2015 年,阿里巴巴在泛传媒产业、OTO[②]、电子商务、网络安全、硬件、社

[①] 虽然央视没有公布其广告收入的准确数据,但根据合理推测,其 2016 年的广告收入应该在 200 亿元左右。

[②] OTO 是 "Online To Offline" 的简写,OTO 商业模式是一种新诞生的电子商务模式,即把线上的消费者带到现实的商店中去,在线支付购买线上的商品和服务,再到线下去享受服务。

交和交通物流等互联网产业进行全线布局,具体见表3-11。阿里巴巴一直致力于实现人与消费的连接,继续围绕着人与消费进行深耕布局。2015年,阿里巴巴规模最大的两次投资分别是入股苏宁云商和用45亿美元收购优酷土豆。

表3-11 2015年阿里巴巴投资的传媒类相关企业

序号	被投资企业	类型
1	华人文化控股	泛传媒产业
2	第一财经传媒有限公司	泛传媒产业
3	南华早报	泛传媒产业
4	光线传媒	泛传媒产业
5	优酷土豆	泛传媒产业
6	58到家	OTO
7	Snapdeal	电子商务
8	Zulily	电子商务
9	苏宁云商	电子商务
10	魅力惠	电子商务
11	韩海源	网络安全
12	魅族科技	硬件
13	Micromax	硬件
14	Snapchat	社交
15	圆通速递	交通物流
16	One97	其他

资料来源:根据阿里巴巴财报资料整理。

阿里巴巴以电子商务起家,已经吸引了数以亿计的庞大用户群,之后进入互联网金融、泛娱乐产业、健康产业、传媒产业等,打造了一个正反馈的正强化生态系统。阿里巴巴通过在传媒业的一系列并购,已经成功在视频、社交媒体、传统媒体、电影业、新闻客户端等传媒业领域布局,传媒生态已然成型,据不完全统计,其投资的媒体具体见表3-12。

表 3-12　阿里巴巴投资的媒体一览表

被投资企业	投资时间	投资金额	持股	性质
《商业评论》	2013年4月	未知	未知	杂志媒体
新浪微博	2013年4月	5.86亿美元	18%	社交媒体
新浪微博	2014年	未知	14%（合计32%）	社交媒体
文化中国	2014年3月	8.04亿美元	60%	影视娱乐（现更名为阿里影业）
华数传媒	2014年4月	10.50亿美元	20%	有线网络
优酷土豆	2014年4月	12.20亿美元	18.5%	视频网站
虎嗅网	2014年6月	2484万元	15%	科技媒体
华谊兄弟	2014年11月	超过15亿元	8.06%	影视娱乐
光线传媒	2015年3月	24亿元	20%	影视娱乐
无界	2015年4月	未知	未知	新媒体
《北京青年报》社区报	2015年5月	未知	未知	社区媒体
第一财经	2015年5月	12亿元	30%	财经媒体
博雅天下	2015年7月	未知	未知	杂志媒体
36氪	2015年10月	约1亿美元	未知	科技媒体
优酷土豆	2015年10月	超45亿美元	剩余股份	视频网站
封面	2015年10月	亿元级别	30%	新媒体
新浪微博	拟收购	未知	剩余股份	社交媒体
《南华早报》	收购	17.20亿元	100%	传统媒体

资料来源：根据阿里巴巴财报及互联网相关资料整理。

2. 百度投资的主要公司

2015年，百度投资了19家公司，分属于泛传媒产业、电子商务、OTO、网络安全、交通物流和工具等产业，具体见表3-13。百度一直围绕着人和信息，致力打造属于自己的生态系统，但是其在PC互联网领域所建立的入口优势在移动互联网时代下有所削弱，2015年百度重点通过搭建OTO消费场景，以重新提升自身的入口价值。在OTO方面，主要体现为两个方面：一是以百度糯米、百度地图、百度手机助手等为核心搭建起来的中高频OTO；二是以百度直通车为主的产品，则覆盖了线下长尾、低频消费的本地生活服务。

表 3-13 2015 年百度投资的主要企业

	被投资企业	类型
1	星美控股	泛传媒产业
2	Popin	泛传媒产业
3	Tonara	泛传媒产业
4	我买网	电子商务
5	优信拍	电子商务
6	蜜芽	电子商务
7	糯米网	OTO
8	客如云	OTO
9	医护网	OTO
10	百姓网	OTO
11	E 袋洗	OTO
12	安全宝	网络安全
13	天天用车	交通物流
14	Uber 中国	交通物流
15	51 用车	交通物流
16	16wifi	工具
17	华视互联	工具
18	Taboola	工具

资料来源：根据百度财报资料整理。

3. 腾讯投资的主要互联网企业

2015 年，腾讯投资了 21 家公司，分属于泛传媒产业、电子商务、OTO、社交、金融和游戏、交通物流和工具等产业，具体见表 3-14。腾讯一直围绕着人和交流，致力于延伸人的连接，为用户提供更好的交流体验。2015 年，腾讯投资布局的关键在于两点：一是继续加大对 IP 资源的投资，二是加大 OTO 的布局，使微信和手机 QQ 成为 OTO 的入口，真正成为 OTO 领域的连接器。

表 3-14 2015 年腾讯投资的主要企业

	被投资企业	类　　型
1	盛大文学	泛传媒产业
2	微影时代	泛传媒产业
3	每日优鲜	电子商务
4	易车网	电子商务
5	饿了么	OTO
6	赢了网	OTO
7	零号线	OTO
8	知乎	社交
9	Same	社交
10	Kik	社交
11	欢网科技	工具
12	室内定位公司	工具
13	Magicwifi	工具
14	易鑫资本	金融和游戏
15	Miniclip SA	金融和游戏
16	GlueMobile	金融和游戏
17	Poket Gems	金融和游戏
18	Scanadu	硬件
19	人人车	交通物流
20	马斯葛集团	其他

资料来源：根据腾讯财报资料整理。

十一、传媒改革进一步深化，对互联网的监管政策趋严

1. 国家出台各项政策，大力鼓励支持文化传媒业发展

首先，《中共中央关于制定国民经济和社会发展第十三个五年规划的建议》高度重视文化传媒业的发展，提出了如下指导意见：文化产业成为国民经济支柱性产业；推动文化产业结构优化升级，发展骨干文化企业和创意文化产业，培育新型文化业态；坚持把社会效益放在首位、社会效益和经济效益相统一；实施"互联网+"行动计划；推动传统媒体和新兴媒体融合发展，加快媒体数字化建

设,打造一批新型主流媒体;优化媒体结构,规范传播秩序。

其次,2014 年 8 月 18 日,中央全面深化改革领导小组通过《关于推动传统媒体和新兴媒体融合发展的指导意见》。之后,各级政府给予了传统媒体资金、政策等全方位的支持。

2. 非时政类报刊出版单位转企改制工作基本完成,但改革仍不彻底

2011 年 5 月,《中共中央办公厅、国务院办公厅关于深化非时政类报刊出版单位体制改革的意见》(中办发〔2011〕19 号文)出台,明确提出在 2012 年 9 月底前,全面完成相关单位转企改制任务。相关数据显示,全国承担改革任务的 580 多家出版社、3000 多家新华书店、38 家党报党刊发行单位等已全部完成转企改制;全国 3388 种应转企改制的非时政类报刊已有 3271 种完成改革任务,占总数的 96.50%。① 虽然从表面上看,非时政类报刊出版单位的转企改制工作基本完成,但有些转企改制的企业仅仅成了翻牌企业,例如,改制不彻底的企业存在产权不清晰或保留着部分事业编制等问题,这些都需要进一步深化改革,使之成为真正的市场主体。

3. 市场化改革需要加快推进

党的十八届三中全会通过的《中共中央关于全面深化改革若干重大问题的决定》指出:发挥市场在资源配置中的决定性作用,并提出了"特殊管理股制度"、混合所有制等一系列改革措施,这些政策都应加速推进。

4. 国家强化互联网媒体监管,力图实现线上线下同一尺度

2016 年,国家新闻出版广电总局、国家网信办(中华人民共和国国家互联网信息办公室)、文化部等多个部门出台各种新规,互联网媒体受到越来越严格的监管,具体见表 3-15。2016 年以来尤其是 2017 年,相关主管部门频出新规,具有如下特点:一是监管范围大大扩大,监管程度大大加强,如微博、微信等社交网络平台已经被纳入监管范围。二是强调平台主体的责任。如未持有《信息网络传播视听节目许可证》的机构和个人使用微博账号、微信公众号等各类社交应用开展互联网视听节目服务,应由网络平台作为该项服务的开办主体,按照视听节目管理的各项要求,对节目内容履行内容把关等各项管理责任,节目范围不得超出平台自身许可证载明的业务范围。三是在新业务刚开始时就开始加强监管,

---

① 蔡武:《国有经营性文化单位转企改制任务基本完成》,见中国人大网(http://www.npc.gov.cn/huiyi/ztbg/gwygygyqyggyfzgzqkdbg/2012-10/25/content_1745412.htm)。

如互联网直播等。

表3-15　2016年相关主管部门出台的新规

文件名称	发布机关	主要内容
《关于进一步加强电视上星综合频道节目管理的通知》	国家新闻出版广电总局	"限童令"——亲子类节目淡出荧屏
《网络出版服务管理规定》	国家新闻出版广电总局、工业和信息化部	中外合资经营、中外合作经营和外资经营的单位不得从事网络出版服务
《电视剧内容制作通则》	国家新闻出版广电总局	电视剧制作机构应积极制作通则中倡导的内容，不得制作通则中禁止的内容
《专网及定向传播视听节目服务管理规定》	国家新闻出版广电总局	媒体定位、管理机制、创新发展、市场价值
《关于移动游戏出版服务管理的通知》	国家新闻出版广电总局	移动游戏版号审批、总局审核
《关于进一步加快广播电视媒体与新兴媒体融合发展的意见》	国家新闻出版广电总局	媒体融合、"十大体系建设目标"
《国家新闻出版广电总局办公厅关于加强网络视听节目持证机关参与"全国中小企业股份转让系统"管理有关问题的通知》	国家新闻出版广电总局	网络视听企业登录新三板前要审批
《国家新闻出版广电总局关于进一步加强社会类、娱乐类新闻节目管理的通知》	国家新闻出版广电总局	加强社会类、娱乐类新闻节目的管理
《关于加强网络视听节目直播服务管理有关问题的通知》	国家新闻出版广电总局	加强网络视听节目直播服务管理，电视不能播的内容，网络也不能播
《网络表演经营活动管理办法》	文化部	网络表演经营单位须有许可证，表演者要实名注册
《互联网直播服务管理规定》	国家网信办	实行"主播实名制登记""黑名单制度"等强力措施，且明确提出了"双资质"的要求

资料来源：根据相关政府网站公告整理。

第四章 传统媒体转型现状分析

自 2008 年以来，当传统媒体意识到互联网对自身的冲击越来越大时，先行者就开始逐步进行转型，尝试了多种方式，主要体现在爆款①新闻产品、新闻网站、"两微一端"、自身新闻客户端、"中央厨房建设"、资本市场、政策扶持、体制机制改革等方面。

一、优秀传统媒体积极制定和推进互联网转型战略

能力强、素质高的优秀传统媒体认识到向互联网转型的极端重要性，以互联网为方向，以技术和内容为驱动，采取移动优先策略，积极制定和有效推动互联网转型战略，取得了一定的效果。

1. 浙报集团以"三圈环流"打造"互联网枢纽集团"

第一，通过收购边锋②和浩方③来获取互联网用户。浙报集团（浙江日报报业集团）通过收购边锋和浩方 100% 的股权，一举获得了一个拥有约 3 亿注册用户、2000 多万活跃用户、1000 万移动用户的成熟游戏平台，拥有了国内首个国有资本控制的、大型的自主性网络用户平台，为浙报传媒④的互联网转型打下了强有力的基础。通过收购两家游戏公司，浙报集团目前已经形成了近 1100 人的互联网专业技术研发团队，从事新媒体业务的员工也已经近 2100 人，已经占到了整个集团员工总数的 1/3。

---

① 爆款是指在商品销售中供不应求、销售量很高的商品，即通常所说的卖得很多、人气很高的商品。
② 边锋网络游戏是 2004 年 8 月整合入盛大网络旗下的边锋游戏和 2005 年 12 月整合入盛大网络旗下的游戏茶苑两家中国领先的棋牌游戏公司合并运营而成的网络游戏运营公司。
③ 浩方对战平台是中国最大的游戏对战平台之一。
④ 浙报传媒的全称为浙报传媒控股集团有限公司，成立于 2002 年，前身为浙江日报报业集团有限公司，是浙江日报报业集团出资设立的全资子公司。作为统筹运营浙江日报报业集团经营性资产的市场主体，公司拥有独资、控股子公司 30 多家，经营业务包括传媒及相关文化产业、资本运营等领域，产业规模居全国报业集团前列。

第二，在收购边锋和浩方的基础上，自2014年以来，浙报传媒打造了"三圈环流"的数字媒体产品矩阵，即核心圈、紧密圈和协同圈。核心圈着力打造三大新媒体产品，分别为浙江新闻移动客户端、浙江手机报、浙江在线新闻网站。紧密圈由边锋网新闻专区和新闻弹窗、云端悦读Pad客户端、边锋互联网电视盒子、钱报网、腾讯/大浙网新闻板块以及各县市区域门户构成。协同圈以微博、微信等第三方网络应用和专业APP为主，以各运营媒体200多个微博、微信等第三方网络应用和专业APP为协同圈的主流价值传播平台。

第三，在搭建"三圈环流"的数字媒体产品矩阵的基础上，浙报集团又斥资2亿元自主研发了"媒立方"系统，包括智能传播平台和大数据资源平台，可满足媒体融合发展所必需的从信息发现、一站式生产、全媒体发布到智能化分析、精准化服务等多重需求，现在已经正式投入使用。

第四，提前卡位布局大数据产业。一是在传统媒体公司中率先建立起数据库业务部，从阿里巴巴、盛大、华为等互联网公司引进50多名专业技术人才，投入5000多万元建设用户数据库，把边锋和浩方的3亿注册用户、2000多万活跃用户，加上浙报集团传统媒体板块的600万用户，组建成一个用户规模巨大的数据库。二是浙报集团全面实施了大数据产业投资战略。2016年9月26日，由浙报传媒投资建设的浙江大数据交易中心在乌镇正式上线，成为省内唯一的大数据交易中心。三是将和正在建设的"富春云"互联网数据中心项目、大数据创客中心以及大数据基金，共同组成浙报传媒大数据产业方阵。其中，互联网数据中心项目集聚数据，推动数据存储、加工、清洗、挖掘和交易，目标是形成覆盖大数据全产业链的开放性生态系统，向公众提供覆盖基础数据服务、数据挖掘与分析和数据交易的全产业链服务。浙报集团有一个由新媒体中心、数据库业务部、信息技术中心、边锋四大模块构成的技术平台，并培养一个具备自主研发能力的技术团队，既能适应报业的技术发展，也能与互联网技术队伍接轨。

2. 上海报业集团的"三步走"互联网转型战略

上海报业集团根据自身实际，提出了"三步走"互联网转型战略：第一步成为中国最具影响力和竞争力的报业集团；第二步率先向新型主流媒体转型，打造新型主流媒体集团；第三步成为互联网时代的文化传媒产业集团。①

为了顺利实现"三步走"战略，上海报业集团制定了"二三四"路线图。

---

① 裴新：《道正声远，永远的山丘：中国传媒风云（2015—2016）》，深圳报业集团出版社2017年版，第10页。

"二"是指澎湃①、界面②两大现象级项目，支持二者继续向平台级项目的目标进发，以影响力、用户规模等为核心指标，成为互联网上新的主流媒体或新型社区。"三"是指《解放日报》《文汇报》和《新民晚报》三大报，其中《解放日报》以上海观察为主平台，实现互联网时代市委机关报的整体转型；《文汇报》专注于人文定位，以文化界、知识界以及具有文化情怀的海内外人士为目标受众，从细分领域切入，围绕"人"与"文"这两个主攻方向，打造特色鲜明的"文汇"客户端；《新民晚报》推出集资讯、社交和服务功能于一体的社区新媒体产品"邻声"。"四"是指围绕新语言空间、新商业模式、新技术、新渠道的四个新项目：在新语言空间方面，由澎湃新闻团队打造的英文新媒体项目——Sixth Tone（第六声），内容定位于"日常中国"，基于西方用户习惯讲述中国故事，探索建立自己的话语体系；在新商业模式方面，打造了连接投资者与投资研究服务人士的社区——摩尔金融，由界面团队孵化；在新技术应用方面，联合人民网推出以"90后"新生代为目标群体的"头条"类新媒体产品——唔哩；在新渠道拓展方面，《新闻晨报》团队立足本地和实用，推出"周到"客户端。

3. SMG③的"一个平台、三个产品"的互联网转型战略

一个平台是指BesTV互联网视频平台④，目前已有覆盖全渠道的8000多万用户；三个产品分别是指"看看新闻Knews""阿基米德"和"第一财经"，其中"看看新闻Knews"主打互联网视频新闻品牌，"阿基米德"主打互联网音频社区，"第一财经"主打互联网财经应用。⑤

---

① 澎湃新闻是一个新闻平台，它是上海报业集团改革后公布的第一个成果。澎湃新闻是专注时政与思想的媒体开放平台，口号是："专注时政与思想的互联网平台"。
② 界面是由上海报业集团于2014年9月创立的新闻及商业社交平台，它以新闻为核心，布局40个内容频道，提供专业有趣、以商业为主的全品类新闻资讯，在短时间内成长为中国中产阶级喜爱的新闻平台。
③ 上海广播电视台、上海文化广播影视集团有限公司（英文统称Shanghai Media Group，简称"SMG"）是中国目前产业门类最多、产业规模最大的省级新型主流媒体及综合文化产业集团。
④ BesTV是国内领先的IPTV新媒体视听业务运营商、服务商，由上海文广新闻传媒集团（SMG）和清华同方股份公司合资组建。
⑤ 王建军：《融合转型，我们的危机感是最强烈的》，见搜狐网（http://www.sohu.com/a/113945638_465245）。

二、传统媒体向互联网转型取得了一定进展

(一) 出现了一批传播量过亿的爆款新闻产品

自 2016 年以来,传统媒体借助微信、微博、今日头条等新型互联网传播平台,重视和加强自身策划能力,与技术方、平台方通力合作,打造出了一些点击量过亿的爆款新闻作品,现代传播能力建设得到一定程度的呈现。例如,人民日报[①]客户端 2017 年 7 月 29 日推出的 H5[②] 产品《穿越时光,这是我保家卫国的样子》,瞬间引爆了互联网,点击量超过 10 亿次。具体见表 4-1。

表 4-1 2016 年至今媒体融合 "爆款" 产品

作品名称	出品单位	出品时间	点击量
H5《穿越时光,这是我保家卫国的样子》	人民日报客户端	2017 年 7 月 29 日	10.4 亿 +[③]
"一带一路" 微视频《大道之行》	新华社	2017 年 5 月 12 日	5 亿 +
2017 年征兵宣传片《中国力量》	中国军网	2017 年 5 月 4 日	2 亿 +
系列微视频《初心》	央视	2017 年 3 月 18 日	12.36 亿 +
AR 创意动画短剧《"剧透" 2017 年全国两会》	人民网	2017 年 3 月 1 日	1 亿 +
歌曲《厉害了,我们的 2016 年!》	央视网	2017 年 1 月 29 日	1 亿 +
微视频《最牵挂的人》	人民日报	2017 年 1 月 29 日	11.4 亿 +
微纪录片《小账本连着大情怀》	新华社	2017 年 1 月 28 日	6.7 亿 +
全媒体报道《开往春天的扶贫列车》	新华社	2017 年 1 月 22 日	1 亿 +
微视频《习近平总书记的一天》	"央视新闻" 新媒体	2016 年 11 月 15 日	1.2 亿 +
图片报道《中国一点都不能少》	人民日报新媒体中心	2016 年 7 月 11 日	2.6 亿 +
沙画《不忘初心 砥柱中流》	朝阳工作室	2016 年 7 月 10 日	2 亿 +

---

① 许多传统报刊在新媒体上使用的客户端或公众号等名称习惯上不用书名号,本书根据此类实际情况,也不添加书名号。

② H5 是指第 5 代 HTML (超文本标记语言),也指用 H5 语言制作的一切数字产品。

③ 此处的 "+" 号表示超过的意思。

(续表4-1)

作品名称	出品单位	出品时间	点击量
微电影《红色气质》	新华社	2016年6月20日	2亿+
2016年征兵宣传片《战斗宣言》	中国军网	2016年4月28日	2.6亿+
H5《习近平元宵节问候》	人民日报客户端	2016年2月19日	2.5亿+

资料来源：《必看！媒体融合这三年，15款点击过亿的"爆款"产品回溯》，见湖北网络广播电视台网站（http://news.hbtv.com.cn/p/934032.html）。

（二）PC网站建设方面

1. 传统媒体创办的PC互联网有三种类型

（1）传统媒体自办自营的以新闻为主要内容的网站。这类网站又可以分为四类：一是中央级的如人民网、新华网、央视网，省级的如东方网、浙江在线、华龙网、千龙网、南方网等，地市级的如青岛新闻网、杭州在线、洛阳网等国家重点新闻网站；二是传统媒体兴办的其他各类网站，如奥一网等；三是市场化传统媒体兴办的网站，如凤凰新媒体、财经网、财新网等；四是传统媒体并购的市场化网站，如《南方都市报》通过收购控股的凯迪网等。

（2）传统媒体与互联网媒体合作的新闻网站。目前发展较好的主要是传统媒体与腾讯网合作的"大字号"网站系列，腾讯网充分利用自身已经具备的大平台和技术优势，并借助地方传统媒体所具有的地缘优势、市场资源、区域新闻采编力量以及地域性客户通道和运营能力，取得了不错的效果。2006年4月3日，腾讯公司与《重庆商报》合作推出的"腾讯·大渝网"正式上线。[①] 随后，腾讯陆续在全国范围内与地方强势传统媒体合作推出地方门户网站。到目前为止，在重庆、武汉、浙江、上海、江苏、广东、京津冀等地分别和当地媒体合作成立了大渝网、大楚网、大浙网、大申网、大苏网、大粤网、腾讯京津冀区域门户等13家"大字号"的地方性网站，发展情况良好。

（3）传统媒体内部创办的综合服务类信息和垂直细分类网站。这类网站主要有《都市快报》旗下的"19楼网站"和"快房网"等，"19楼网站"是杭州

[①] 《腾讯网携手重庆商报打造首家地方门户》，见腾讯网（http://cq.qq.com/zt/2006/dayucom/index.htm）。

市乃至浙江省的本地生活服务类资讯网站,而"快房网"是杭州本地的房产垂直细分类网站。

2. 传统媒体创办的 PC 网站发展现状

整体来说,传统媒体网站创办的 PC 网站和百度、腾讯、网易、搜狐、新浪等商业网站相比,无论是规模、用户、净利润还是影响力等方面都不在一个水平线上,而传统媒体 PC 网站自身的发展水平也参差不齐,可以分为六个层次。

第一,已经成功上市的 PC 网站。主要有凤凰卫视旗下的凤凰新媒体、人民日报社旗下的人民网、新华社旗下的新华网等。根据财报数据显示,2016 年,凤凰新媒体的营业收入为 14.40 亿元,其中广告收入为 12.30 亿元,净利润为 8060 万元;人民网的营业收入为 14.32 亿元,其中广告收入为 6.42 亿元,净利润为 1.06 亿元;新华网的营业收入为 13.61 亿元,其中广告收入为 6.34 亿元,净利润为 2.80 亿元。凤凰新媒体的市值为 3.96 亿美元,人民网的市值为 158 亿元,新华网的市值为 154.90 亿元。①

第二,在新三板上挂牌的 PC 网站。主要有东方网、济南日报报业集团旗下的舜网科技、湖北日报报业集团旗下的荆楚网、江西日报报业集团旗下的大江传媒、辽宁日报报业集团旗下的北国传媒、天津广电集团旗下的北方新媒、南京日报报业集团旗下的龙虎网等。其中,实力最强的是东方网,根据其财报数据显示,2016 年,其营业总收入为 17.64 亿元,净利润为 3730.20 亿元,市值为 56.83 亿元。②

第三,拟上市的 PC 网站。这类网站主要有大众网等。根据大众网自己提供给本课题组的数据显示,2015 年,大众网实现营业收入 2.15 亿元,净利润 3280 万元,山东省互联网传媒集团合并报表的营业收入为 2.27 亿元,净利润为 3385 万元。

第四,经营收入过亿元的其他 PC 网站。重点新闻网站中的央视网、芒果TV③ 收入过 10 亿元,其中芒果 TV 2016 年的收入过 20 亿元,广告收入占比 50%④;浙江在线、千龙网、华龙网等少数几个网站的营业收入过亿元;腾讯和地方合作的"大字号"网站的收入大部分过亿元,净利润多在 2000 万元左右;

---

① 市值为 2016 年 9 月 18 日中国股市收市时数据。
② 市值为 2016 年 9 月 18 日中国股市收市时数据。
③ 芒果 TV 是湖南广播电视台旗下唯一互联网视频平台,独家提供湖南卫视所有栏目高清视频直播点播,并为用户提供各类电影、电视剧、综艺、动漫、音乐、娱乐等内容。
④ 覃敏、贾华杰:《芒果 TV 年收入20 亿,广告贡献一半》,见财新网(http://companies.caixin.com/2016-12-09/101025154.html)。

"19楼"网站是信息服务类网站中的翘楚,根据本课题组实地调研数据,2015年,其营业收入为1.15亿元,净利润为1490万元,注册用户数达5176万个,日访问总页面(PV)3933万,日均独立IP地址访问量310万,是中国最大的城市社区网站。

第五,收入规模小于1亿元但大于5000万元的PC网站。青岛新闻网是其中的翘楚,根据本课题组实地调研数据,其2015年的营业收入近1亿元,净利润近2000万元,比很多省级新闻网站的收入都高很多。荆楚网等PC网站的收入也大于5000万元。

第六,收入规模小于5000万元的PC网站。我国不少国家重点新闻网站的年收入不到5000万元,基本上处于略有盈利的状态;而不少地市级媒体网站的收入只有1000万元左右甚至是几百万元,多处于亏损状态。

3. 整体传播能力相对较弱

除了凤凰新媒体之外,即使是人民网、新华网和CNTV(央视网)等中央级重点新闻网站的传播能力与腾讯、新浪、搜狐和网易等四大门户网站相比也有很大差距,更不用说其他媒体PC网站了。

4. 盈利模式单一,可持续性较差

广告是传统媒体PC网站的主要收入来源,其他收入主要来自于售卖版权收入、舆情服务、政府服务外包等,绝大多数尚未建立起可持续的盈利模式。

(三)"两微一端"官方号建设现状

目前,在移动互联网主流媒体平台方面,已经形成了以"两微一端"(腾讯微信、新浪微博、今日头条客户端)三大互联网平台为主导的局面。传统媒体为了更好地传播自身的内容,纷纷开通了官方微博、官方微信号和官方头条号,很多传统媒体在一家平台上甚至开通了几十个官方账号,像中央电视台、南方报业传媒集团、上海报业集团、湖南广电传媒集团等在某一家平台上的官方账号都有上百个。传统媒体通过在三大平台的分发和传播,内容影响力得到了更广范围内的传播,具体见表4-2、表4-3、表4-4。

表 4-2 2015 年微信公众号影响力排行榜

排序	公众号	发文数（篇）	总阅读数			总点赞数	新榜指数
			头条文章	平均	最高		
1	人民日报	1746/4872	10.38 亿			1156 万	1075.9
			4.88 亿	210000	380 万		
2	央视新闻	1460/4715	6.28 亿			736 万	1064.4
			2.82 亿	130000	178 万		
3	都市快报	1083/5509	1.96 亿			81 万	980.3
			6859 万	35581	209 万		
4	新闻夜航	358/2839	1.55 亿			42 万	970.0
			3828 万	54804	457 万		
5	人民网	1461/4913	1.63 亿			56 万	969.2
			8023 万	33236	106 万		
6	新北方	368/1852	1.26 亿			63 万	962.6
			5106 万	68288	67 万		
7	钱江晚报	1100/5321	1.25 亿			67 万	961.5
			5721 万	23599	413 万		
8	新闻早餐	369/2950	1.26 亿			51 万	956.4
			4707 万	42985	48 万		
9	广州日报	368/2872	1.11 亿			46 万	952.3
			3633 万	38944	88 万		
10	新闻晨报	977/5374	1.13 亿			29 万	946.1
			4315 万	21052	78 万		

资料来源：新媒体排行榜：《2015 年微信公众号影响力排行榜》，见爱妮薇网站（http://www.anyv.net/index.php/article-150599）。

说明：根据上述资料整理，剔除掉非传统媒体创办的，只保留传统媒体创办的官方号。

表 4-3 2015 年中国媒体移动传播 30 强

排名	报纸		电视		广播		期刊	
	名称	总分	电视台	总分	广播电台	总分	名称	总分
1	人民日报	93.94	中央电视台	92.55	中央人民广播电台中国之声	82.10	三联生活周刊	82.52

(续表 4-3)

排名	报纸		电视		广播		期刊	
	名称	总分	电视台	总分	广播电台	总分	名称	总分
2	环球时报	82.10	湖南电视台	91.96	中央人民广播电台经济之声	74.42	时尚芭莎	81.48
3	南方都市报	80.94	浙江电视台	85.37	杭州交通FM91.8	71.26	中国新闻周刊	80.97
4	参考消息	80.79	上海电视台	81.84	浙江交通之声FM93	66.85	意林	80.67
5	南方周末	80.39	江苏电视台	76.66	河北交通之声FM99.2	66.71	男人装	80.55
6	每日经济信息	78.50	北京电视台	75.47	中央人民广播电台音乐之声	65.35	南都娱乐周刊	80.45
7	广州日报	78.12	山东电视台	73.22	河南交通广播FM104.1	63.98	读者	80.22
8	成都商报	77.86	河南电视台	65.19	北京交通广播FM103.9	62.10	Vista看天下	76.98
9	新京报	77.82	湖北电视台	62.99	浙江之声FM88	61.21	南都周刊	76.68
10	钱江晚报	77.31	广东电视台	60.89	甘肃交通广播FM103.5	59.14	米娜	75.71
11	楚天都市报	76.71	河北电视台	58.55	温州交通广播FM103.9	58.76	南方人物周刊	74.54
12	都市快报	76.53	安徽电视台	58.25	天津交通广播FM106.8	57.80	创业邦	74.23
13	21世纪经济报道	76.36	江西电视台	57.64	安徽交通广播FM90.8	57.16	财经国家周刊	72.94
14	羊城晚报	74.49	深圳电视台	57.41	第一财经广播FM97.7	57.13	故事会	72.21
15	华商报	74.20	贵州电视台	56.73	济南交通广播FM103.1	56.54	新财富	72.09
16	华西都市报	73.31	福建电视台	56.51	河北音乐广播FM102.4	56.47	中国企业家	71.93
17	解放军报	72.80	海南电视台	52.59	中国乡村之声AM72	56.47	环球人物	71.88

(续表 4-3)

排名	报纸		电视		广播		期刊	
	名称	总分	电视台	总分	广播电台	总分	名称	总分
18	大河报	72.19	辽宁电视台	51.25	郑州交通广播FM98.6	56.11	华夏地理	70.91
19	现代快报	71.93	天津电视台	51.03	苏州交通广播FM104.8	55.96	瑞丽服饰美容	70.30
20	半岛晨报	71.84	广西电视台	50.59	山东经济广播FM98.6	55.20	商业周刊	70.03
21	经济日报	71.30	四川电视台	47.59	中国国际广播电台 HITFM	55.03	悦己	69.64
22	新闻晨报	70.72	甘肃电视台	47.58	四川交通广播FM101.7	54.88	人物	69.63
23	中国青年报	70.39	黑龙江电视台	47.26	宁夏交通广播FM98.4	54.56	商界	68.77
24	南方日报	69.83	重庆电视台	46.98	杭州西湖之声FM105.4	53.89	名车志	67.93
25	中国日报	69.69	青海电视台	43.28	江苏交通广播网FM101.1	53.76	青年文摘	67.76
26	潇湘晨报	69.62	陕西电视台	42.34	江苏新闻广播FM93.7	53.69	第一财经周刊	67.55
27	中国经营报	69.36	山西电视台	39.58	济南经济广播FM90.9	53.66	YOHO潮流志	67.13
28	郑州晚报	67.08	云南电视台	38.07	贵州交通广播FM95.2	53.09	环球科学杂志	65.66
29	新民晚报	66.92	吉林电视台	35.29	北京体育广播FM102.5	53.05	嘉人	65.32
30	新快报	66.28	宁夏电视台	29.97	陕西交通广播FM91.6	52.69	国家人文历史	64.69

资料来源：人民网研究院：《2015 中国媒体移动传播指数报告》，见人民网（http://media.people.com.cn/n1/2016/0324/c14677-28222730.html）。

说明：报告对 2015 年 1 月至 12 月我国报纸、杂志、网站、电视、广播五大媒体在微博、微信、聚合客户端、媒体自有 APP 等各个移动传播平台的影响力进行评估，通过移动传播指标体系的构建和指数测评，反映出我国媒体在移动传播平台上的传播水平及其发展特征。

表4-4　2016年报纸、广播、电视媒体融合传播前10名

排位	报纸	总得分	广播	总得分	电视	总得分
1	人民日报	95.79	中国之声	84.54	中央电视台	94.05
2	环球时报	92.63	河北交通广播FM99.2	75.58	浙江电视台	88.07
3	参考消息	87.87	经济之声	73.89	湖南电视台	87.81
4	广州日报	85.89	天津交通广播FM106.8	73.64	江苏电视台	83.07
5	羊城晚报	84.74	音乐之声	70.77	山东电视台	75.14
6	光明日报	83.97	杭州交通FM91.8	64.61	北京电视台	72.74
7	南方日报	83.96	河北音乐广播FM102.4	64.32	湖北电视台	72.09
8	南方都市报	83.73	浙江之声FM88	63.80	广东电视台	72.08
9	大河报	83.66	都市之声FM101.8	58.57	重庆电视台	72.03
10	经济日报	83.08	四川交通广播FM101.7	58.50	上海电视台	70.37

资料来源：人民网研究院：《2016年中国媒体融合传播指数报告》，见网易（http://news.163.com/16/1215/16/C8BEA4GL00014AEE.html）。

说明：媒体融合传播指数指标体系在指标设定上，综合考虑媒体在传统传播渠道和新媒体传播渠道的内容数量、用户数量以及影响力等要素，设定传统终端、网站（含PC网站和手机网站）、微博、微信、客户端5个维度的一级指标，以及相应的近30个二级指标进行评估。

（四）新闻客户端建设方面

1. 新闻客户端数量多，有了一定的下载量

近些年来，传统媒体大力发展自己的新闻客户端，根据不完全统计，截至2016年年底，主流传统媒体的新闻客户端数量已经接近300个，并形成了"东澎湃，南'南方+'，西封面，北《新京报》，中浙江新闻"的格局。其中，截至2017年上半年，人民日报客户端的总下载量为2.08亿次，新华社的总下载量为1.75亿次，澎湃新闻的总下载量为4791万次，具体见表4-5。

表4-5　2017上半年中国媒体APP总下载量排行榜

排名	客户端名称	总下载量（万）	排名	客户端名称	总下载量（万）
1	人民日报	20838.88	26	触电新闻	304.48
2	新华社	17462.16	27	山东24小时	262.65
3	澎湃新闻	4790.81	28	湖北日报	258.304

(续表4-5)

排名	客户端名称	总下载量（万）	排名	客户端名称	总下载量（万）
4	光明日报	3438.36	29	经济日报	239.90
5	南方Plus	3297.13	30	齐鲁壹点	238.36
6	界面	2413.94	31	爱青岛	209.60
7	东方头条	2151.76	32	猛犸新闻	199.88
8	浙江新闻	1582.55	33	智慧长沙	197.73
9	新湖南	1362.11	34	江西手机报	150.63
10	羊城派	1276.67	35	文汇报	150.23
11	并读新闻	1030.00	36	速新闻	142.15
12	大河	1006.27	37	看看新闻	140.30
13	荔枝新闻	915.09	38	观察者	137.61
14	上海观察	776.24	39	中国新闻网	133.48
15	唔哩	769.58	40	广报汇	116.47
16	交汇点	648.40	41	甬派	114.84
17	中国日报	632.94	42	九派新闻	114.79
18	新民晚报邻声	588.98	43	壹深圳	114.14
19	河南日报	575.08	44	无线徐州	114.09
20	环球时报	544.43	45	新福建	98.13
21	第一财经	491.39	46	华商头条	95.66
22	北京时间	403.19	47	掌上武汉	95.10
23	智慧无锡	362.11	48	央广新闻	93.36
24	重庆	345.31	49	四川新闻	89.85
25	掌上长沙	336.85	50	翱翔	87.56

资料来源：艾瑞咨询：《2017上半年中国媒体APP总下载量排行榜》，见搜狐网（http://www.sohu.com/a/159572104_483389）。

注：数据统计截至2017年6月30日。

2. 新闻客户端类型很多

第一，从行政级别上，可以分为中央级、省级、地市级和县级。中央级的新闻客户端有新华社的"新华社发布"、人民日报社的"人民日报"和中央电视台的"央视影音"等;省级的有浙江日报报业集团的"浙江新闻"、南方报业传媒集团的"南方+"、上海报业集团的"澎湃新闻"、四川日报报业集团的"封面新闻"等;地市级的有苏州广播电视台的"苏州无线"等。

第二,从性质来看,一是平台类型的,"新华社发布""浙江新闻""封面新闻"和"苏州无线"等少数客户端属于这种类型,在该类平台上,汇集了其他类型的各种应用;二是单一新闻型的,"澎湃新闻"等大多数客户端属于该类型。

第三,从商业模式和盈利模式来看,一是依靠政府补贴,较多的新闻客户端都通过多种方式获得了政府补贴;二是依靠广告,"澎湃新闻"等少数的几个新闻客户端有一定的广告收入;三是"新闻+服务",如"新华社发布""浙江新闻""封面新闻"和"苏州无线"采取的就是该模式,"封面新闻"已于 2017 年 8 月份实现了单月盈利。

第四,从体制机制方面来看,绝大多数还是国有独资,少数在体制上取得了突破,"澎湃新闻"引入了上海市的国有企业,"北京时间"引入了"奇虎 360"的战略投资,其中"奇虎 360"在运营公司持股 60%;"苏州无线"引入了管理层持股制度,管理层整体持股 15%。

3. 新闻客户端整体发展水平低

首先,下载量低,影响力小。与腾讯微信、新浪微博和今日头条动辄数以亿计的下载量和用户量相比,新闻客户端的下载量和用户数都较低,只有"新华社发布""央视影音""人民日报""封面新闻""澎湃新闻""浙江新闻""南方+"等几个新闻客户端的下载量达到千万级之外,绝大多数新闻客户端的下载量都相对较小。

其次,商业模式和盈利模式不清晰,收入较低。"新华社发布"在和各地刚开始合作时通过收取技术服务费的方式获得了过亿元的收入;"澎湃新闻"的收入也已经过亿元;"苏州无线"等少数的几个新闻客户端有一定的广告收入,而其他新闻客户端的收入较低。可以看出,绝大多数的新闻客户端不仅没有找到可行的商业模式和盈利模式,而且整体仍处于大量资金投入期。

(五)在"中央厨房"建设方面

在 2014 年中央提出媒体融合之后,在相关部门和当地政府的支持下,"中央厨房"成为媒体转型标配已经成为共识,各级各类传统媒体纷纷大力建设类"中央厨房"的新媒体,典型代表有人民日报社的"中央厨房",广州日报报业集团的"中央编辑部"等。

1. "中央厨房"的特点

"中央厨房"是对既有新闻生产流程的全面再造,其主要特征如下。

第一,统筹协调。"中央厨房"应协同报社其他采编部门,利用现有的系统条件和技术手段融合管理,统一指挥、把关。

第二,全天滚动,一次采集。传统媒体通过"中央厨房"可以实现24小时滚动发布新闻,对前方记者随时采访回来的新闻原料进行加工处理。

第三,多元呈现,全媒传播。中央厨房需要把采集到的内容实现文字、图表、音频、视频等多种形式呈现,并在传统媒体、网站、客户端、微信、微博、今日头条等所有的媒体端口进行发布。

2. "中央厨房"的配套

第一,应设立统一的领导机构,实现"中央厨房"的统一领导和组织。

第二,完善相关部门的建设。应设立数据新闻部、音频部和视频部,并加强配套软件系统的建设。

第三,实现发布端口的统一,真正实现一次采集多次发布。例如,《广州日报》之前的新闻发布端口是分设的:传统报纸新闻(时政新闻部分)的发布端口在夜编新闻中心,微博、微信以及APP的发布权在全媒体新闻中心,网站新闻发布权则在大洋网,这三个部门以前是并列的关系,而在《广州日报》中央编辑部成立之后,三个端口合并在了一起,全媒体新闻中心的编辑和大洋网的采编人员集中在一个大的办公室办公。①

三、各级政府给予各种扶持

近些年来尤其是2016年以来,在传统媒体收入大幅度下滑的背景下,各级党委和政府为了保障传统媒体更好地做好舆论引导工作,在财政补贴、政策红利等方面给予了一定的支持。

1. **各级财政对传统媒体进行了财政补贴**

首先,在中央级媒体方面,自2014年8月18日中央提出媒体融合之后,中央财政给予了更多的财政拨款。此外,中共中央宣传部(中宣部)、中央文化企

---

① 《媒体融合:广州日报"中央厨房"满月观察》,见人民网(http://yuqing.people.com.cn/n/2015/0116/c212888-26399387.html)。

业国有资产监督管理领导小组办公室（中央文资办）的各项专项资金也给予了更多支持。其中，人民日报社、新华社和中央电视台在中央级媒体中获得了最多的财政资金支持。

其次，在区域媒体方面，上海市、广东省、重庆市、四川省、河北省等地给予财政补贴。① 2015 年广州市委、市政府支持广州日报社 3.5 亿元。2016 年 12 月 14 日晚，粤传媒发布公告称，其全资子公司广州日报报业经营有限公司于当日收到《广州市财政局关于下达支持党报媒体发展资金的通知》：安排 3.5 亿元人民币支持党报媒体发展资金，用于《广州日报》的印刷、发行支出。① ②河北省出台相关政策要求各级财政资助各级媒体，当然重点是支持当地的党报党刊。

最后，财政出资购买党报等。例如，吉林省、内蒙古自治区等由省级财政直接出资购买省级党报再免费分发给相关人员，而不是由党报报社自己负责党报发行工作。

2. 给予各类优惠政策

（1）在税收方面，各级政府对转企改制之后的文化企业采取减免所得税的措施，时间到 2023 年 12 月 31 日止。

（2）重庆市委、市政府对重庆日报报业集团的营业税、增值税、所得税等所有税收采取先征后返的方式进行全部返还。

（3）山东省等地区对传统媒体的划拨地以转增注册资本金的方式转变为商业用地，这在很大程度上提高了传统媒体的资本实力。

（4）云南省等地区把优质旅游资源交给传统媒体进行运营；江苏省徐州市、江苏省泰安市、广东省江门市把当地的公关服务设施如会展中心等交给当地的传统媒体运营。

（5）在数据资源上给予大力支持。浙江省在浙报集团的大数据产业上给予了较多的支持。

3. 党报党刊充分利用政策优势，采取"一升一降"的方式创新经营

首先，党报党刊的发行属于行政指令性发行范畴，尤其是在党费足额收取之后，购买党报的财力大幅度提升，各级党报党刊纷纷通过提高发行价格的方式来实现发行大规模盈利。我国报纸的发行价格与国外发达国家尤其是日本相比普遍较低，发行出现严重的"倒挂"现象，这就导致其盈利模式存在过于依赖广告

---

① 《粤传媒曝前三季度亏损，获 3.5 亿元财政补贴》，见中新网（http://www.chinanews.com/cj/2016/12-15/8095367）。

的问题，而党报党刊利用政策优势提高发行价格就能摆脱发行"倒挂"的窘境。例如，如果某地市级党报的发行量为20万份，发行价格为每年200元/份，发行费率为50%，则其发行纯收入为2000万元；而如果发行价格提高到每年400元/份，发行费率降到30%，则其发行纯收入将为5600万元，而这增加的3600万元基本上是净利润。目前，无论是中央级的《光明日报》等，还是省级的《南方日报》等，纷纷采取提价增质的措施来创新经营，地市级报社更是纷纷提价。

其次，降低无效版面。报纸要实现盈利，一定要保证30%以上的广告占版率，但是，由于各级党报在上一轮的"厚报"运动中也纷纷增加版面，在广告投放下降的情况下，已经难以保障基本的广告占版率。为了更好地节流，各级党报纷纷通过降低无效版面的方式来节省投入。

但是，我们必须清楚的是，这种财政补贴的方式并不能从根本上解决党报党刊的互联网转型难题。

四、体制改革取得一定进展

1. 非时政类报刊出版单位转企改制工作表面上看基本完成

2011年5月，《中共中央办公厅、国务院办公厅关于深化非时政类报刊出版单位体制改革的意见》出台，明确提出在2012年9月底前全面完成转企改制任务。相关数据显示，截至目前，全国承担改革任务的580多家出版社、3000多家新华书店、38家党报党刊发行单位等已全部完成转企改制；全国3388种应转企改制的非时政类报刊已有3271种完成改革任务，占总数的96.5%，可以说从宏观上看，非时政类报刊出版单位的转企改制工作基本完成。①

2. 进行增量股权激励探索

传统媒体缺乏科学的激励约束机制，重精神激励而轻物质激励，尤其是缺乏股权、期权等长期激励措施，导致长期激励不足、行为短期化。目前，在国家鼓励国有企业骨干持股的大背景下，国有传媒上市公司在增量股权激励制度方面开始了新探索。2016年，国有传媒类上市公司的龙头股东方明珠发布了股权激励计划。根据公告，东方明珠计划拟向激励对象授予的限制性股票占公司股本总额的0.69%，主要激励对象包括公司高管、核心管理人员、核心业务骨干和核心技

---

① 王飞、刘奕湛：《中国580多家出版社改制为企业注册》，见财新网（http://china.caixin.com/2012-10-25/100451772.html）。

术骨干，授予价格为 12.79 元。

3. 特殊管理股开始试点

2013 年，党的十八届三中全会通过的《中共中央关于全面深化改革若干重大问题的决定》指出，对按规定转制后的重要国有传媒企业探索实行特殊管理股制度；2014 年 2 月，中央全面深化改革领导小组第二次会议审议通过的《深化文化体制改革实施方案》把在传媒企业实行特殊管理股制度试点列为 2014 年工作要点；2015 年 8 月，《中共中央、国务院关于深化国有企业改革的指导意见》提出推进公司制股份制改革，允许将部分国有资本转化为优先股，在少数特定领域探索建立国家特殊管理股制度。2017 年 8 月，人民网发布公告称拟参股北京铁血科技股份公司（铁血科技），表明我国的特殊管理股开始了试点。

（1）试点范围。由于已经在国外资本市场或者香港资本市场上市的互联网公司有大量的外国股东，一方面，在这样的互联网公司推行特殊管理股会引起较大的国际影响；另一方面，这些互联网公司的市值都很大，如果实行股权收购则需要耗费大量的资金，如阿里巴巴、腾讯控股的市值高达几千亿美元，即使 1% 的股权也需要几十亿美元，耗资巨大。因此，这些互联网公司暂时不会纳入特殊管理股范围内。基于此，特殊管理股的试点范围将是未上市的互联网公司以及在国内上市或者在新三板挂牌的互联网公司，如未上市的互联网公司"一点资讯"等，在新三板挂牌的互联网公司如人民网参股的北京铁血科技股份公司等。

（2）持股比例及持股方式。在持股比例方面，特殊管理股制度基本借鉴的是英国"金股"制度，一般为 1% ~ 1.5%。在人民网参股北京铁血科技公司的案例中，人民网将以 7.89 元/股的价格，认购铁血科技发行的 91.33 万股非限售流通股股票，总计约 720 万元，占发行后铁血科技总股本的 1.5%。而对于规模较大的互联网公司，持股比例应该在 1% 左右。在持股方式方面，小互联网公司可由国有传统媒体直接持股，如该案例中由人民网直接持股铁血科技；而对于规模较大的大互联网公司来说，则需要组建相应的投资公司来持股。由于大互联网公司市值高，由传统媒体直接投资持股的方式就难以实施。如果市值为 500 亿元，即使占股 1% 也需要 5 亿元的投资，这就需要组建投资公司来投资。

（3）监管方式。特殊管理股制度的本质是既要做好管控又要促进互联网公司的科学发展，这就需要通过互联网公司的治理机制来建立起合理的监管方式。在董事会方面，由投资方派出一名特别董事。在该案例中，人民网将向铁血科技推荐一名董事，经铁血科技股东大会选举产生。在总编辑方面，为了保证正确的舆论导向，互联网公司必须设立总编辑一职，投资方派出的董事对于总编辑有"一票否决权"。在该案例中，铁血科技将设总编辑一名，列入高级管理人员名单。

（4）内容审核。为了保证正确的舆论导向，就必须进行内容审核，而内容审核是个高风险行业，需要耗费大量的人力物力。如果没有相应的物质激励，是不会有人愿意去持股互联网公司而承担内容审核职能的，则特殊管理股更难以落地。物质激励无非有两种安排，一种是直接给予投资公司内容审核费，另一种是以相对较低的价格给予投资公司一定的股权，而且这种股权能够相对容易地进行交易。为了更好地进行内容审核，互联网公司的内容审核应由投资公司负责。对于具有内容审核能力的投资公司由投资公司负责，对于没有内容审核能力的专门投资公司则由特别董事担任内容首席风险官，负责领导内容审核。在该案例中，由于人民网具有很强的内容审核能力，铁血科技将与人民网签署内容审核服务合同，由人民网负责铁血科技的内容审核工作。在补偿内容审核公司方面，由于内容审核需要耗费大量的人力物力，应由互联网公司向投资公司支付内容审核费用。在该案例中，由于投资公司是按照市场价格进行投资，且持股比例很低又不能随意减持，所以，采取铁血科技支付相应的内容审核费用的办法。

4. 成立新媒体集团

新媒体发展需要新的体制机制，各地纷纷成立新媒体集团来推动体制机制变革。2014年7月1日，安徽新媒体集团挂牌成立，这是经中共安徽省委批准，由中共安徽省委宣传部主管、安徽省互联网宣传管理办公室（网宣办）业务指导、安徽日报报业集团出资并主办的国有大型文化企业，旗下拥有"一网一报一端两微"四大媒体。[①] 此后，湖北新媒体集团、江西新媒体集团、山东省互联网传媒集团、北京新媒体集团、河北新媒体集团等纷纷成立，这种新媒体集团的成立虽然仍是由行政主导的，但是有利于打破行业化分割，形成一定的合力。

5. 引进战略投资者

传统媒体的互联网转型需要大量的资金投入，单纯依靠自身的资金难以支撑，而引进战略投资者是一种较好的办法。①澎湃新闻引进上海久事投资管理公司等上海6家国有企业。澎湃新闻网运营主体——上海东方报业有限公司引进6家国有独资或全资企业战略入股，增资总额为6.10亿元，估值为34.27亿元。增资完成后，上海报业集团对上海东方报业有限公司的持股比例由100%变更为

---

① 《安徽新媒体集团今日挂牌成立》，见中安在线网站（http://ah.anhuinews.com/system/2014/06/27/006471553.shtml）。

82.20%。① ②北京新媒体集团旗下的"北京时间"引入了"奇虎360",其中"奇虎360"持股60%,且董事长由"奇虎360"派出。

五、积极通过区域化大整合等方式推进供给侧改革

所谓供给侧改革,是指从供给、生产端入手,通过劳动力、土地、资本和创新等生产要素的优化配置,来达到调整和优化经济结构、更好地满足用户需求的目的。对应到传媒业,供给侧改革则是根据用户的需求变化,淘汰落后产能,创新媒体形式。简而言之,其核心是关停并转传统媒体等落后产能,向互联网彻底转型来实现新生。

1. 上海报业市场实现整合

2004年5月,黑龙江的牡丹江市整合了该市的广电集团和报业集团组建了牡丹江传媒集团;2005年1月26日,广东的佛山市整合了该市的报业、广播、电视等传统媒体资源组建成佛山传媒集团。这两家传媒集团组建的目的是为了整合当地传统媒体资源来形成合力、提升效率。而近年来,随着传统媒体的快速衰落,传统媒体纷纷通过整合来推进供给侧改革,在集约化发展的基础上,来更好地推进向互联网的转型。

例如,上海通过整合其报业资源而积极打造的澎湃新闻取得了一定成就。

首先,通过整合成为国内最大的报刊集团。2013年10月28日,解放日报报业集团与文汇新民联合报业集团合并后的"上海报业集团"正式挂牌,总资产规模达到208.71亿元,净资产为76.26亿元。② 如果其旗下的不动产采取完全市场化的估值方法,其总资产和净资产则会更高,合并后的上海报业集团是中国最大的报刊集团。

其次,积极推进供给侧改革。上海报业集团成立之后,通过关停并转来淘汰落后传媒产能,把节省下的资金用于支持向互联网转型。2014年1月1日,《新闻晚报》休刊;2014年8月1日,《房地产时报》休刊;2017年1月1日,《东方早报》停刊,全体人员转入澎湃新闻。

最后,澎湃新闻成为传统媒体向互联网转型的标杆。澎湃新闻由原《东方早报》于2013年开始筹备,2014年7月22日正式上线,在中国率先实现从传统媒

---

① 媒记:《东早确认停刊,澎湃引进6.1亿国有战略投资》,见腾讯网站财经频道(http://finance.qq.com/a/20161228/026518.htm)。

② 《上海报业集团挂牌成立,形成"一集团三报社"架构》,见人民网(http://media.people.com.cn/n/2013/1029/c40606-23356290.html)。

体整体转型为新媒体。截至 2017 年 7 月，澎湃新闻 APP 下载量接近 8000 万次，日活跃用户近 700 万人；2016 年实现收入过亿元。

澎湃新闻的主要做法如下：一是发展的根基是做好新闻，在加强采编队伍建设的同时，不断探索用新技术、新思路来创新新闻生产方式，以推出更多更好的原创新闻产品；二是充分运用互联网技术，引进互联网背景团队，不断优化产品、提升用户体验、增强用户黏性，依托原创新闻客户端独特优势，提升品牌，推动澎湃新闻向平台级产品进化；三是依托新技术、新传播手段做好运营工作，通过广告、版权等多途径、多渠道创收，实现收入及利润目标。

澎湃新闻的主要经验如下：一是上海市委、市政府和上海报业集团全方位的支持；二是抓住了新媒体融合发展的红利期；三是核心领导团队是有战斗力的团队；四是建立了一整套适合新媒体发展的生产方式和运营管理体制。

2. 重庆日报报业集团合并旗下三张都市报

2017 年 9 月，重庆日报报业集团推出供给侧改革大动作，将其旗下的《重庆晚报》《重庆晨报》《重庆商报》三家都市类子报进行合并，首期将先合并经营后勤业务，而 2017 年年底前将合并采编业务。这也是继上海报业集团供给侧改革之后的供给侧改革最新动作。

六、探索多元化资本运作道路

传统媒体的转型需要大量的资金做基础，这就需要充分利用好资本市场，通过经营性资产的证券化，来为传统媒体的转型提供强有力的支持。

1. 上市

除了北青传媒、财讯传媒集团和现代传播集团在香港上市之外，我国的传统媒体主要在国内资本市场上市，上市的方式主要有 IPO[①] 上市、借壳上市和三板转主板三种。IPO 上市的主要有江苏有线、读者传媒和南方出版传媒等；借壳上市的主要有浙报传媒、华媒控股、城市传媒等；三板转主板的主要有粤传媒等。

---

① 首次公开募股（initial public offerings，简称 IPO）是指一家企业或公司（股份有限公司）第一次将它的股份向公众出售。

2. 到新三板挂牌

新三板①目前已经成为传统媒体企业关注的重点，有些不能在主板和创业板上市的传统媒体企业，纷纷选择在新三板挂牌，其中比较知名的有东方网，湖北日报报业集团旗下的荆楚网和特别观察，天津广电集团旗下的北方网，江西日报报业集团旗下的大江传媒，辽宁日报报业集团旗下的北国传媒，济南日报报业集团旗下的舜网传媒，南京日报报业集团旗下的龙虎网，中信集团旗下的中信出版社，等等。

3. 引入战略投资者

传统媒体企业目前采取的还多是一股独大或一股独占的股权结构，一方面导致其难以形成科学合理的公司治理机制，另一方面导致其资产难以形成合理溢价，而引入战略投资者能够在一定程度上解决上述难题，并能为传统媒体的转型提供充足的资金支持。

目前，除了少数传媒类上市公司在股份公司层面引入社会资本之外，很少有在集团公司层面引入战略投资者的，多在下属子公司引入战略投资者。例如，大众报业集团旗下的《半岛都市报》通过两次股份制改造，先后引进战略投资者投入4亿多元。在下属子公司层面引入战略投资者，一方面涉及的业务层次低、业务范围小，另一方面引入的资金量少，难以有效解决转型资金问题。因此，亟须进一步创新在集团层面引入战略投资者。

4. 组建基金

组建基金能够更好地发挥传统媒体的品牌优势，更好地利用社会资源。

5. 组建投资公司直接进行投资

现在传统媒体多组建了自己的投资公司，如华闻传媒、浙报传媒、东方明珠新媒体、华媒控股等上市公司进行了大量的投资且运作良好。

七、多元化产业拓展成效不小

传统媒体可以充分利用自己的品牌影响力来大力发展多元化产业，以多元化

---

① "新三板"市场原指中关村科技园区非上市股份有限公司进入代办股份系统进行转让试点，因挂牌企业均为高科技企业而不同于原转让系统内的退市企业及原STAQ、NET系统挂牌公司，故形象地称为"新三板"。

产业来反哺互联网转型。河南日报报业集团的多元化产业发展取得了不错的成绩，2015 年，全年实现收入 20.5 亿元，保持了连续稳步增长，其中多元化产业实现收入 13.5 亿元，同比增长 32%，占总收入的比重超过 60%。①

1. 网络游戏产业

网络游戏市场规模较大、增长率高且净利润率很高，浙报传媒、博瑞传播等上市公司均已积极进入该行业。

浙报传媒以 31.9 亿元收购边锋和浩方两家游戏公司，这两家游戏公司在 2015 年年底已经顺利完成利润承诺，销售收入占浙报传媒总收入的比例已经超过 30%，净利润占比超过 40%，并且给浙报传媒带来了大量的用户群。

博瑞传播 2012 年以 10.3 亿元、溢价 7 倍的价格收购网络游戏公司漫游谷 70% 的股权，并于 2015 年收购剩余 30% 的股权。由于博瑞传播收购的游戏研发业务规模较小，效果明显不如浙报传媒。

2. 泛传媒产业

泛传媒产业发展是指传统媒体跨越之前的行业限制进入其他行业。它有以下几种形式：一是在当地政府的主导下，整合当地的媒体资源。例如，成都、佛山和牡丹江等地在当地政府的主导和支持下，把当地的广电、报刊资源整合成传媒集团。二是通过投资进入其他行业。例如，2011 年，大众报业集团借山东有线电视网络整合的契机，以净值购买了 10 亿原始股，成为重要股东。三是承包其他行业的业务。例如，《南方都市报》代理广东电视台的相关广告业务。

3. 泛娱乐产业

例如，浙报传媒基于边锋和浩方，积极打造数字娱乐产业链。一是竞技化，举办全国"三棋"业余棋王的挑战赛；二是媒体化，构建以游戏为核心的综合文化服务平台，推出新闻专区和新闻弹窗，为都市报新闻网引流；三是社区化，做线上线下的互动娱乐社区。

此外，华闻传媒、浙报传媒都积极在影视和网络阅读方面积极布局。浙报传媒于 2014 年 4 月出资 1 亿元投资国内一线电视剧制作机构天津唐人影视有限公司，目前已经退出；在 2015 年 4 月出资 9600 万元受让国内排名前 10 的移动阅读平台爱阅读（北京）科技有限公司 70% 的股权，切入移动阅读领域，进一步

---

① 薛德星：《坚持产业多元，应对报业经济新常态——河南日报报业集团多元发展的探索与思考》，载《中国记者》2016 年第 10 期。

完善数字娱乐产业链。

4. 积极拓展文化产业园

在文化产业园发展方面，羊城晚报报业集团探索出了一条有效的路径。近几年，羊城晚报报业集团采取了"以传媒树品牌、以园区聚要素、以产业促融合"的转型发展战略，打造新兴的文化创意产业平台，已构建了"羊城晚报＋羊城创意产业园"的"双品牌＋双平台"，并以羊城创意产业园为主园区，实施"一园多区"战略，至今已拥有4个园区。其中，羊城创意产业园主园区是国家文化产业示范基地，聚集了全球最大的数字音乐公司酷狗音乐、在美国纳斯达克上市的网络直播企业欢聚时代（YY）、互联网电台荔枝FM、滚石国际等网络科技、创意设计、音乐文化传播龙头企业等；羊城同创汇是羊城创意产业园的东风东园区，与腾讯合作建设的新型移动互联网孵化器和创业综合体已初见成效；在增城广州东园区占地6万平方米，将打造成车联网和物联网基地；星海艺术产业园则成为羊城创意产业园的南沙园区。

5. 文化地产板块

目前，不少传媒集团已经介入这块业务，做得比较好的有大众报业集团、江苏凤凰出版传媒集团等。

大众报业集团拥有可用于酒店经营和出租、出售的楼宇面积超过20万平方米，经营年收入超过1亿元；拥有的已开发和可开发土地超过2500亩①，其中在烟台蓬莱的教育产业园区占地面积1000多亩；大众报业文化创意产业园一期工程已经开始销售回款；青岛唐岛湾明清建筑园区一期2.5万平方米主体工程已经完工；在济南西部大学城已经拿到工业用地530亩，后续还会拿到150亩。

江苏凤凰出版传媒集团旗下的凤凰置业是一家从事文化地产开发的上市公司，开发了苏州、南通、盐城等地的凤凰文化广场。

河南日报报业集团先后投资建设了大河国际饭店、大河公馆酒店、大河商务酒店和大河锦悦酒店，年收入近2亿元。②

6. 会展产业

在会展领域。《齐鲁晚报》旗下的会展公司年收入在6000万元以上，每年举

---

① 1亩≈666.67平方米。
② 薛德星：《坚持产业多元，应对报业经济新常态——河南日报报业集团多元发展的探索与思考》，载《中国记者》2016年第10期。

办文博会、茶博会、北方书画博览交易会、国际教育展等各种展会 20 多场。杭州日报报业集团的会展收入也超过 3000 万元，其电商博览会虽然才刚刚创办 3 年，但每年的收入已经超过 2000 万元。《都市快报》也成功举办了艺博会等展会。

7. 教育产业

河南日报报业集团、杭州日报报业集团、成都传媒集团在教育产业都有布局。

2009 年，河南日报报业集团出资 3.90 亿元与河南大学共建并控股河南大学民生学院。目前，河南大学民生学院占地 500 余亩，在校生人数 15000 余人，本科专业 45 个，年收入超过 2 亿元，每年办学结余达 6000 多万元。①

2016 年，杭州日报报业集团旗下的上市公司华媒控股以 5.22 亿元收购职业培训教育机构——"中教未来"60% 的股权，目前，"中教未来"已经成为华媒控股的重要业务组成部分。

8. 舆情服务业

舆情服务已经成为传统媒体经营转型的一个重要方向，相关数据显示，2015 年人民网的舆情收入超过 1.5 亿元。此外，"南方舆情"作为南方报业传媒集团融合发展的重点示范项目之一，已经初步建立了产品协同生产机制、市场代理机制、技术战略合作机制以及营运虚实并行机制。目前，"南方舆情"已与 100 多个党政机关、企事业单位达成合作关系，在全省 21 个地级以上市均落地了舆情项目，初步搭建了一张覆盖全省的舆情处置网络，其 2015 年收入达到 5000 万元左右。

9. 艺术品产业

根据国外的实践，当一国的人均 GDP 超过 8000 美元时，该国的艺术品市场会出现爆发式增长。2015 年我国人均 GDP 超过 8000 美元，虽然我国的艺术品市场暂时不景气，但是相信未来一定会有良好的发展前景。在艺术品方面，《都市快报》的艺术品事业经过几年的发展，基本实现收支平衡，未来前景可期。此外，《成都商报》《半岛都市报》等在艺术品方面也有不错的发展。

---

① 薛德星：《坚持产业多元，应对报业经济新常态——河南日报报业集团多元发展的探索与思考》，载《中国记者》2016 年第 10 期。

10. 电商业务

《钱江晚报》媒体电商的主网站"钱报有礼",下设 9 个场馆,基本上是对标"本来生活"做一些生活用品和食品的电商网。此外,它还开展房产中介、投资理财、健康产品和旅游等电商业务。

《温州都市报》筹建"温都猫"电商平台。2014 年 5 月 20 日,"温都猫"上线。"温都猫"在短短半年时间内就完成 1200 多万元的营业额;2015 年的营业额超过 4000 万元(线上线下各约占 50%)。

11. 养老产业

浙报传媒与修正药业成立了服务公司,并成立了浙江居家养老公司,建立了社区的养老服务中心,并提供一些咨询保健专家服务。服务公司在把老年人的数据收集起来的基础上,整合社区周围养老的社会资源,再根据老年人的需求,通过数据的匹配提供最有效的销售和服务。

此外,云南日报报业集团等还在旅游产业方面进行了拓展。

第五章　传统媒体转型中存在的突出问题

传统媒体在向互联网转型的过程中，存在着思路不清、战略不明、技术薄弱、体制掣肘、人才匮乏、模式不清、资金不足等突出问题，导致其在向互联网转型中困难重重。

一、互联网转型成效不大

1. 在"两微一端"官方账号方面

传统媒体在"两微一端"的官方账号方面取得了一定的进展，但是存在两大突出问题。

首先，用户不属于自己。虽然传统媒体的"两微一端"也积累了较多的用户，但是，这些用户从根本上都是属于腾讯微信、新浪微博和今日头条的用户，而不是属于传统媒体的，甚至有时连用户的相关数据都拿不到。

其次，难以获取足够的收入。由于平台不是属于自己的，传统媒体的"两微一端"官方账号只能通过广告分成等方式获得一定的收入，这些收入远远不能弥补自身的采编成本。

"两微一端"官方账号能够更好地扩大传统媒体的传播能力，但远远不能成为转型的主方向。

2. 在自身新闻客户端方面

在自身新闻客户端的发展方面，传统媒体还需对以下问题进行探讨。

第一，单纯做新闻。互联网媒体发展的核心在于流量和黏度，而这就需要数量巨大、种类丰富的新闻和服务类资讯的支撑，否则就不可能有大规模的用户和广告投放。从实践来看，一方面，任何一家传统媒体甚至包括央视、人民日报社和新华社，单纯依靠自己的采编力量来为新闻客户端提供新闻都不足以吸引足够多的用户和带来足够的流量；另一方面，新闻不再是刚需而生活服务类资讯才是真正的刚需，才能够提升黏度。因此，单纯做新闻的新闻客户端不可能带来足够数量的用户和流量，更不可能探索出有效的商业模式和盈利模式。

第二，"内容为王"的思维。新闻客户端是内容和技术的有机结合，其基础是基于大数据的大数据资源平台、智能传播平台和用户沉淀平台三大平台，在信息和用户个性化、定制化的需求之间实现智能匹配，以实现信息的精准传播。因此，从商业价值开发的角度，为了更好地控制成本，应在新闻客户端的平台上引入更多的 UGC 和 PGC 内容，也就是说，能用技术解决的问题绝不用人工解决。

第三，过度人工干预。当前，绝大多数传统媒体从事新闻客户端的人士都认为经过专业采编训练的、有经验的采编人员比技术更懂用户需求，认为经过自己精心编辑并推荐给用户的内容一定更能吸引用户。其实毫不夸张地说，这绝对是一种以自我为中心的"认知偏见"。问题的核心在于每一个编辑的时间、精力有限，不可能通过大量的数据去分析单个用户的真正需求，而大数据技术恰恰可以通过长期跟踪、分析用户的阅读习惯来了解每一个用户的个性化需求，从这种角度上来说，机器和技术会比采编人员更了解每一个个体。但是不幸的是，绝大多数传统媒体的从业人员都认为自己比机器和技术更了解用户，所以，他们依然采取传统的人工干预方式。绝大多数传统媒体的新闻客户端仅仅是 PC 网站的翻版，大量的从业人员从事的是低级的复制、粘贴劳动，这种做法不仅成本高昂而且用户体验也不好。

第四，"高大上"的定位。当前，绝大多数传统媒体还把自己的用户定位为精英人群，这是传统媒体"分众"做法的翻版。而在互联网时代，如果没有巨量普通用户为基础，则所谓的吸引精英用户只能是一句空话。因此，新闻客户端作为互联网媒体，其也必须遵循互联网的商业模式，必须摒弃传统媒体长期以来形成的"精英"定位，而应以数量最为庞大的普通用户为对象，并在吸引足够用户的基础上再去精选精英用户。当然从实践来看，号称以"精英用户"为目标群体的新闻客户端的实际效果实在一般。

第五，新闻盈利。现在，很多传统媒体的新闻客户端还在幻想以"新闻"来盈利，但正如前文所述，在新闻已经不是刚需且我国"免费文化"盛行的当下，新闻收费的商业模式显然行不通，这就需要转变盈利模式。

3. 体制机制：非市场化、非企业化

第一，媒体网站作为国有事业单位或国有企业，多采取的是行政导向而不是市场导向；激励约束机制缺乏；"重采编、轻经营"管理倾向严重；由于体制的制约，难以引入风险投资或战略投资者来解决资金来源问题。

第二，传统媒体网站常常还是采取把新业务纳入既有业务体系的做法，在资源配置、人员选拔、考核体系等方面还是采取既有办法，而没有考虑到互联网业

务作为破坏性创新业务和传统业务存在本质的不同，自然也要求全新的办法。

第三，现在不少传统媒体希望能够实现整体化转型，并制定了宏伟的规划，投入了很多的资源，但是常常以失败而告终，根本原因在于尚未认清转型作为重大的利益调整，其遭遇的阻力必然巨大。

第四，"充分利用传统媒体的现有资源来发展新媒体"等看似放之四海而皆准的观点在传统媒体中很流行，但在实践中却四处碰壁，其原因还是在于互联网作为破坏性创新业务，传统业务的核心资源对于互联网业务来说已经不再是最重要的。

第五，在投入机制方面，由于资金投入不足导致传统媒体网站难以正常发展。互联网媒体必须依靠大量资金的投入，但是，由于传统媒体长期以来采取的"事业单位企业化运作"，导致自我积累不足，单独依靠自身的力量难以解决资金投入问题，但是囿于体制的制约，又尚未打通直接融资渠道，也导致难以借助社会资本来发展自身。

第六，不少传统媒体网站并没有成为真正的市场主体。虽然有的传统媒体网站也成立了相应的企业，但是在实际运作中，主要还是依靠母体来养，而不真正参与市场竞争是不可能做好的。

4. 商业模式和盈利模式：传统模式的复制

首先，过度依赖新闻。目前，绝大多数传统媒体网站都想依靠自身的新闻资源来吸引线上读者，增强点击率，进而赢得广告投放。但是，要想赢得大规模的广告投放，必须有一个最低阈值的点击量。然而，由于我国传媒业的区域化分割和行业化分割，导致传统媒体呈现小、散、弱的格局，传统媒体的新闻内容和覆盖面很难达到大量广告投放的点击阈值。例如，传统传媒集团旗下一般有几十个子媒体，覆盖面多为一省或一地，而且新闻内容还不是独家垄断的。而新浪等互联网媒体的签约媒体有几千家，覆盖全国。因此，传统媒体网站的点击量根本没有办法和商业网站相提并论，相应地也就很难赢得广告主的青睐。

其次，在业务模式方面，经营者仍在用办传统媒体的方式去办媒体网站。目前，由于体制机制的制约，很难吸引到来自商业网站的人来办传统媒体网站，因此，传统媒体网站多由传统媒体出身的人去创办。在这种情况下，经营者常常用办传统媒体的方式来办媒体网站，而没有根据互联网的特点和本地化的特点来选择适合自身的业务模式。

5. 融合新问题：把互联网重新拉进传统体制内

不少传统媒体在实施融合战略时，又把相对于传统媒体而更为市场化的传统媒体网站拉回到旧体制内,美其名曰为媒体融合服务。例如,有些地方在打造"中央编辑部"时,把传统媒体网站仅仅作为旧有采编流程的一个发布渠道,而扼杀传统媒体网站之前的市场化尝试。这种思路没有认清媒体融合的主体应该是互联网媒体,不仅不能更好地促进融合,反而是一种倒退。

二、"+互联网"思路难以实现有效转型

1. "+互联网"思路及其本质

自互联网1994年传入国内以来,有些传统媒体就开始建网站,先是PDF版,再是电子版,之后就是手机报、博客、微博、微信,再到现在的各类客户端。至于转型思路,则先后提出了"报网互动""多媒体""全媒体记者""全媒体平台""中央厨房""融媒体"以及"媒体融合",等等。虽然传统媒体转型的思路和具体方式有了很多变化,但是,整体转型思路依然未发生根本性改变,采取的是"+互联网"思路。

第一,"+互联网"思路的本质是把互联网当成工具和手段。传统媒体在进行转型时,多是以自我为中心,把自身优势当成逻辑的起点,而不是从用户和"痛点"出发。它们往往把互联网当成延伸的工具和手段,希望能把传统媒体的影响力自然延伸到互联网上。

第二,途径多是"内容+",成为传统媒体的翻版。无论是现在的官方微信号、官方微博还是新闻客户端或是之前的PDF电子版等,传统媒体的转型多是把内容复制到相应的互联网平台和工具上,这只能为传统媒体在互联网媒体上获得一定的传播能力,但是很难解决商业模式和盈利模式难题。

第三,在理念上依然秉持"内容为王"。传统媒体长期以来坚持"内容为王"原则,在当下互联网技术快速变化的时代,内容依然很重要,但是很明显已经不是最重要的要素。而综观传统媒体领导人的发言及其实践,依然是"内容为王"理念在主导。

第四,采取存量转型的方式。很多传统媒体在转型时采取的"全媒体"等方式,意图仍为对现有存量进行彻底的、全面的转型。

2. "+互联网"思路成为传统媒体向互联网转型的最大障碍

思路决定出路,"+互联网"的转型思路本身已经成为传统媒体向互联网转型过程中最大的制约因素。

第一,"+互联网"思路不是以互联网为基础。互联网已经成为整个社会的

底层架构和社会操作系统,传统媒体转型也必须具备互联网思维,按照互联网规律运作。但是,"+互联网"思路还依然是把互联网当成工具和手段,对互联网的本质和重要性缺乏足够的重视。

第二,不是从用户出发。传统媒体的互联网转型多是以自我为中心,从自身的优势和基础出发,而不是以用户为中心,不是从用户的需求和"痛点"出发,自然难以吸引到足够多的用户。

第三,不是从产品出发。传统媒体的转型基本上是从自身内容出发,无论是新闻网还是"两微一端",基本上还是现有内容的翻版,并不是为用户服务的有效新产品。

第四,存量转型成功的可能性较小。目前,传统媒体的存量转型涉及面广、难度大,需要得到绝大多数从业人员的赞同和支持,但是,由于惯性和路径依赖的影响,相关人员的观念很难转变,这也使得存量改革基本以失败而告终。

三、绝大多数传统媒体缺乏有效的互联网转型战略

战略决定体制,体制决定机制,机制决定效率,效率决定活力,活力决定发展。战略在企业发展和转型中居于重要地位,尤其对于传统媒体转型来说更是如此。虽然我国也有为数极少的传统媒体集团制定了互联网转型战略,如浙江日报报业集团、上海报业集团、SMG 等,但是整体来说,绝大多数的传统媒体或者没有制定自身的转型战略,或者其转型战略依然是基于传统媒体的转型战略而不是基于互联网的转型战略。

1. 缺乏有效的顶层设计

传统媒体的互联网转型战略要真正实现落地,必须要有科学合理的顶层设计,来系统地指导和实施自身的互联网转型。虽然一些传统媒体也在集团层面成立了转型领导小组等相关机构,但是从实践来看,这些领导小组多流于形式,而并没有真正发挥应起的作用。

2. 转型战略多是基于传统媒体

有些传统媒体虽然也制定了自身的发展战略,但是其规划的着眼点和主要内容依然是基于传统媒体,具体策略也主要集中于传统媒体和相关产业延伸。这种战略是典型的"站在过去和现在看未来",而不是按照互联网的规律来构建基于互联网的互联网转型战略,缺乏战略上的前瞻性。

3. 转型战略缺乏可操作性

首先,转型战略要切实可行。很多传统媒体制定转型战略的目的是为了应付上级的要求而不是真正从自身发展出发,这就导致其战略目标好高骛远,不切合实际。例如,有的传统媒体虽然营业收入只有十几亿元,但是制定出了5年之内"总资产、营业收入双百亿"的战略目标。

其次,转型战略要真正落地取得实效,需要有针对性的具体措施和能力出众、专业化的人才队伍,但是,绝大多数传统媒体制定出转型战略之后多是把其束之高阁,更谈不上与战略配套的具体落地策略和团队搭建。

四、技术能力远远不足以支撑转型

传统媒体的基因是内容基因,对内容高度重视,而普遍对技术不够重视,导致技术人才缺乏、技术力量薄弱,更难以跟上互联网的迭代更新速度。

1. 传统媒体长期以来"重采编、轻经营、无管理、无技术"

"重采编、轻经营、无管理、无技术"现象的表现是采编人员地位最高,经营人员次之,职能部门管理人员再次之,技术人员地位最低。例如,在传统媒体地位最高、待遇最好、最容易升迁的是采编人员,尤其是要闻部门的采编人员。一般来说,传统媒体的核心高层构成除了相关主管部门派出,基本上就是由采编人员升迁,经营人员最多只能升迁到副总经理,而职能部门管理人员和技术人员更是往往只能升迁到中层干部。

这种现象的形成有三方面的原因:一是媒体是党的喉舌和工具,具有很强的意识形态,从事采编工作的人员自然更受重用;二是传统媒体以内容起家,内容在其发展壮大过程中起到了不可替代的重要作用;三是之前技术变化很慢,技术在媒体变革中所起的作用相对较小。

2. 技术人才少,技术力量薄弱

首先,传统媒体虽然设有专门的信息技术部门,但是人员配置普遍较少。规模较小的只有三五个技术人员,规模较大的也不过上百个,和互联网媒体不可同日而语。浙江日报报业集团是国内最为重视技术的传统媒体集团,除了信息技术部门有上百个技术人才之外,游戏等其他部门还有大量的技术人才。

其次,技术人员结构不合理。传统媒体的技术人员多是电脑维修人员和技术保障人员,而缺乏真正懂互联网的高水平技术人才。

最后，技术更新换代慢。传统媒体缺乏自主研发能力，技术常常外包给技术公司开发，但是，由于自身技术能力不足，不仅不能提出科学合理的个性化开发需求，更不能进行及时的更新迭代，导致用户体验极差。有些传统媒体的技术平台自运作之日起，在运行若干年之后居然没有更新迭代过。

3. 难以吸引到优秀的技术人才

首先，传统媒体发展转型慢，事业平台小。传统媒体和互联网相比，本身规模较小，发展速度慢，自然能够给予优秀技术人才展现才华的平台就小。例如，今日头条在短短的 6 年时间内，营业收入能够做到 500 亿元，市值高达 750 亿美元；而传统媒体中上市公司市值最大的东方明珠新媒体经过几十年的发展，其收入也不过 100 亿元左右，市值不过 500 多亿元。

其次，国有体制难以吸引优秀技术人才。优秀的技术人才希望更为宽松的氛围，而传统媒体作为意识形态属性较强的国有单位，不仅管理更为严格，而且科层制更为明显，所以，优秀的技术人才更愿意选择环境宽松的互联网企业。

最后，薪酬水平低。互联网企业按照技术人员的能力给予相应的薪酬水平，上不封顶。例如，今日头条在招聘机器学习首席专家时开出的年薪为 100 万美元，再加上股权、期权等长期激励措施，年收入能达到 300 万美元。而传统媒体一则受制于自身财力，二则受制于薪酬总额的限制，三则受制于国有体制制约，难以给予较高的薪酬待遇，更不用讲股权、期权等激励措施。

五、体制机制改革滞后

党的十八届三中全会通过的《中共中央关于全面深化改革若干重大问题的决定》指出：发挥市场在资源配置中的决定性作用，并提出了"特殊管理股制度"、混合所有制等一系列改革措施。但是，从实际改革情况来看，改革不够彻底，进展缓慢。

1. 国有传媒企业尚未成为真正的市场主体

当前，有些传媒企业的转企改制并不彻底，仅仅成了翻牌企业。例如，改制不彻底的企业存在产权不清晰或保留着部分事业编制等问题，这些都需要进一步深化改革，使之成为真正的市场主体。再如，有些传媒集团改制的集团公司的董事会基本不开会，流于形式，成了摆设。

2. 完全由上级任命的管理层难以适应多变的市场环境

首先，管理层完全由上级部门任命。当前，一方面由于传媒业具有很强的意识形态属性，另一方面由于转企改制之后的传媒公司基本是国有独资公司或者国有绝对控股公司，所以，传统媒体基本上采取的还是事业单位体制或者国有体制。不论是采编部分还是经营部分的管理层任命方面，采用市场化选聘人才的方式极少。

其次，"非市场化"的管理层的缺陷明显。一是从管理层来源方面来看。有的管理层是从宣传部门过来的，其优点是熟悉国家相关政策尤其是宣传管理政策，缺点是不熟悉市场和媒体运营；也有的管理层是从党委如市委副秘书长等位置过来的，其优点是知识面广、视野宽，有较强的资源整合能力，对市场和企业有较好的感觉，缺点是不熟悉采编业务；还有的管理层是从传统媒体内部提拔的，其优点是熟悉媒体业务，缺点是外部资源整合能力稍弱。二是从管理层的知识结构来看。目前，传统媒体的管理层主要来自于采编部门，其优点很明显，具有很强的政治敏感性，把关能力强。但是，其缺点也很明显，相对来说，对市场和企业不熟悉，缺乏战略眼光。这种相对单一的知识结构，不仅制约了传统媒体的产业转型，而且基本上堵住了其他经营管理人员的上升通道。三是从管理层的年龄来看。传统媒体基本上采取的是按资排辈式的晋升方式，管理层的年龄相对老化。

3. 决策机制不合理导致决策屡屡失误

国有股过于集中的股权结构，使得公司治理机制难以发挥实质性作用。公司治理机制的关键在于能否建立起科学的决策机制。在股东会、董事会难以有效发挥作用的情况下，公司治理机制的核心就是建立起能够起到与董事会相仿职能的机制，而科学合理的决策机制无疑就是最佳的替代。但是，在实际运作中，不少传统媒体单位和企业的决策机构却成了名副其实的"长老会"，不仅导致在重大事项上决策失误，而且耽误了传统媒体单位和企业的转型与发展。

我国传统媒体单位和企业的领导层多为采编出身，经营管理和技术方面的专业能力较为欠缺。而在传统媒体单位和企业的主要决策为战略和经营管理决策的情况下，决策人员的素质欠缺就成为重大制约。当前，传统媒体单位和企业的决策机构常沦落为"长老会"，呈现如下三种情形：一是参与决策人员虽然能力不足，但是很负责，导致难以形成科学决策，容易贻误战机；二是参与决策人员能力不够，并不负责，一切唯"一把手"马首是瞻；三是决策班子内部矛盾重重，相互拆台，导致科学决策难以出台。

4. 难以有效实施"体制外"制度安排

当前，传统媒体在进行互联网以及新业务转型时，应采取"体制外"的制度安排，主要表现在市场主体、长期激励约束制度等方面。

首先，要成为真正的市场主体。当前，很多传统媒体创办的互联网及新业务公司虽然也成立了企业法人，但很多不过是"翻牌"公司而已，并没有真正"自主经营、自负盈亏"，只是母体的寄生体，更谈不上建立起现代企业制度，成为真正的市场主体。

其次，要采取股权等长期激励约束制度。互联网收益和风险都很高，这就需要设计股权等长期性激励约束。给予骨干员工股权已经成为市场化的互联网公司的基本制度，而传统媒体创办的互联网公司却常常囿于体制制约，尚未采取该项制度，这也使得自己辛辛苦苦培养的优秀人才禁不起高薪酬、股权的诱惑而快速流失。

最后，使用专业性的人才。互联网、投资等都是高技术行业，从业者需要具备很高的专业化素质，而在传统媒体的现有体制下，有的单位"官本位"文化盛行，"谁官大谁的知识就多"，不尊重知识，不尊重人才，这必然导致决策失误。例如，传统媒体旗下的投资公司的决策委员会本应该由专业素质很高的人员组成，而一些传统媒体投资公司的决策委员会却是由党委书记、总编辑、总经理等投资门外汉为主。

在"体制外"制度安排方面，股权激励至关重要，如果没有股权激励安排，则很难起到有效的激励约束，更不可能成为真正的市场主体。例如，沿海发达地区的一个传统媒体集团本来对新业务，无论是互联网项目还是新办传统项目，一律进行了管理层股权激励的制度安排，但是在前几年谋求上市时，把这些股权激励安排全部停止了，而且给的补偿也很少。这种措施极大地挫伤了管理层的积极性，没有产权的制度安排，很难实现管理层和企业的共同成长。

六、人力资源管理水平低，人才结构不合理

1. 人力资源管理水平低

传统媒体脱胎于事业体制，缺乏现代企业的人力资源管理制度和管理能力，缺乏与战略构想相匹配的人力资源战略、规划、流程和制度安排，更缺乏"精神激励和物质激励并重、短期激励和长期激励互补"的激励约束机制。

2. 人才结构不合理

传统媒体的人才结构存在着"四多四少"的突出问题：采编人才多，而高素质的经营管理者、技术人才少；传统媒体业务人才多，而互联网媒体人才少；传统专业人才多，而复合型人才少；传统业务人才多，而投融资等金融人才少。

3. 人才流失严重

目前，在传统媒体断崖式下滑的大背景下，传统媒体的优秀人才加速向互联网行业和其他行业流动，出现越来越明显的"空心化"特征。

七、资金实力不足

传统媒体的互联网转型是一项大投入、长期的复杂工程，这需要充足的资金来支持。在传统媒体的传统业务断崖式下滑的大背景下，传统媒体用来进行互联网转型的资金就更加捉襟见肘。

首先，政府的扶持资金有限。近些年来，政府虽然给予了传统媒体较多的扶持资金，但是这些资金一则远远不够，二则可持续性较差，难以有效地支撑传统媒体的互联网转型。

其次，难以借助资本市场融资。虽然借助资本市场融资是一条筹措互联网转型资金的有效办法，但是绝大多数传统媒体难以上市，而且传统媒体的盈利能力开始下滑，也在一定程度上影响了传统媒体的融资。

第六章 传统媒体深陷困境的根源分析

关于传统媒体深陷困境的原因和根源,众说纷纭,既有外部环境说,也有体制说,本课题组认为传统媒体深陷困境的原因是互联网媒体带来的冲击,而根源则是用户连接失效。

一、传统媒体深陷困境

(一)传统媒体广告开始下滑

首先,根据国家工商总局的数据,我国传统媒体的广告收入从 2013 年开始出现下滑。2013 年,电视广告收入为 1101.10 亿元,同比下滑 2.76%;报纸广告收入为 504.70 亿元,同比下滑 9.16%;四大传统媒体广告收入之和为 1834.18 亿元,同比下滑 4.09%。① 虽然 2014 年转为正增长,而到了 2015 年下滑速度则进一步扩大,具体见表 6-1。

表 6-1 2004—2015 年传统媒体广告收入

时间	电视		报纸		广播		期刊		总和	
	值(亿元)	增速(%)	值(亿元)	增速(%)	值(亿元)	增速(%)	值(亿元)	增速(%)	值(亿元)	增速(%)
2004	291.50	14.30	230.70	-5.10	32.90	28.50	20.40	-16.40	575.50	—
2005	355.30	21.90	256.00	11.00	38.90	18.20	24.90	22.10	675.10	17.31
2006	404.00	13.70	312.60	22.10	57.20	47.00	24.10	-3.20	797.90	18.19
2007	443.00	9.70	322.20	3.10	62.80	9.80	26.50	10.00	854.50	7.09

---

① 在这里尤其需要说明的是,国家工商总局的广告收入数据在 2011 年和 2012 年的增速在 20% 以上,根本原因是统计口径的扩大。

(续表 6-1)

时间	电视 值（亿元）	电视 增速（%）	报纸 值（亿元）	报纸 增速（%）	广播 值（亿元）	广播 增速（%）	期刊 值（亿元）	期刊 增速（%）	总和 值（亿元）	总和 增速（%）
2008	501.50	13.20	342.70	6.40	68.30	8.80	31.00	17.20	943.50	10.42
2009	536.20	6.90	370.50	8.10	71.90	5.20	30.40	-2.10	1009.00	6.94
2010	679.80	26.80	381.50	3.00	77.20	7.40	32.20	6.10	1170.70	16.03
2011	897.90	32.10	469.50	23.10	91.00	17.90	52.10	61.60	1510.50	29.03
2012	1132.30	26.10	555.60	18.40	141.10	55.10	83.30	59.90	1912.30	26.60
2013	1101.10	-2.76	504.70	-9.16	141.18	0.06	87.20	4.68	1834.18	-4.09
2014	1278.50	16.11	501.67	-0.60	132.84	-5.91	81.62	-6.40	1994.63	8.75
2015	1146.69	-10.31	501.12	-0.11	124.49	-6.29	71.90	-11.91	1844.20	-7.54

资料来源：根据 2005—2016 年《现代广告》上刊登的国家工商总局发布的中国广告业发展状况相关数据整理。

其次，根据 CTR[①] 数据，我国传统媒体的广告收入下滑幅度更大。2017 年上半年，在我国整体广告市场同比上涨 0.4% 的情况下，中国传统媒体广告市场却同比下降 4.1%；电视刊例收入同比下降 3.6%，报纸和杂志刊例收入同比下降 30.5% 和 23.4%。[②] 在传统媒体中，报纸和杂志的下降幅度又最大，在报纸方面，2014 年刊例收入同比下滑 18%，2015 年进一步扩大为同比下滑 35.4%，2016 年更是同比下滑 38.7%，虽然 2017 年上半年下滑幅度有所缩小，但是依然下滑 30.5%；而杂志虽然下滑幅度比报纸小点，但是 2016 年同比下滑幅度也高达 30.5%。具体见表 6-2。

---

① 央视市场研究股份有限公司（CTR），是中国国际电视总公司和 Kantar 集团合资的股份制企业。CTR 一直致力于将中国本土经验与全球先进技术相结合，通过连续性调查和定制化专项研究，提供全方位的趋势解读和高附加值的市场洞察，与客户一起深入理解商业环境，制定营销决策。CTR 的研究领域包括媒介经营与管理、品牌与传播策略、消费者洞察等。

② CTR：《2017 年上半年中国广告市场回顾报告》，见中文互联网数据资讯中心网站（http://www.199it.com/archives/619927.html?url_type=39）。

表 6-2　2014—2017 年上半年各类媒介的广告增速

（单位：%）

媒介	2014		2015		2016		2017 上半年	
	刊例增速	资源量增速	刊例增速	资源量增速	刊例增速	资源量增速	刊例增速	资源量增速
电视	-1	-9	-4.6	-10.7	-3.7	—	-3.6	-7.6
报纸	-18	-21	-35.4	-37.9	-38.7	—	-30.5	—
杂志	-10	-19	-19.8	-27.3	-30.5	—	-23.4	—
电台	11	-1	-0.4	-13.3	2.1	—	9.2	-0.9
传统户外	9	-3	-0.2	-7.8	-3.1	—	-2.7	-11.7

资料来源：CTR：2014、2015、2016、2017 年上半年的中国广告市场回顾报告。

说明：资料主要来源于中文互联网数据资讯中心网站（http://www.199it.com/archives/619927.html?url_type=39）。

最后，美国等西方发达国家的传统媒体也深陷困境。2005 年美国报纸的广告总收入为 490 亿美元，在经历了若干年断崖式下滑之后的 2014 年，美国报纸的纸质版和数字版的广告收入之和为 199 亿美元，其中纸质版广告为 164 亿美元，数字版广告为 34 亿美元。[1] 可以看出，从 2005 年到 2014 年，美国报纸的所有广告下滑了 59.31%，而纸质版广告更是下滑了 66.53%。此消彼长的是，2014 年，美国互联网广告收入为 507 亿美元，同比增长 18%，其中移动数字广告达到 190 亿美元，互联网广告收入是报纸所有广告收入的 2.55 倍。而根据 Pricewaterhouse Coopers 的数据显示，2013 年美国互联网广告收入为 428 亿美元，美国广播电视广告的收入为 401 亿美元，有线电视广告收入为 344 亿美元，互联网广告收入已经超越广播电视广告收入，成为第一大广告媒体。[2] 除了美国之外，英国、日本、德国等发达国家的传统媒体广告也都遇到了很大的困难。

（二）报业受互联网冲击最为严重

1. 美国报刊业大量裁员和停刊

在裁员方面，根据美国报纸编辑协会的数据显示，2012 年美国报纸行业的

---

[1] 史安斌、邱伟怡：《坚持初心，勇于创新——〈华盛顿邮报〉的复兴之道》，载《青年记者》2016 年第 33 期。

[2] 《2013 年美国互联网广告收入首次超过广播电视广告》，见 36 氪网（http://36kr.com/p/211116.html）。

全职编辑职位为 3.8 万个，低于 10 年前的 5.4 万个。2013 年，甘奈特集团和论坛报集团①又进行了数百人的裁员。② 在停刊方面，根据本课题组不完全统计，从 2007 年到 2014 年年底，美国一共有 300 余家报纸停刊，如《落基山新闻》《辛辛那提邮报》《肯塔基邮报》《纽约太阳报》等。此外，不少的报刊停出纸质版而只出网络版，如《美国新闻与世界报道》《新闻周刊》《西雅图邮报》《基督教科学箴言报》等。

2. 其他发达国家的传统媒体也困境重重

在德国，《纽伦堡晚报》《法兰克福论坛报》《德国金融时报》等报纸相继停刊。在英国，《世界新闻报》《威尔士周报》以及 *Easy Living*、*MacUser* 等报刊相继停刊。在法国，《欧洲日报》《法兰西晚报》《论坛报》等陆续停刊。在报纸发行最好的日本，《秋田魁新报》《南日本新闻》《冲绳时报》《琉球新报》《名古屋时报》《札幌时报》《日刊岩见泽新闻》《漫画俱乐部》等报刊先后停刊和休刊。在爱尔兰，都柏林最大的免费报纸 *Metro Herald* 已经停刊。

3. 我国报业尤其是市场化报纸下滑严重

首先，我国报纸业整体处于下滑通道。分析国家新闻出版广电总局发布的历年《新闻出版产业分析报告》③，可以看出近几年来我国新闻出版产业的整体概貌。报告显示，从 2011 年到 2016 年，我国报纸的数目从 1928 张下降到 1894 张，减少了 34 张，下降了 1.76%；营业收入从 818.90 亿元下降到 578.50 亿元，减少了 240.40 亿元，下滑了 29.36%；利润总额从 98.60 亿元下降到 30.10 亿元，减少了 68.50 亿元，下降了 69.47%；定价总金额从 400.40 亿元增长到 408.20 亿元，增长了 7.8 亿元，增长了 1.95%；总印数从 467.40 亿份下降到 390.10 亿份，减少了 77.30 亿份，下降了 16.54%；总印张从 2272 亿印张下降到 1267.30 亿印张，减少了 1004.70 亿印张，下降了 44.22%；从业人员从 2012 年的 26.31 万人下降到 2016 年的 22.40 万人，减少了 3.91 万人，下降了 14.86%。具体见表 6-3、表 6-4。

---

① 甘奈特集团（Gannett）和论坛报集团（Tribune）分别是美国第一大和第二大报业集团。
② 皮尤：《传统广告滑坡严重 电视观众向网络转移》，见财经网（http://tech.caijing.com.cn/2014-03-31/114056084.html）。
③ 每年发布一次的《新闻出版产业分析报告》由中国新闻出版研究院负责具体执行，在国家广电总局和国家新闻出版总署合并之前，由国家新闻出版总署发布，在二者合并之后，则由国家新闻出版广电总局发布。

表6-3　2011—2016年我国报业整体情况（1）

年份	品种		营业收入		利润总额		定价总金额	
	值（种）	增速	值（亿元）	增速（%）	值（亿元）	增速（%）	值（亿元）	增速（%）
2011	1928	-0.60	818.90	12.30	98.60	-2.20	400.40	8.90
2012	1918	-0.52	852.32	4.09	99.24	0.64	434.39	8.48
2013	1915	-0.16	776.65	-8.88	87.67	-11.66	440.36	1.37
2014	1912	-0.16	697.81	-10.15	76.44	-12.81	443.66	0.75
2015	1906	-0.31	626.15	-10.27	35.77	-53.21	434.25	-2.12
2016	1894	-0.63	578.00	-7.61	30.14	-15.74	408.20	-6.00

资料来源：根据历年《新闻出版产业分析报告》资料整理。

表6-4　2011—2016年我国报业整体情况（2）

年份	从业人员		总印数		总印张	
	值（万人）	增速（%）	值（亿份）	增速（%）	值（亿印张）	增速（%）
2011	—	—	467.40	3.40	2272.00	5.80
2012	26.31	6.30	482.26	3.17	2211.00	-2.68
2013	26.31	-0.01	482.41	0.03	2097.84	-5.12
2014	24.59	-6.54	463.90	-3.84	1922.30	-8.37
2015	24.16	-1.75	430.09	-7.29	1554.93	-19.11
2016	22.40	-7.50	390.07	-9.31	1267.27	-18.50

资料来源：根据历年《新闻出版产业分析报告》资料整理。

其次，报业集团的营业收入进一步下滑。2016年，43家报业集团[①]的主营业务收入同比降低2.50%；营业利润出现亏损的报业集团有29家，占比67.44%，比2015年的31家减少2家；受益于投资收益与补贴收入等大幅增加，利润总额止跌回升，同比增长59.40%。这里需要注意的是，在报业深陷困境的当下，各级政府纷纷加大对当地党报的扶持，如果把这块扶持补贴去掉，则利润总额有可能继续下滑。

---

① 目前我国自称报业集团的很多，但是经国家新闻出版广电总局批准的只有43家。申请成立报业集团的条件主要如下：拥有5个以上的媒介机构，年税利在3000万~5000万元以上；具有副高以上职称者占采编人员的20%以上；区域内每150人拥有1份报纸等。

4. 期刊业也陷入断崖式下滑

根据历年《新闻出版产业分析报告》显示，虽然我国期刊业的数量在增长，但自 2014 年以来，营业收入、利润总额等开始出现下滑：2013 年到 2016 年，营业收入从 221.99 亿元下降到 193.70 亿元，减少了 28.29 亿元，下滑了 12.74%；利润总额从 28.59 亿元下降到 25.68 亿元，减少了 2.91 亿元，下滑了 10.18%；定价总金额从 253.35 亿元下降到 232.42 亿元，减少了 20.93 亿元，下滑了 8.26%。从 2013 年到 2016 年：从业人员从 11.16 万人下降到 10.33 万人，减少了 0.83 万人，下滑了 7.44%；总印数从 33.48 亿份下降到 26.97 亿份，减少了 6.51 亿份，下滑了 19.44%；总印张从 196.01 亿印张下降到 151.95 亿印张，减少了 44.06 亿印张，下滑了 22.48%。具体见表 6-5、表 6-6。

表 6-5 2011—2016 年我国期刊业整体情况（1）

年份	品种		营业收入		利润总额		定价总金额	
	值（种）	增速（%）	值（亿元）	增速（%）	值（亿元）	增速（%）	值（亿元）	增速（%）
2011	9849	-0.40	162.60	8.00	22.90	23.80	238.40	9.50
2012	9867	0.18	220.86	35.82	25.28	10.31	252.68	5.98
2013	9877	0.10	221.99	0.51	28.59	13.08	253.35	0.26
2014	9966	0.90	212.03	-4.49	27.06	-5.35	249.38	-1.57
2015	10014	0.48	200.99	-5.21	26.25	-2.99	242.97	-2.57
2016	10084	0.70	193.70	-3.63	25.68	-2.17	232.42	-4.34

资料来源：根据历年《新闻出版产业分析报告》资料整理。

表 6-6 2011—2016 年我国期刊业整体情况（2）

年份	从业人员		总印数		总印张	
	值（万人）	增速（%）	值（亿份）	增速（%）	值（亿印张）	增速（%）
2011	—	—	32.90	2.20	192.70	6.40
2012	11.16	5.18	33.48	1.91	196.01	1.70
2013	10.91	-2.26	32.72	-2.26	194.70	-0.67
2014	11.13	2.04	30.95	-5.41	183.58	-5.71
2015	11.11	-0.18	28.78	-6.99	167.78	-8.60
2016	10.33	-7.01	26.97	-6.29	151.95	-9.43

资料来源：根据历年《新闻出版产业分析报告》资料整理。

5. 广播电视业也出现了困难

根据国家新闻出版广电总局财务司的数据，2012 年到 2016 年，我国广电广告收入从 1270.25 亿元增长到 1547.22 亿元，增长了 276.97 亿元，增长了 21.80%，虽然一直保持增长态势，但是增速逐步下滑；电视广告收入从 1046.29 亿元下降到 1004.87 亿元，减少了 41.42 亿元，下滑了 3.96%，从 2014 年开始出现下滑，而且下滑速度逐步放大；广播广告收入从 136.20 亿元增长到 156.42 亿元，增长了 20.22 亿元，增长了 16.31%，从 2015 年开始出现下滑，下滑速度较快。具体见表 6-7。

表 6-7 2012—2016 年广电广告情况

年份	广电广告		电视广告		广播广告	
	值（亿元）	增速（%）	值（亿元）	增速（%）	值（亿元）	增速（%）
2012	1270.25	13.12	1046.29	—	136.20	—
2013	1387.01	9.19	1119.26	6.97	139.92	2.73
2014	1464.49	5.59	1116.19	-0.27	159.94	14.31
2015	1529.54	4.44	1065.16	-4.57	156.42	-2.20
2016	1547.22	1.16	1004.87	-5.66	145.83	-6.77

资料来源：国家新闻出版广电总局发展研究中心：《中国广播电影电视发展报告（2017）》，中国广播影视出版社 2017 年版，第 113—115 页。

说明：
(1) 数据来源于国家新闻出版广电总局财务司。
(2) 电视广告和广播广告加总之和不等于广电广告，是因为广电广告还包括新媒体广告。

6. 市场化传统媒体纷纷停刊休刊

首先，根据国家新闻出版广电总局的网站显示，按照《出版管理条例》等报刊出版管理有关规定，自 2012 年 1 月 1 日至 2013 年 7 月 9 日，各级新闻出版行政部门依法共对 46 种报刊进行注销登记，其中报纸包括《购物导报》等 21 种。而自 2013 年 7 月 10 日至 2013 年 12 月 4 日，各级新闻出版行政部门依法共对 54 种进行报刊注销登记，其中报纸 11 种，具体见表 6-8。

表6-8 报纸注销登记情况表

序号	报刊名称	CN号	属地
1	《中国特产报》	CN11-0159	北京
2	《女性时报》	CN12-0031	天津
3	《远东时报》	CN23-0030	黑龙江
4	《上海新书报》	CN31-0036	上海
5	《湖南邮电报》	CN43-0021	湖南
6	《南方财经导报》	CN43-0053	湖南
7	《信息通信导报》	CN33-0021	浙江
8	《老友报》	CN14-0010	山西
9	《巷报》	CN22-0040	吉林
10	《贵州广播电视报（黔南版）》	CN52-0016/02	贵州
11	《东陆时报》	CN53-0052	云南

资料来源：中华人民共和国国家新闻出版广电总局官方网站（http://www.gapp.gov.cn/news/1663/164157.shtml）。

在短短1年多的时间内，就有100种报刊被注销登记，其中报纸32种。此外，2013年10月28日刚刚合并成立的上海报业集团在短短不到2个月的时间内就在关停并转方面有大动作，2013年12月23日，其旗下的《新闻晚报》宣布将于2014年1月1日休刊。据了解，《新闻晚报》的休刊涉及300多位人员，其中采编人员130多位、经营人员110多位，人员安置方案的原则是：转型发展、充实一线；双向选择、竞争上岗；市场原则、有情操作。

其次，《东方早报》《京华时报》等优秀传统媒体纷纷停出纸质版。号称要做百年大报的《京华时报》已于2017年1月1日停出纸质版而只出新媒体版，而《东方早报》也于2017年1月1日停刊，其人员全部转入澎湃新闻网。除了报纸，杂志、广电等也纷纷采取停刊等措施。必须指出的是，将有越来越多的传统媒体难以为继，关停并转将成为新常态。具体见表6-9。

表6-9 2016年以来停刊以及拟停刊的传统媒体

名称	所属行业	所属单位	创立时间	停刊时间	备注
《京华时报》	报业	中共北京市委宣传部	2001年5月28日	2017年1月1日	改出新媒体版

(续表6-9)

名称	所属行业	所属单位	创立时间	停刊时间	备注
《东方早报》	报业	上海报业集团	2003年	2017年1月1日	员工整体转入澎湃新闻网
《太阳报》	报业	香港东方报业集团	1999年3月14日	2016年4月1日	—
《九江晨报》	报业	九江日报社	2010年10月11日	2016年4月1日	—
《今日早报》	报业	浙江日报报业集团	2000年	2016年1月1日	—
《河南青年报》	报业	共青团河南省委	1949年6月	2016年9月27日	—
《时代商报》	报业	辽宁日报报业集团	2005年5月1日	2016年8月31日	—
《伊周Femina》（拟）	期刊业	赫斯特中国	2008年5月	2017年1月	曾经是全国发行量最大的女性时尚周刊
《芭莎艺术》	期刊业	Harper's BAZAAR	2011年	2016年7月底	转型新媒体
《新视线》	期刊业	现代传播集团	2002年4月	2016年7月底	—
《大众软件》	期刊业	中国科技情报学会	1995年	2016年底	—
香港亚洲电视	电视业	香港亚洲电视	1957年5月29日启播	2016年4月2日	"亚视"前身为"丽的映声"及"丽的电视"，1973年4月6日由收费电视转为免费电视，1982年9月24日正式更名为"亚洲电视"
华娱卫视	电视业	TOM集团	1994年	2016年年底	创立11年，亏损6亿元
深圳广电集团法治频道	电视业	深圳广电集团	—	2016年9月16日	—

资料来源：根据互联网资料整理。

二、关于传统媒体深陷困境的解释

关于传统媒体深陷困境的解释林林总总，有外部经济环境说，有体制制约说，不一而足。外部经济环境和体制制约能够在一定程度上解释传统媒体深陷困境的原因，但并不是传统媒体深陷困境的根源，其根本原因是互联网的冲击以及随之带来的用户连接失效。

1. 外部经济环境影响说

持该种观点的人认为，传统媒体之所以深陷困境的根源是外部经济环境不景气，尤其是在2008年国际金融危机之后，外部经济环境持续不景气，传统媒体自然就陷入困境。这种观点看起来很有解释力，但是其有显而易见的两大致命缺陷：一是难以解释互联网媒体的高速发展。外部经济环境作为基础影响因素，同时影响传统媒体和互联网媒体，如果外部经济环境不景气是根本影响因素，则传统媒体和互联网媒体应该保持一致的运动方向，即传统媒体快速下滑时互联网媒体也应该快速下滑。而事实是，在传统媒体快速下滑时互联网媒体却在高速增长，这种不一致的情况充分说明外部经济环境不是根本原因。二是我国的经济增长速度虽然大幅度下滑，但是仍然保持了一个相对较高的增长速度，如果外部经济环境是根本原因，则传统媒体应保持一定的增速而不是快速下滑。

2. 体制制约说

持这种观点的人认为，传统媒体深陷困境的根本原因是传统媒体的国有体制所造成的。这种观点有一定解释力，国有体制的传统媒体单位和企业不是真正的市场主体，缺乏有效的激励约束机制，决策不灵活等，上述种种缺陷在一定程度上影响了传统媒体的发展。但这种观点和外部经济环境说一样，同样存在着很大的缺陷：国外发达国家的传统媒体是真正的市场主体，不存在体制制约，如果体制制约是根本原因，则国内受体制制约的传统媒体出现大幅度下滑时它们不应该出现大幅度下滑，而事实恰恰相反，不存在体制制约的国外发达国家的传统媒体和存在体制制约的我国传统媒体都出现了大幅度下滑，这就充分说明体制制约并不是根本原因。

三、互联网导致的受众连接失效才是传统媒体深陷困境的根本原因

基于上述对外部环境经济说和体制制约说的分析，本课题组认为传统媒体深

陷困境的根本原因在于互联网媒体迅猛发展所导致的受众连接失效①。互联网媒体的快速发展给传统媒体带来如下恶性循环：首先是受众大量流失导致入口价值丧失，传统媒体的"二次销售"的商业模式坍塌，传播功能大幅度减弱，广告大幅度下滑；其次是事业平台和薪酬待遇不再有吸引力，骨干人才大量流失；最后是传统媒体的传播力大幅度削弱，核心竞争力丧失。具体见图6-1。

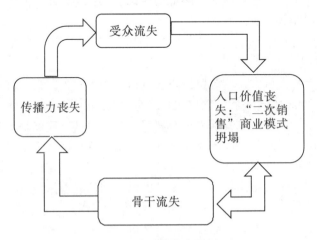

图6-1　传统媒体困境循环

1. 受众大量流失

与互联网网民尤其是手机网民高速增长形成鲜明对比的是，传统媒体的受众在大量流失，尤其是年轻受众开始大规模抛弃传统媒体而选择互联网媒体，主要表现在用纸量下降和收视率下滑两个方面。

首先，报纸用纸量连续下降。根据中国新闻出版研究院的研究报告显示，2013年，我国报纸的总印张为2097.8亿印张，同比降低5.1%；期刊总印数为32.7亿册，同比下降2.3%，总印张为194.7亿印张，同比下降0.7%②。2014年，报纸总印数为482.4亿份，同比下降3.8%，总印张为1922.3亿印张，同比下降8.4%；期刊总印数为31亿册，同比下降5.4%，总印张为183.6亿印张，

---

① 所谓受众连接失效，是指受众大量流失而导致传统媒体与受众之间难以建立起有效连接，进而商业价值变现受阻。
② 中国新闻出版研究院：《2013年新闻出版产业分析报告》，见中国出版网（http://www.chuban.cc/toutiao/201407/t20140710_157016.html）。

同比下降 5.7%。①

其次,电视的收视率出现下滑。电视是我国体量最大的传统媒体,是传统媒体的定海神针,但是其收视率已经开始出现下滑。根据索福瑞②的《2014 年电视收视市场报告》,电视人均收视时长从 2010 年的 171 分钟下降到 2014 年的 162 分钟,观众平均到达率从 2010 年的 72.4% 下降至 2014 年 64.3%。③

最后,有线电视网络用户首次出现下滑。根据《中国广播电影电视发展报告(2017)》的数据显示,截至 2016 年年底,全国有线电视用户约为 2.3 亿户,比上年减少 737 万余户,同比减少 3%,首次出现下滑;有线电视收视费收入达 457.9 亿元,同比减少 3.6%。④

2. "二次销售"的商业模式坍塌

由于受众不再把传统媒体当成获取信息的第一入口甚至不再是重要入口,就必然导致传统媒体的传播功能大幅度下降,进而使得广告收入断崖式下滑,传统媒体的"二次销售"模式也就坍塌了。

3. 骨干大量流失

首先,传统媒体骨干离职现象严重。传统媒体的骨干流失从 21 世纪初就开始了,先是采编骨干,后到经营骨干,再到创始人。例如,腾讯网的副总裁陈菊红、腾讯网原总编辑王永治、腾讯网现总编辑李方、搜狐网原总编辑刘春等都是从传统媒体离职的。而到了近几年,传统媒体骨干流失呈现规模化、高层化特点,其中著名的有 SMG 原董事长黎瑞刚、中央人民广播电台原副台长王晓晖、北京广播电台原台长席伟航、SMG 原副总裁秦朔等,具体见表 6-10。

---

① 中国新闻出版研究院: 《2014 年新闻出版产业分析报告》,见中国出版网(http://www.chuban.cc/hw/yw/201507/t20150717_168610.html)。

② 索福瑞成立于 1997 年 12 月,是中国领先的广播电视受众研究机构。中国广视索福瑞媒介研究(CSM)(原名:央视—索福瑞媒介研究,2015 年更为现中文名;行业内多简称为"索福瑞")是中国最大的市场研究机构央视市场研究(CTR)与世界领先的市场研究集团 Kantar Media 等共同建立的合资公司,公司致力于专业的电视收视市场研究,为中国大陆地区和香港传媒行业提供可信的、不间断的电视观众调查服务。

③ 李婷:《2014 年电视收视市场报告》,见中国网(http://cul.china.com.cn/cswh/2015-03/27/content_7782831.htm)。

④ 数据来源于国家新闻出版广电总局财务司。转引自国家新闻出版广电总局发展研究中心《中国广播电影电视发展报告(2017)》,中国广播影视出版社 2017 年版,第 121—123 页。

表6-10 近几年传统媒体离职骨干代表

姓名	原职位	新职位	原因
黎瑞刚	SMG董事长	华人文化产业基金董事长	离职创业
王晓晖	中央人民广播电台副台长	爱奇艺首席内容官	跳槽互联网
席伟航	北京广播电台台长	不详	辞职
秦朔	SMG副总裁	自媒体	离职创业
向熹	南方广电传媒集团常务副总经理	时间网络CEO	离职创业
庄慎之	南方报业传媒集团副总经理	百神传媒CEO	离职创业
张大钟	SMG副总裁	阿里体育CEO	跳槽互联网
陈朝华	《南方都市报》总经理	搜狐网总编辑	跳槽互联网
封新城	《新周刊》执行主编	华人文化产业基金运营合伙人	离职创业
林楚方	壹读传媒总裁	今日头条副总裁	跳槽互联网
伊险峰	《第一财经周刊》总编辑	好奇心日报创始人	离职创业
郭光东	《博客天下》出版人	饿了么副总裁	跳槽互联网
徐列	《南方人物周刊》创始人	美国访学	离职
李洪洋	北京日报社副社长	美菜网副总裁	离职创业
李鑫	澎湃新闻总编辑	梨视频总编辑	离职创业
邱兵	澎湃新闻总裁	梨视频总裁	离职创业
马昌博	壹读传媒CEO	视知传媒总裁	离职创业
夏陈安	浙江卫视总监	北京文化总裁	离职创业
聂玫	湖南卫视副台长	未知	离职创业
哈文	中央电视台著名导演	酷娱影视CEO	离职创业
郑蔚	中央电视台财经频道副总监	爱奇艺首席信息官	跳槽互联网
郎永淳	中央电视台著名主持人	找钢网副总裁	跳槽互联网
张泉灵	中央电视台著名主持人	紫牛基金创始合伙人	离职创业
王平	湖南电视台副台长	优酷土豆高级副总裁	跳槽互联网
李湘	深圳卫视副总监	360娱乐总裁	跳槽互联网
闫爱华	山东广电台副台长	当代明诚总裁	跳槽

资料来源：根据互联网资料整理。

尤其需要指出的是，目前全国各地的传统媒体都开始出现不同程度的离职大潮。虽然处于沿海地区的南方报业传媒集团等媒体的离职情况较其他媒体的离职情况相对严重，但传统媒体从业人员的离职大潮已经成全国蔓延之势：无论是央视等中央级传统媒体还是地方性传统媒体，无论是东部沿海地区的传统媒体还是中西部地区的传统媒体，无论是市场化程度强的传统媒体还是市场化程度弱的传统媒体都在经历着从业人员离职大潮的折磨。

其次，看不到希望是骨干离职大潮形成的根本原因。一是传统媒体的市场地位江河日下。近几年来，在互联网的冲击下，传统媒体尤其是报纸的广告经营额进入断崖式下滑通道，在严重下滑的预期下，为了更好的生计和未来，传统媒体从业人员纷纷选择抛弃传统媒体。二是传统媒体的体制弊端使得事业心难以得到满足。而不同于之前没有成熟的市场化媒体的是，当前互联网媒体和企业已经相对成熟，能够提供更多、更好的位置，为了个人事业和自我实现，骨干人才纷纷选择出走。三是离职的基本上都是骨干。一般来说，只有具有真正市场化能力、敢于冒险的骨干才能在互联网等市场化企业立足，因此，选择离职的多是传统媒体的骨干，而能力不足的人只能沉淀在传统媒体。

四、传统媒体陷入困境的具体表现

传统媒体的运营有其自身的体系，但是在互联网的猛烈冲击下，既有运营体系被冲垮，导致运营体系的每一个组成部分都出现严重问题。

（一）传统媒体运营体系分析

传统媒体的运营体系的基础是受众，具体由四个部分组成，即渠道、政府、企业和人才，而人才又是媒体运营的核心和前提。其中，渠道承载着广告；传统媒体的重要职能是发布和传播政务信息，而且政务市场又是传统媒体尤其是党报、党刊、党网的重要收入来源；企业投放的广告是传统媒体的主要收入源；人才是传统媒体的核心资源。具体见图6-2。

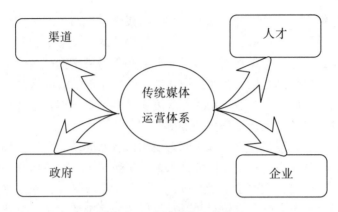

图 6-2　传统媒体运营体系

（二）困境的具体表现

传统媒体陷入困境主要体现在内容与渠道高度分离、内容创业者脱离传统体制、政务媒体的兴起以及企业媒体的蓬勃发展四个方面。

1. 内容与渠道的高度分离

当前，很多传统媒体人仍然单纯秉持"内容为王"的理念，认为只要内容做得好，就一定能够找到合适的商业模式和盈利模式。他们认为，传统媒体陷入困境是因为内容做得不够好，所以，传统媒体应该继续加大在内容方面的投入。这种观点只看到表面现象，却没有认识到传媒运营的本质。从理论上讲，广告是附着在渠道上的，而不是附着在内容上的，在传统媒体兴旺的时候，由于其内容和渠道是高度合一的，渠道被传统媒体牢牢掌控，广告自然也就被传统媒体所获取。但是，当互联网媒体出现之后，传统媒体内容和渠道的高度合一状态被打破，开始出现分离。

从最早的新浪、搜狐、网易、腾讯等第一代门户网站，到新浪微博、腾讯微信等第二代社交媒体平台，再到以今日头条为代表的智能媒体平台，在分流传统媒体受众的基础上一步一步消解了传统媒体的渠道能力，自己取而代之成为与用户连接的主导渠道，同时使得传统媒体的内容与渠道高度分离。在这种情况下，绝大部分广告份额就自然被掌控渠道的互联网媒体所获取，传统媒体的广告收入自然就大幅度下滑。

2. 内容创业者离开传统媒体

我国长期以来对媒体采取的是严格的"牌照管理"，即只有获得了相应的牌照才能从事传媒运营,如从事报纸运营就必须获得报号,从事期刊运营就必须获得刊号等。因此,在互联网媒体发展壮大之前,媒体人要从事传媒业就必须加入传统媒体,传统媒体也由此吸引和汇集了大量的优秀媒体人才。

但是,当互联网媒体发展壮大之后,优秀的媒体人可以借助互联网平台来进行内容创业,进而能够很好地实现商业价值变现。例如,《南方都市报》的原首席记者黎贝卡创办的"黎贝卡的异想世界"、原新华社记者王晓磊创办的"六神磊磊读金庸"、《新闻晨报》国际编辑程艳创办的"石榴婆报告"都取得了很好的商业收益。

当有更多的机会和更好的选择,传统媒体人就会选择离开体制去进行内容创业,而这对于核心资源为人才资源的传统媒体来说,无疑是釜底抽薪,这进一步加剧了传统媒体核心能力的丧失和衰落。

3. 政务媒体的兴起

在互联网出现之前,传统媒体在发布党和政府的信息时处于垄断地位,而在互联网出现尤其是微博、微信和今日头条等全新的互联网平台出现之后,政务微博、政务微信、政务头条号等政务媒体快速兴起,打破了传统媒体在政务信息发布方面的垄断地位,从根本上对传统媒体产生了较大的影响。此外,政务媒体的兴起也会降低企业对传统媒体的广告投放。

首先,政务微博数已经超过 16 万个。根据人民网舆情监测室联合人民日报新媒体中心、微博联合制作发布的《2016 年人民日报·政务指数微博影响力报告》,截至 2016 年年底,新浪微博平台认证的政务微博达到 164522 个,其中,政务机构官方微博 125098 个,同比增长 9%;公务人员微博 39424 个,同比增长 5%。① 在影响力方面,"公安部打四黑除四害"微博的粉丝数已经近 3000 万,"平安北京"微博的粉丝数也超过 1000 万人,具体见表 6-11。

表 6-11　2016 年政务指数排行榜

排名	微博	粉丝数(人)	传播力	服务力	互动力	总分
1	公安部打四黑除四害	29418860	98.00	95.76	98.86	97.90
2	平安北京	12375054	95.99	97.11	94.48	95.61
3	共青团中央	5079303	98.82	76.05	99.59	94.57

---

① 人民网舆情监测室:《2016 年人民日报·政务指数微博影响力报告》,见金陵热线网站(http://www.jlonline.com/news/2017-01-19/138412.shtml)。

(续表6–11)

排名	微博	粉丝数	传播力	服务力	互动力	总分
4	江宁公安在线	2037062	98.87	71.04	98.76	93.26
5	深圳交警	1864549	92.98	83.15	96.49	92.42
6	上海发布	6212058	95.35	80.27	91.74	90.89
7	深圳公安	3602975	88.05	94.86	89.01	89.80
8	深圳天气	1412518	90.15	96.30	85.20	89.40
9	天津交警	1725022	88.14	98.46	86.07	89.38
10	南京发布	3585488	89.78	81.83	92.55	89.30

资料来源：人民网舆情监测室：《2016年人民日报·政务指数微博影响力报告》。

说明：微博粉丝数为2017年8月22日的数据。

其次，政务头条号超过34000个。根据CNNIC的报告显示，截至2016年12月，共有各级党政机关开通政务头条号账号34083个，较2015年年底增加30062个。[①] 2016年，河北省的政务头条号阅读量高达4.1亿次，阅读量过亿的省份有16个，具体见表6–12。

表6–12 政务头条号排位前10的省份

	省份	头条号数量（个）	发稿数量（篇）	阅读量（次）
1	河北	1142	83863	405575536
2	山东	1863	170478	380209813
3	黑龙江	1197	102864	319069738
4	四川	1560	114615	295405539
5	陕西	1105	123753	291820463
6	江苏	1147	90353	290697877
7	江西	1027	51540	233969330
8	广东	1808	94577	190135942
9	广西	1083	78803	165637544
10	浙江	1486	103646	155311518

资料来源：CNNIC：《CNNIC第39次调查报告：政务头条号》，见新浪网（http://tech.sina.com.cn/i/2017-01-22/doc-ifxzuswr9805868.shtml）。

---

① CNNIC：《CNNIC第39次调查报告：政务头条号》，见新浪网（http://tech.sina.com.cn/i/2017-01-22/doc-ifxzuswr9805868.shtml）。

最后，政务微信公众号数量超过 10 万个。根据腾讯发布的《2015 年度全国政务新媒体报告》，截至 2015 年年底，中国政务微信公众号已经超过 10 万个。①

4. 企业媒体蓬勃发展

媒体的主要广告客户是企业，但是，目前企业借助互联网平台打造的官方媒体的影响力越来越大，一方面，它们通过自我营销和传播，节省了投放媒体的广告投放；另一方面，有些企业媒体甚至已经开始承接广告。根据相关报道，2017 年 5 月 20 日，海尔官微（官方微博）宣布正式承接 KOL② 订单，100 万元起投。③ 海尔新媒体团队总共维护了集团的 200 多个微信账号和 160 多个微博账号，被业界戏称为"80 万蓝 V 总教头"。除了海尔媒体之外，其他企业媒体的影响力也很大，粉丝数最高的是支付宝官微，粉丝数超过 1200 万，具体见表 6-13。

表 6-13 企业官微 KOL 指数十佳排行榜

排 位	企 业	粉丝数（个）
1	支付宝	12528760
2	海尔	850232
3	杜蕾斯	2215173
4	华为终端	11968350
5	比亚迪汽车	1317851
6	百度	2033987
7	滴滴出行	2435302
8	大疆	801618
9	饿了么网上订餐	1257159
10	格力电器	263720

资料来源：根据新浪微博资料整理。

说明：微博粉丝数为 2017 年 8 月 22 日的数据。

---

① 黄巧：《中国政务微信公众号数量已经突破 10 万》，见南方网（http://it.southcn.com/9/2016-01/19/content_141029594.htm）。

② 关键意见领袖（Key Opinion Leader，简称 KOL）是营销学上的概念，通常被定义为：拥有更多、更准确的产品信息，且为相关群体所接受或信任，并对该群体的购买行为有较大影响力的人。

③ 陈薪其：《海尔官微接广告，底价 100 万！浑身上下都是广告位?》，见广告买卖网（http://www.admaimai.com/news/ad201705252-ad133781.html）。

第七章　国外传统媒体转型实践分析

国外发达国家尤其是美国的传统媒体的收入最早出现断崖式下滑，也最早开始转型。近些年来，它们主要的转型实践体现为《纽约时报》的"付费墙"、CNN①的"中央厨房"、《华盛顿邮报》的倒融合、时代华纳的被AT&T（美国电话电报公司）收购、经济学人集团②和RELX集团③的知识服务商转型等。

一、国外传统媒体转型的主要实践

（一）《纽约时报》的"付费墙"④

美国的"付费墙"模式肇始于《华尔街日报》网站，独特的内容一直是其收费并盈利的核心。其他美国主流大报网站普遍采取以免费的内容来吸引用户，进而通过浏览量来实现商业价值的变现，但是效果普遍不好，此后开始逐步转向"付费墙"模式。虽然"付费墙"模式最早开始于《华尔街日报》网站，但是最有代表性的是《纽约时报》。

---

① 美国有线电视新闻网（Cable News Network，CNN）由特纳广播公司（TBS）特德·特纳于1980年6月创办，通过卫星向有线电视网和卫星电视用户提供全天候的新闻节目，总部设在美国佐治亚州的亚特兰大。

② 经济学人集团是《经济学人》周刊的母公司。经济学人集团旗下包括三大主要业务部门：《经济学人》发行业务、经济学人媒体事业部和经济学人智库。作为一家全方位的媒体集团，经济学人集团通过杂志、网络、论坛和调研报告，深入剖析和预测未来科技业、能源业、金融业和政商界的新环境、新趋势。

③ RELX集团（RELX Group），原称里德·爱思唯尔集团（Reed Elsevier），成立于1993年，由英国的里德国际公司（Reed International PLC）和荷兰的爱思唯尔公司（Elsevier NV）合并组成，并投资设立了"里德·爱思唯尔出版集团"（Reed Elsevier Group PLC）和"爱思唯尔·里德金融集团"（Elsevier Reed Finance BV）两家公司。

④ "付费墙"是指传统媒体为了应对快速衰落的危机，通过对在线内容实行付费阅读而为在线内容设立的门槛。

1.《纽约时报》"付费墙"的主要情况

（1）起始于"时代精选"网站。《纽约时报》的"付费墙"实验始于其在 2005 年 9 月推出的"时报精选"网站，网站的核心内容是《纽约时报》的 14 名资深专栏作家和该报从社会上聘用的 8 名专家每星期撰写的专栏文章。收费模式却导致该网站的访问量大幅度下降，希望借助于网站广告实现商业价值变现的《纽约时报》，在 3 年后不得不暂停了对网站大部分内容的收费。而随后的实践证明，相比于商业网站，传统媒体网站的免费战略依然难以获取足够多的用户，广告收入也很有限，《纽约时报》于 2011 年 3 月在其网站上重启"付费墙"。

（2）付费模式及所产生的利益。《纽约时报》的"付费墙"主要采取两种模式：一是计量付费。不同于《泰晤士报》的"水泥墙"模式[①]，《纽约时报》的"付费墙"采取的是"篱笆墙"模式，该模式是一种收费与免费相结合的"篱笆墙"，并不是将用户与内容完全隔离。"篱笆墙"运营采取的是"设限免费"方式，即《纽约时报》的网站内容在一定数量之内始终是免费的，超过这个限度才收费，《纽约时报》自称其为"计数器"。具体说来，《纽约时报》最初规定读者每个月只能免费阅读 20 篇文章，后来又改为读者每个月只能免费阅读 10 篇文章。但是，为了不影响其传播力，《纽约时报》特别规定，通过 Facebook、Twitter 等社交网站链接到《纽约时报》网站并不收费，在一定限量内还可以通过搜索引擎免费链接到《纽约时报》网站。二是捆绑订阅。即只要订阅《纽约时报》星期天版的用户就可以看到报纸的所有数字内容，同时只订阅网站内容的用户会被赠阅每周星期天的纸质报纸。

（3）"付费墙"的 5P 策略[②]。"付费墙"的设计要考虑 5 个方面的因素，即客户、产品、呈现、价格、促销。一是在客户方面，《纽约时报》使用数字注册方式，挖掘客户的阅读需要，洞察客户的阅读体验，建立用户数据库，获得完整的读者资料，为目标市场提供精准对位产品及其信息服务；二是提供有价值的产品是实现收费的关键；三是采用融合型渠道实现产品的呈现，使《纽约时报》实现了产品与用户的有效连接；四是合适的价格是《纽约时报》获得规模经济利益的核心；五是促销也是《纽约时报》"付费墙"的成功条件之一。

（4）"付费墙"在美国报业大行其道。得益于《纽约时报》的示范效应，2012 年，美国已有 25% 的报纸借鉴《纽约时报》的经验建立了某种形式的"付

[①] "水泥墙"是指读者不注册不付钱就无法看到网站的内容，《华尔街日报》《金融时报》等财经类报纸多采取这种模式。

[②] 所谓"5P"，是指客户、产品、呈现、价格和促销的英文拼写的第一个字母都是 P，所以简称 5P。

费墙",566家报纸与专业公司"Press+"签订了"付费墙"建设合同,其中400家已经建立"付费墙";美国最大的报业集团甘耐特公司于2012年将其下属的82家地方性报纸(不包括全美发行量最大的《今日美国》)建立起"付费墙"。①

2. 对《纽约时报》"付费墙"的评价

(1)《纽约时报》"付费墙"用户大幅度增加仍然难以抑制其总收入下滑。截至2016年7月30日,《纽约时报》"付费墙"的用户超过了100万。② 虽然《纽约时报》网站的付费用户达到了一定的规模,但是其整体营收仍然因为印刷版订户的减少而下滑。根据《纽约时报》的财报显示,在2011年到2016年间,其数字业务营收(来自数字订阅用户和数字广告)翻了一番,达到4.42亿美元,其中来自纯数字订阅用户的收入增长了418%,达到2.33亿美元③;但是,由于其纸质广告和纸质版订阅在2016年的总收入为15.55亿美元,其整体营收同比下滑了0.24亿美元,更是远远低于2006年的20.77亿美元的高点。④

(2)"付费墙"仍存在着突出问题。首先,"付费墙"制约着其用户数量的快速增加。由于传统媒体的互联网用户数量本身就不多,而"付费墙"的设立又进一步限制了其用户数量的扩展。其次,传统媒体内容生产成本高企,通过"付费墙"而收取的费用不足以支撑传统媒体的正常运作。最后,虽然《纽约时报》的"付费墙"取得了一定的成功,但除了《纽约时报》《华盛顿邮报》《金融时报》之外,能够获取较多付费收入的报纸并不多。

(3)《纽约时报》的"付费墙"模式也难以在我国复制。首先,《纽约时报》旗下内容丰富,而我国任何一家报业集团都不具备这样丰富的内容资源。其次,西方发达国家付费用户相对成熟。美国等发达国家的用户愿意为优质的内容和信息付费,而我国用户已经长期形成了免费阅读的习惯,这种习惯难以在短期内改变。最后,我国的版权保护力度相对较弱。美国等发达国家的版权保护力度很强,而国内民众的版权保护意识还比较淡薄,且我国报业集团的规模、实力相

---

① 范东升:《"付费墙"究竟是怎么一回事?》,见腾讯网财经频道(http://finance.qq.com/a/20130222/004934_all.htm)。

② 《微信公众号付费阅读,翻开新篇章?》,见东方头条网(http://mini.eastday.com/a/160809105844536-3.html)。

③ Recode中文站:《〈纽约时报〉数字业务收入在过去六年翻了一番》,见腾讯网科技频道(http://tech.qq.com/a/20170509/022843.htm)。

④ Kewell.《〈纽约时报〉收入结构大调整:"用户变现"才是王道》,见网易(http://dy.163.com/v2/article/detail/CDQEPJD105118VJ5.html)。

对较弱,也难以有效进行版权保护。

(二) CNN 的"中央厨房"①

从 2013 年开始,美国主流电视媒体机构开始进行结构调整与改革,NBC、ABC、CBS、CNN、FOX 等美国最具影响力的五大商业电视网均成立或改组了其数字机构,而最为成功的是 CNN 以"中央厨房"为核心的新媒体转型。自 2013 年 Jeff Zucker 担任 CNN 全球总裁之后,全面实施"移动先行,数字第一"的新媒体发展战略并取得显著成效。截至 2016 年,CNN 新媒体在美国市场单月表现稳居 6 个第一:多平台独立访问量第一,多平台总浏览量第一,各平台访问时长总量第一,视频播放次数第一,视频播放时间第一,社交媒体总量第一。②

1. CNN"中央厨房"的主要做法

首先,新媒体编辑部与电视编辑部充分融合。一是 CNN 对其采编流程进行了彻底的重构和优化;二是新媒体部与电视部门共享负责记者调遣的主编室、负责资料素材的媒资部等机构的公共服务;三是新媒体编辑部每日早上参加全平台编辑会议,提出相关需求,也为其他部门提供相关新媒体服务。通过上述三方面的措施,新媒体编辑部与其电视编辑部充分融合,有效地实现了资源的有效配置和共享。

其次,新媒体部门主要划分为三个部门:数字新闻采集节目部、数字新闻编辑部、数字产品部。其中,数字新闻采集节目部又划分为策划组、跨平台协调组、新闻推送组、社交组、新闻邮件组、热门趋势组、搜索引擎优化组、数据分析组;数字新闻编辑部又分为视觉制作组、图片新闻组、评论组、互动新闻制作组、数字可视化组、视频组、长期项目组及 CNN 政治新闻、CNN 财经、CNN 国内新闻、CNN 国际新闻、CNN 科技、CNN 健康等组;数字产品部负责包含移动端、网页及移动优化、通信、可穿戴设备、直播流、音频互动、OTT TV③、最新科技等多种产品和技术的开发。

最后,彻底融合原来的广播、电视和网络新闻中心为统一的融媒体新闻编辑部,具体表现为"全媒体总编辑会议",见图 7-1。

---

① 杜毓斌:《中美主流新闻媒体"中央厨房"比较分析与反思》,载《南方电视学刊》2017 年第 1 期。
② 杜毓斌:《中美主流新闻媒体"中央厨房"比较分析与反思》,载《南方电视学刊》2017 年第 1 期。
③ OTT TV 是 "over the top TV" 的缩写,是指基于开放互联网的视频服务,强调服务与物理网络的无关性,终端可以是电视机、电脑、机顶盒、iPad、智能手机等。

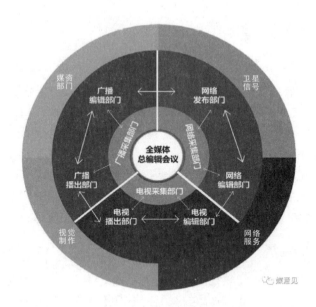

图 7-1 CNN 全媒体总编辑会议

资料来源：杜毓斌：《中美主流新闻媒体"中央厨房"比较分析与反思》，载《南方电视学刊》2017年第1期。

全媒体总编辑会议的具体运作如下：

一是该会议作为整个跨平台新闻编辑部的中枢，由全平台总编辑召集主持，各平台值班总编辑参会，在会上根据各平台的策划和需求，统一调配全平台采集部门力量，分配各平台任务，然后分别由各平台采集部门负责执行。

二是广播、电视、网络编辑部由全媒体总编辑会议辐射分为三个大编辑部，采集部门紧密对接总编辑会，执行采集任务；编辑部门进行基础编辑；播发部门进行各种终端的最后发布和播出。其周边是为全平台提供公共服务的媒资部门、卫星信号、网络服务、视觉制作、演播导控室等职能部门。

三是三大平台编辑部负责将自己部门所编辑的内容整合起来，如广播、电视根据各自形态进行编排、包装，进行具有各自特色的版面设计；而网络部门则要根据其实时性、互动性、非线性进行突发新闻推送、与受众互动及多形态内容版面设计。

四是三个编辑部之间可通过共享工作平台看到彼此制作的通稿内容，随时信息共享。

五是三个编辑部都有各自的技术支持部门，根据各自的传播和制作的软硬件特点进行有针对性的技术支持。

2. 对 CNN "中央厨房"的评价

首先，CNN 在建立"中央厨房"时，对采编流程进行了彻底的重构和优化，打通和融合了传统媒体和新媒体，实现了"中央厨房"的常态化运作，大幅度地提升了采编效率和采编能力。

其次，虽然 CNN 的"中央厨房"实现了常态化运行，值得我国绝大多数的传统媒体学习和借鉴，但是它仍然未能解决传统媒体用户沉淀和重建用户连接的难题，谈不上基于用户连接之上的商业模式和盈利模式创新，更谈不上媒体的成功转型。

（三）贝索斯收购《华盛顿邮报》的"倒融合"模式[①]

2013 年，有着 100 余年历史的《华盛顿邮报》由于难以为继，其持有者格雷厄姆家族不得不以 2.5 亿美元的价格将其卖给 Amazon（亚马逊）董事会主席兼 CEO 杰夫·贝索斯。此后，贝索斯对《华盛顿邮报》进行了一系列的数字化改革。截至 2015 年 11 月，《华盛顿邮报》网页以 7200 万的独立访问量超过《纽约时报》，仅次于 CNN 的访问量。[②]《华盛顿邮报》的数字化转型取得了初步成功。

1.《华盛顿邮报》的主要做法

（1）从以编辑为中心到以用户为中心。《华盛顿邮报》一向关注读者的阅读兴趣，并长期进行各种读者调查，以保证它的发展符合读者的兴趣。它甚至建立了"用户参与漏斗"模式，区分一般访客、经常登录者和重点用户，针对他们推送不同的信息。为了让用户能够亲临新闻前线，《华盛顿邮报》一直在发展体验式报道。2016 年 5 月，《华盛顿邮报》尝试 AR 技术，通过 3D 新闻还原 2015 年发生在巴尔的摩的监禁和死亡事件。此外，360 度体验式报道和 VR 技术也一直在《华盛顿邮报》的实践范围内。[③] 在《华盛顿邮报》的编辑模式里，编辑可

[①] 徐妙、郭全中：《〈华盛顿邮报〉转型的实践与借鉴》，载《出版参考》2016 年第 15 期。此处的"倒融合"是指以互联网媒体为主导来倒过来融合传统媒体，相对于以传统媒体为主体来融合互联网媒体的"正向融合"，这里称之为"倒融合"。

[②] 萧雨：《看亚马逊 CEO 贝索斯如何成功改造〈华盛顿邮报〉》，见凤凰网（http://tech.ifeng.com/a/20151221/41527083_0.shtml）。

[③] Shan Wang, *In Revamping its Video Strategy, The Washington Post Steers Clear of Imitating TV*. http://www.niemanlab.org/2015/09/in-revamping-its-video-strategy-the-washington-post-steers-clear-of-imitating-tv/.

以随时为读者改变，读者有怎样的新闻取向，编辑就使用怎样的编辑方针，真正将读者放在客户的位置，把内容的生产当作一种服务供应，提供套餐化的个性定制服务。《华盛顿邮报》从一个传统的政治发声器变成一个源头的产品供应商，它的用户自然随之增加。

（2）从全媒体稿件到针对终端属性的报道。《华盛顿邮报》建立了垂直视频播放器，帮助用户把文章一键分享到 Snapchat 等社交媒体，还将视频和技术团队打散，分插到各个编辑部中。仅 2016 年春天，就有 80 个工程师进入编辑部。① 值得一提的是，2015 年 4 月，《华盛顿邮报》成为第一家在 Apple Watch 发布应用的媒体，设置了一种叫作"大故事，小屏幕"的功能，它通过图表的方式在手表的 6 个页面完成一篇报道。这个 APP 还可以提示 10 条实时新闻，但仍然需要连接 iPhone 才能阅读全文。②

（3）从人工采编到智能聚合与推送。传统纸媒采用人工采编的方式制作每一篇报道，而《华盛顿邮报》运用聚合效应，通过聚集多方力量，帮助报纸获得更有价值的发展。《华盛顿邮报》的聚合不是单一的，它呈现为内容聚合、人才聚合、广告聚合、编排聚合四种特点，现在《华盛顿邮报》有约 40% 的文章来自内容整合。③ 虽然贝索斯来到《华盛顿邮报》以后聘用了大量记者，但这还不足以实现《华盛顿邮报》走向全美甚至全球的雄心。《华盛顿邮报》派出的"自由记者"报道虽然缺乏一定的专业性，但是能够提供本地人独特的观察视角或者内行人的专业基础知识和理解力，大大增强了报道的可读性。同时，这也节约了记者的出行成本与时间，可以将记者安排到更专业和更为官方的采访场所。

（4）从速度优先到偏好优先。根据 2016 年 6 月尼曼实验室的数据称，《华盛顿邮报》700 余名员工的日报道量是 500 篇，而《纽约时报》1300 余名员工的日报道量仅为 230 篇。④ 但是，这并不意味着《华盛顿邮报》的发展中心在于速度，《华盛顿邮报》的推送速度是有着优先级的，点击"突发新闻信"阅读的读者会在下一次推送时优先收到新闻信；而点击免费阅读文章的读者，《华盛顿邮

---

① 全媒派：《〈华盛顿邮报〉转型资讯短视频战略》，见腾讯网（http：//news.qq.com/original/quanmeipai/duanshipin.html）。

② 那福忠：《〈华盛顿邮报〉的数字创新》，载《今日印刷》2015 年第 10 期。

③ 全媒派：《〈华盛顿邮报〉转型资讯短视频战略》，见腾讯网（http：//news.qq.com/original/quanmeipai/duanshipin.html）。

④ Laura Hazard Owen. *A Few Figures and Facts about The Washington Post's Digital Transition under Jeff Bezos*. http：//www.niemanlab.org/2016/06/a–few–figures–and–facts–about–the–washington–posts–digital–transition–under–jeff–bezos/.

报》则会要求他输入邮箱地址并免费订阅它的新闻信。① 偏好优先不仅体现在速度和关注度上，在语言方面也是如此。为了让国际读者更方便阅读文章，《华盛顿邮报》甚至提供了多语写作的报道，读者可以在各个语种间自由切换。用户偏好设置本是科技产品的一种思维模式，贝索斯把它引入《华盛顿邮报》的生产过程，产生直接的盈利效果。例如，《华盛顿邮报》可以通过追踪、区分读者的忠诚度和爱好领域，在广告分发上定向投放，广告商对《华盛顿邮报》的投资就可能进一步加大。

（5）从独立经营到捆绑分发。在报网融合的时代，独家不再是吸引读者的最佳方式，反而会限制文章的阅读量。为了扩大阅读面，媒体应当与相关传媒领域进行合作，打通传播的关卡，而不是封锁信息、故步自封。早在1998年，《华盛顿邮报》和论坛集团、甘耐特集团就共同组建了一个垂直分类广告网站Classified Ventures，其中的汽车网站 Cars. com 和职业网站 Career Builder. com 十分成功②，虽然后来这些网站脱离了《华盛顿邮报》的管理，但是仍然在其网页上占有一席之地。2014年3月，《华盛顿邮报》为扩大订阅量，与地方媒体实施合作伙伴项目，共享报道内容。如果读者订购《华盛顿邮报》的网络版，就可以同时获得其余几家地方报纸的网络版浏览权。在《华盛顿邮报》与《星论坛报》合作的5天之内，就有7000个订户签署了免费访问《华盛顿邮报》数字内容的协议。③ 2014年9月，日本的《读卖新闻》也加入了合作伙伴的行列。2015年4月7日，《华盛顿邮报》的全球合作伙伴报纸超过250家。④

除了与传统媒体合作，《华盛顿邮报》还加强了与科技公司的合作。它与谷歌合作开发"优秀Web应用程序"，把页面加载速度从4秒减少到80毫秒；⑤ 与

---

① Joseph Lichterman. *The Washington Post is Testing out a Few New Hurdles for Non‑paying Online Readers*. http：//www. niemanlab. org/2016/06/the‑washington‑post‑is‑testing‑out‑a‑few‑new‑hurdles‑for‑non‑paying‑online‑readers/.

② 杰罗姆：《美国六大传媒巨头的分拆与解体》，见百度网（http：//jerome. baijia. baidu. com/article/102877）。

③ 张宸：《亚马逊总裁贝索斯如何重振〈华盛顿邮报〉？——解析"合作伙伴项目"》，载《中国记者》2015 年第 6 期。

④ 德外独家：《〈华盛顿邮报〉："贝佐斯时代"的生存法则》，见今日头条网站（http：//toutiao. com/i6287856306556502530/）。

⑤ Laura Hazard Owen. *A Few Figures and Facts about The Washington Post's Digital Transition under Jeff Bezos*. http：//www. niemanlab. org/2016/06/a‑few‑figures‑and‑facts‑about‑the‑washington‑posts‑digital‑transition‑under‑jeff‑bezos/.

Facebook 合作,开发即时文章阅读器①;与 Amazon Kindle 融合,建立"彩虹计划";与 Apple News 合作,开设选举报道栏目 Election Essentials。② 此外,《华盛顿邮报》还和 Spotify 合作开发流媒体音乐,和 Amazon Prime 合作电子商务等。③

(6) 通过众包生产大量的专栏报道与评论。《华盛顿邮报》的网页版本身有 62 个可供单独订阅的分类新闻栏目④,此外还有一个由外部撰稿人集成的"PostEverything"计划,效仿《赫芬顿邮报》,它将内容生产众包给多个互联网博客组,为《华盛顿邮报》提供专栏报道与评论,具体见表 7-1。

表 7-1 《华盛顿邮报》博客栏目组与报道内容

博客栏目	报道内容
Morning Mix	聚集其他媒体出版的国内新闻
World Views	聚集其他媒体出版的国外新闻
Wonkblog	解读新闻与政策背景
Erik Wemple's blog	政治评论专栏
PowerPost	深度政治新闻挖掘
The Volokh Conspiracy	报道法律相关问题
Monkey Cage	关注政治科学的研究

资料来源:Dan Kennedy. *The Bezos Effect:How Amazon's Founder Is Reinventing The Washington Post – and What Lessons It Might Hold for the Beleaguered Newspaper Business.* http://shorensteincenter.org/bezos-effect-washington-post/.

(7)《华盛顿邮报》最具独创性的一点是开发并使用了 SaaS 内容管理平台 Arc,它在 2012 年开始被开发,集成了大中型的出版商所需的 15 种关联服务,覆盖视频、应用程序、个性化、数据分析等各种模块。⑤ Arc 帮助《华盛顿邮报》实现技术手段的智能报道,简化人力和财力,比此前各媒体惯用的 CMS⑥ 编辑系

---

① Laura Hazard Owen. "*Why Not be All the Way in?*" *How Publishers are Using Facebook Instant Articles.* http://www.niemanlab.org/2015/11/why-not-be-all-the-way-in-how-publishers-are-using-facebook-instant-articles/? Relatedstory.
② 德外独家:《〈华盛顿邮报〉:"贝佐斯时代"的生存法则》,见今日头条网站(http://toutiao.com/i6287856306556502530/)。
③ 张宸:《亚马逊总裁贝索斯如何重振〈华盛顿邮报〉?——解析"合作伙伴项目"》,载《中国记者》2015 年第 6 期。
④ 尚志伟:《〈华盛顿邮报〉转型之路及对中国报业的启发》,载《新媒体研究》2016 年第 11 期。
⑤ 那福忠:《〈华盛顿邮报〉的数字创新》,载《今日印刷》2015 年第 10 期。
⑥ CMS 是 content management system 的缩写,意为"内容管理系统"。

统要便捷很多。除了供应内部使用以外，《华盛顿邮报》还将 Arc 有偿出售给其他新闻机构，实现技术共享。与此同时，它也对技术服务和内容聚合服务等多个项目收费。目前，《华盛顿邮报》已经将它授权给《加拿大环球报》《加拿大邮报》以及政治新闻网站 Willamatte Week 等其他出版商。《华盛顿邮报》认为，它可以最终产生 1 亿美元一年的业务。《华盛顿邮报》善于利用各种报道工具与组件，许多工具都被集成在 Arc 平台里，下面是《华盛顿邮报》常用的一些报道工具，具体见表 7-2。

表 7-2 《华盛顿邮报》的报道工具与功能特性

报道工具	功能特性
Bandito	A/B 测试，测算读者的阅读偏好，推送不同的编辑版本
Loxodo	大屏实时流量统计，对比各媒体推送的新闻质量与速度
Websked	调度与跟踪新闻进展，Martybot 提供截稿时间提醒
Messenger Bot	聊天机器人，用于 Kik①，根据定位提供选举、天气信息
ComScore	在第三方软件上进行用户分析和数据追踪
Pop-up	时事通讯窗口，根据偏好推荐时事新闻
Quiz	给用户提供的猜年龄、猜谁说了那些话等新闻测试
née Knowledge Map	知识地图，重建解释性片段
BreakFast	突发新闻的邮件跟踪、事件识别和推送计时排名
Feature Bookmark	插入特稿书签，在任意浏览器登录都可以回到书签位置
Re-Engage	超过一段时间内页面未活动，即推出"推荐框"
FlexPlay	加速数字视频广告载入
Vox's Card Stacks	嵌入式卡片组，提供新闻细节的补充材料
Circa's Atomized Stories	Circa APP 提供的原子化新闻报道，拆解新闻内容
Pay Up	Slack 群组，讨论男女职场的不平等问题
Clavis	个性化新闻定制，关键字匹配用户可能会喜欢的内容
Bingo Game	Bingo 格子竞猜游戏
Ballots	不记名投票工具
Brackets	支架游戏，通过多轮投票选出冠军

① Kik 即手机通信录的社交软件，可基于本地通讯录直接建立与联系人的连接，并在此基础上实现免费短信聊天、来电大头贴、个人状态同步等功能。简单的说，Kik 就是一款可以与手机中同样安装了 kik 的好友免费发消息的跨平台的应用软件。

资料来源：① Dan Kennedy. The Bezos Effect：How Amazon's Founder Is Reinventing The Washington Post – and What Lessons It Might Hold for the Beleaguered Newspaper Business. http：//shorensteincenter.org/bezos – effect – washington – post/. ②Niemanlab. Mobile&APPs. http：//www.niemanlab.org/.

可以看出，《华盛顿邮报》大量报道工具的功能都是为了减少重复工作，并增加用户参与度。当《华盛顿邮报》想要开发一款技术时，技术人员和内部编辑人员会预估自己是否有开发的能力，如果没有独立完成的能力，则会将其外包给其他科技公司制作。

2. 对《华盛顿邮报》"倒融合"的评价

首先，该模式能够补全传统媒体的"技术基因"。互联网新技术的缺乏是传统媒体转型的最大短板和制约，贝索斯作为世界级科技公司亚马逊公司的老板，通过收购和整合《华盛顿邮报》能够有效地给其补齐技术短板甚至帮助《华盛顿邮报》从媒体基因转化为技术基因。

其次，《华盛顿邮报》作为真正的市场主体，更容易进行改造和重组。相比于我国国有性质的传统媒体，《华盛顿邮报》的管理层、组织结构、采编流程的改革和调整等更容易实施。这种"倒融合"思路在我国实施起来还有很大的难度和制约。

最后，《华盛顿邮报》目前取得了一定的成功，但是，离彻底成功转型还有很长的路要走。

（四）AT&T 收购时代华纳——通信业和传媒业跨界整合模式

美国电信巨头 AT&T 发布公告声称将以每股 107.5 美元的价格、总额 854 亿美元的现金加股票的方式收购媒体巨头时代华纳①，一旦获得美国监管机构批准，即成为 2016 年的全球最大并购案。

1. 并购是 AT&T 避免管道化的主动出击

前几十年，得益于全球信息化的巨大商机，电信运营商获得了突飞猛进的发展，但是近几年来，由于用户数量日趋饱和、资费水平下降以及互联网公司的快速崛起，电信运营商的日子并不好过，不仅业务增速很低而且门外的"野蛮人"不断进入自身地盘，例如，谷歌在美国推出"光纤计划"，苹果公司在智能手机领域不断蚕食电信运营商对 SIM 卡的控制权。然而，尽管全球运营商都曾经努力

---

① 《美国 AT&T 收购时代华纳的启示》，见凤凰网（http：//finance.ifeng.com/a/20161025/14960348_0.shtml）。

进军互联网业务，但根本撼动不了以谷歌、Facebook、腾讯为代表的互联网公司构筑的铜墙铁壁。

尤其是随着互联网的快速发展，电信业和内容产业之间的界限快速被打破，涵盖通信、内容等多个领域的生态系统成为主流，这也预示着我们已经告别由电信运营商主导的电信时代而进入由互联网巨头主导的后电信时代。在这种背景下，电信运营商就面临着巨大的风险，一方面，由于互联网公司OTT业务的迅猛增长而导致自身增值业务增长乏力面临沦为通信管道的危险；另一方面，亟须从之前以话费收入为主的盈利模式向以流量收入为主的盈利模式转型，但是，由于缺乏足够的IP资源而导致转型步履维艰。

解决办法显而易见，就是通过并购布局IP业务，从简单的"管道服务商"转型为信息服务商。在此之前，AT&T的竞争对手Verizon就斥巨资先后收购了AOL（美国在线）和雅虎的核心门户业务和搜索引擎业务①；AT&T也以490亿美元收购了Direc TV在家庭电视服务市场获得了显著的市场份额②，并在2014年与Chernin Group联手成立合资公司，投资媒体业务并开始提供互联网流视频服务。对于AT&T来说，时代华纳无疑是一个不错的标的。时代华纳作为一家全球性媒体巨头，其事业版图横跨出版、电影与电视产业，其旗下拥有HBO、华纳兄弟、CNN、TNT、TBS等知名电视频道，以及《时代》杂志、《体育画报》、《财富》杂志、《生活》杂志、DC漫画公司等具有全球影响力的媒体。而这次并购，AT&T将把时代华纳的绝大部分资源纳入麾下。

AT&T并购时代华纳的益处显而易见，一是在用户方面，不仅拥有了大量的家庭电视用户，还增加了大量的移动通信和宽带用户，而对于时代华纳来说则可以利用自身的优质内容为更多的用户服务，这对于双方来说都能够更好地发挥协同效应；二是通过为用户提供更多、更优质的内容来提升用户体验；三是可以拓展更多的创收渠道，并有可能在互联网媒体领域取得更大的收获；四是可以利用旗下多业务部门的优势，来为用户提供更加多样化的交叉推广业务。

2. 对AT&T收购时代华纳的评价

首先，在技术驱动的当下，以技术能力更为突出的通信公司来倒过来整合传统媒体是一条更容易实现的路径。

其次，前景仍有诸多不确定性。要真正取得成功，它还需要迈过用户体验

---

① 《美国运营商打起了传媒的主意，斥巨资买未来》，见腾讯网科技频道（http：//tech.qq.com/a/20161023/002438.htm）。

② 财华社香港新闻中心：《AT&T同意以490亿美元收购Direc TV》，见腾讯网财经频道（http：//finance.qq.com/a/20140519/048013.htm）。

关、用户流失关、技术关和财务关四大关口。

最后,至于对我国电信业和传媒业的启示,因为相关主管部门对意识形态属性较强的传媒业采取的是严格管控的方式,这种通信业倒过来收购整体传媒业的模式在短期内还难以在我国实现。

(五) 经济学人集团——向信息服务商转型

《经济学人》由詹姆士·威尔逊于1843年9月创办,经过174年的发展,现已演变为经济学人集团①。旗下拥有多种系列刊物、经济学人智库(EIU)、咨询机构(CQ Roll Call)、国际网络联盟(Idea People)、公共关系服务(TVC)、医疗健康解决方案等,拥有超过100名专职分析师和650多名分布在世界各地的兼职分析人员,是个不折不扣的跨媒体的国际传媒出版集团。2014年,经济学人集团拥有160万订户,年营业收入约为3亿英镑(其中70%是订阅收入,30%来自广告和赞助),利润为6700万英镑;2015年上半年,其净利润为3800万英镑,高于2014年同期的2900万英镑②。

1. 经济学人集团转型的主要做法

(1)《经济学人》围绕主业打造多元化产品链,走集团化发展之路。首先,做横向品牌延伸,创办"经济学人"品牌系列产品,包括《经济学人》杂志、《经济学人》在线、经济学人信息部、经济学人会议部、经济学人企业网络、经济学人教育、《全球展望》和《睿智生活》杂志等;推出针对美国国会的"CQ表决时间"(CQ Roll Call)产品和针对欧洲议会的"欧洲之声"政府品牌系列和"思想家"品牌系列。其次,进行纵向品牌延伸,推出梯次信息分类产品,包括定制类的研究、非定制的电子报告与数据库及高端活动会议等三类。

(2) 坚持传播独特的内容,在保持原有风格、理念不变的前提下,试水新媒体。本世纪之初,《经济学人》的全年收入为1.42亿英镑,其中纸质广告为9300万英镑,占比65%。为了应对互联网媒体的冲击,2011年,经济学人集团

---

① 在2015年之前,经济学人集团50%的股权由培生集团旗下的金融时报集团持有,2015年培生集团把其旗下的金融时报集团以8.44亿英镑的价格卖给日本经济新闻社,此后又以4.69亿英镑的价格出手了其所持有的经济学人集团的50%的股权,由《经济学人》的现有股东或集团本身接手。其中,原持股4.7%的意大利阿涅利家族以2.275亿英镑购入28%的普通股(630万股),以及作价5950万英镑购入培生所持有的所有B类股(126万股)。而其他由培生集团持有的504万普通股(占股本20%)则由经济学人集团收回,作价1.82亿英镑。

② 康路:《全球最赚钱媒体也卖了,原股东50亿接盘〈经济学人〉》,见腾讯网财经频道(http://finance.qq.com/original/zibenlun/economist.html)。

在安卓智能手机、Barnes & Noble①的 Nook、亚马逊的 Fire 移动设备上均推出了相应的客户端,并在平板电脑上推出了可以"听"的移动杂志;2012 年,经济学人集团收购了数字媒体和公共关系公司 TVC。总部位于伦敦的 TVC 集团是一家知名营销传播机构,专注提供内容驱动式公关和创意服务;2014 年 11 月,《经济学人》推出每个工作日早餐前推送的新移动应用软件 Espresso(意为"浓缩咖啡"),打破了《经济学人》之前的应用每周更新的传统,努力给读者一种比新闻更超前的感觉,告诉读者什么将会发生以及应该怎样去思考。目前,Espresso App 下载量超过 80 万次,《经济学人》有 15 万数字版订户,60 万读者每周使用移动客户端阅读该刊,其流量的 17% 来自移动终端。2014 年,《经济学人》的纸质广告收入为 4700 万英镑,是本世纪初的一半左右,但总收入达到 1.69 亿英镑,纸质版广告只占总收入的 28%②。

2. 对经济学人集团转型的评价

(1)经济学人集团提供金融信息,更容易转型为信息服务商。金融信息不同于一般的新闻信息,由于它能够给用户带来直接的商业价值,需求更为刚性,传统媒体向互联网媒体的平移自然更为顺畅。

(2)经济学人集团开拓的是国际化市场且产品更为丰富。不同于我国传统媒体主要布局在国内市场,经济学人集团一开始就在全世界进行布局,而且提供了优质、丰富的智库产品。而囿于能力制约,我国传统媒体尚难以提供优质的智库产品。

(六)RELX 集团向知识服务商的转型

RELX 集团原名励德·爱思唯尔,1993 年由英国励德国际公司和荷兰的爱思唯尔公司合并而来,2002 年,两家公司分别更名为 Reed Elsevier PLC 和 Reed Elsevier NV。前者于伦敦证券交易所上市,持有集团 52.9% 的股份,后者于阿姆斯特丹证券交易所上市,持有集团 47.1% 的股份。2015 年,励德·爱思唯尔更名为 RELX 集团,并通过合并资产首次将其英国和荷兰的两个母公司合并为一个集团实体。RELX 集团被公认为是全球最大的科学与医药信息出版商,目前集团业务包括四大部分:一是科技医学信息出版商爱思唯尔,二是为银行、政府、保险公司等提供风险管理信息的风险评估工具提供商,三是法律/在线法律信息提供商,四是伦敦书展、美国书展等大型书展的主办者策展公司。这四大分部在全

---

① 巴诺书店(Barnes & Noble)已有整整 130 多年的历史,1873 年由查乐斯·巴恩斯创办于伊利诺伊的家中。1986 年 12 月在特拉华州成立有限责任公司。

② 康路:《全球最赚钱媒体也卖了,原股东 50 亿接盘〈经济学人〉》,见腾讯网财经频道(http://finance.qq.com/original/zibenlun/economist.html)。

球同领域内均处于领先地位。目前,RELX 集团的市值超过 230 亿美元,2015 年的营收达到 58 亿英镑,与全球 180 多个国家有业务往来,其中北美市场占公司收入的 50%,欧洲市场占 29%,其余全球市场则占 21%。其旗下爱思唯尔年度销售额为 20 亿英镑,在 36 个国家设立了办公室;每年出版超过 2000 种期刊,包括《柳叶刀》和《细胞》等世界著名期刊,还出版近 2 万种图书,包括 Mosby、Saunders 等著名出版品牌的参考工具书;在集团 3 万名员工中有 8000 多人是专业技术人员,占到员工总数的 27%。[①]

1. RELX 集团转型的主要做法

(1) 积极推进向数字出版的转型。RELX 集团作为出版商在过去 10 年经历了从纸质出版到数字出版的有效转型。从 2000 年到 2013 年,RELX 集团纸质出版的收入占比从 64% 减少到 19%,而数字出版的收入从 22% 增长到 66%[②],如果不算策展这块不直接与出版挂钩的收入份额,集团数字出版收入已占到总收入的 80% 以上。RELX 集团的数字出版产品正以每年 5%~6% 的速度增长。根据美国第三方调查机构 Paid Content 在全球跨行业进行的调查显示,RELX 集团已经成为全球第四大数字付费内容提供商,仅次于谷歌、中国移动和彭博资讯。[③]

(2) RELX 集团秉持"信息服务为王"理念,高度重视内容、技术、合作伙伴和政府政策的协同作用。RELX 集团认为内容、技术、合作伙伴、政府政策是专业出版媒体实现快速转型的 4 个关键要素,专业出版媒体的未来是利用自己掌握的海量数据、高质量内容和先进的大数据技术,开发"数字决策工具",帮助客户解决工作中至关重要的问题。[④] 换句话说,就是整合公司的优质内容,将这些内容数字化,然后通过技术进行分析,为专业人士提供解决方案和重要见解。经过若干年的努力,RELX 集团已经开发出了多款成熟的数字决策工具。例如,科研绩效评价与决策工具 SciVal,整合了科研论文、引用信息、专利和其他独特内容,并采用公司内部开发的大数据技术 HPCC(高性能计算集成),对科研机构的绩效进行分析,并为学术机构的领导人提供决策服务。又如,RELX 集团开发的

[①] 骆双丽:《爱思威尔 CEO——保持世界第一,我们做对了什么?》,见百道网(http://www.bookdao.com/article/128209/)。

[②] 白可珊:《在 2014 年北京国际出版论坛上的讲话》,见《中国出版传媒商报》官方网站(http://www.cnepaper.com/zgtssb/html/2014-08/26/content_6_2.htm)。

[③] 雷萌:《励德·爱思唯尔数字化转型后的取胜诀窍》,见中国新闻出版网(http://www.chinaxwcb.com/2014-12/01/content_307237.htm)。

[④] 白可珊:《在 2014 年北京国际出版论坛上的讲话》,见《中国出版传媒商报》官方网站(http://www.cnepaper.com/zgtssb/html/2014-08/26/content_6_2.htm)。

LexisAdvance 能够使用大数据技术进行分析,为律师提供案件胜诉概率、赔偿金额等决策方案。还有一款 ClinicalKey 产品整合了大量的医疗研究和案例数据,通过利用强大的检索技术,快速找到关联的目标信息,为医生提供快速治疗方案。

(3) 有效的管理层激励机制。RELX 集团高管的薪酬体系包括基本年薪、退休福利、其他福利、年度奖励和股权激励等 5 个部分。[①] 一是基本工资,由市场薪酬水平、技能、经验和贡献四方面因素决定。其 CEO Erik Engstrom 2013 年度的基本工资达 1076891 英镑。二是年度奖励计划,主要根据收入、调整后的税后利润、现金流量转化率以及关键绩效目标等四个指标来决定。其 CEO Erik Engstrom 2013 年度的年度奖励为 1149909 英镑。三是股权激励计划,由股东总回报(TSR)、投资资本回报率(ROIC)和每股收益(EPS)三个因素决定。股权激励计划包括高管股票期权计划(ESOS)、红利投资计划(BIP)和长期激励计划(LTIP)。其 CEO Erik Engstrom 2013 年度的股权激励为其年基本工资的 3 倍。

2. 对 RELX 集团的评价与借鉴

(1) RELX 在专业出版领域有极为丰富的资源。在专业出版资源领域处于垄断地位是转型为知识信息服务商的重要基础和前提条件,RELX 集团在医学、法律等领域都处于领先地位,资源极为丰富。而这是我国传媒企业所不具备的,我国传媒业由于"条块分割"的管理体制,导致传统媒体单位和企业呈现分布散、规模小、实力弱的特点,难以有效地转型为知识信息服务商。

(2) RELX 集团有着很强的技术能力。在大数据时代,要成为知识信息服务商,必须有能力建立起该领域的知识图谱,搭建起技术领先的平台来吸引用户并有效地分发知识内容。RELX 的技术人员占比近 30%,而我国传统媒体单位和企业的技术人员少,技术力量极为薄弱。

(3) 建立起了科学的激励约束机制。知识服务行业是个智力密集型的行业,这就需要建立起包含股权激励等长期激励措施的科学激励机制,但是,我国国有传媒单位和企业囿于体制,不仅难以建立起股权等长期激励措施,而且薪酬水平也相差甚远。

二、对我国传统媒体转型的启示

---

① 雷萌:《励德·爱思唯尔数字化转型后的取胜诀窍》,见中国新闻出版网(http://www.chinaxwcb.com/2014-12/01/content_307237.htm)。

（一）我国传媒市场与西方发达国家传媒市场的区别

1. 社会阶层构成存在本质不同

（1）西方发达国家的经济社会发展得相对成熟。以人均 GDP 为例，根据国家统计局数据显示，2015 年，美国的人均 GDP 为 55837 美元，英国的为 43734 美元，日本的为 32477 美元，而我国虽然是世界第二大经济体，但是人均 GDP 仅为 7925 美元，距离世界平均水平的 9996 美元仍有不小的距离。[①]

（2）西方发达国家的社会结构是典型的纺锤形结构，而我国则是畸形的哑铃形结构。西方发达国家的社会阶层以中产阶层为主，而我国则是以农民、农民工等低收入阶层为主。

（3）我国哑铃形社会结构决定了我国传统媒体衰退得更快。传统媒体的衰落自 2008 年从美国报业先开始，之后蔓延到英国、加拿大、德国等发达国家。2012 年我国报业开始出现衰落，但一旦衰落就是断崖式下滑。背后的深层次原因就是我国和西方发达国家的社会阶层构成不同，西方发达国家以中产阶层为主的社会结构使得传统媒体的普及率更高，读者的惯性和路径依赖性更强；而我国的绝大多数低收入人群由于总体文化水平低、消费能力弱，导致传统媒体的整体普及率远远低于西方发达国家，而当互联网尤其是移动互联网出现时，这些低收入人群直接跳过传统媒体阶段而进入互联网尤其是移动互联网阶段，这些低收入阶层对传统媒体的忠诚度很低甚至没有忠诚度，这就决定着我国传统媒体一旦衰落就会形成断崖式衰落。

2. 政府手里掌控的资源不同

西方发达国家是"小政府、大社会"，政府手里的资源相对较少；而我国则是典型的"大政府、小社会"，政府手里掌控了大量的资源。由于西方发达国家政府手中的资源较少，且传媒企业基本上是民营企业，当传统媒体企业衰落时就很难获得政府的扶持和支持；而我国政府手中的资源较多，且传统媒体基本上是国有单位和企业，当传统媒体衰落时就可以获得政府的大力扶持和支持，这也是我国传统媒体相对于西方发达国家传统媒体的重要优势。

[①] 白可珊：《在 2014 年北京国际出版论坛上的讲话》，见中国出版传媒商报官方网站（http://www.cnepaper.com/zgtssb/html/2014-08/26/content_6_2.

3. 传媒企业是否是真正的市场主体

国外的传媒企业无论是传统媒体还是互联网媒体，绝大多数是非国有体制，这就决定着其是真正的市场化主体，对市场变化更为敏感，决策效率也相对较高，管理层的激励约束机制更为科学合理。

而我国的传媒单位和企业，绝大多数是国有体制，虽然很多单位也进行了转企改制，但本质上依然不是真正的市场主体，这就导致其管理层难以真正承担起责任，对市场变化更为迟钝，决策机制不科学。

4. 传媒集团规模、实力不同

西方发达国家的传媒集团基本上是国际化的跨国传媒集团，且多经历了大规模的跨地区、跨行业并购重组，规模大、实力强。例如，时代华纳作为一家全球性媒体巨头，其事业版图横跨出版、电影与电视产业，2016 年，其营业收入为293.18 亿美元，净利润为 39.26 亿美元，总资产为 659.66 亿美元，净资产为243.35 亿美元，净利润率为 13.4%，在 2017 年的世界 500 强排名中位居 371 位。

而反观我国的传统媒体集团，由于受制于"条块分割"的管理体制，处于严重的区域化分割和行业化分割的状态中，不仅不能进行跨行业兼并重组，而且难以进行跨区域并购，更难以进行跨国并购，导致其规模小、实力弱、覆盖范围小。例如，我国规模最大的报业集团上海报业集团，2013 年当解放日报报业集团和文汇新民报业集团合并时，其总资产也不过为 208.71 亿元，而净资产更是只有 76.26 亿元。[①]

综上所述，我国传媒市场和西方发达国家传媒市场存在着重大区别，具体见表 7-3。

表 7-3　西方发达国家与我国传媒市场的区别

	西方发达国家	中国
社会结构	纺锤形	哑铃形
政府资源	少	多
市场主体	真正的市场主体	非真正的市场主体
规模、实力	规模大、实力强	规模小、实力弱

---

① 刘益、杜雨轩、朱颖：《励德·爱思维尔公司的高管薪酬体系》，载《今传媒》2016 年第 10 期。

（二）启示与借鉴

1. 以技术为驱动

在技术快速变革的当下，所有的传统媒体都必须高度重视技术的根本性作用，利用新技术来助推传统媒体的转型。其中最为成功的案例则是《华盛顿邮报》被亚马逊的 CEO 贝索斯收购后，利用大数据和人工智能技术实现了《华盛顿邮报》的新生。

2. 结合自身实际，选择适合自己的转型路径

任何传统媒体单位和企业都有着自身的历史沿革和路径依赖，都有着自身的人才、能力和资源，都有着不同的外部环境条件，这就决定了在转型时必须找到适合自身的路径。正所谓转型没有普适的最佳路径，只有最适合自己的路径。

3. 知识信息服务商在国内还任重道远

目前，经济学人集团、RELX 集团在转型为知识信息服务商时取得了不错的效果，但是，由于我国对知识产权的保护力度还较弱，传统媒体集团的规模小、实力弱、资源少，尤其是在某些专业领域的资源集中度不够，且国际化布局能力不足，这就导致我国传统媒体向知识信息服务商的转型虽然看起来很美，但是当前条件仍然不充足。

第八章 基于生态系统的"互联网+跨界"转型战略

长期以来，传统媒体选择的依然是基于"二次销售"商业模式的"内容+"的转型战略，但是实际效果较差。其根本原因就在于没有构建起科学的转型目标体系，而要真正科学转型，一是要以"自生理论"为指导向互联网转型，二是采取基于生态系统的"互联网+跨界"转型战略，三是构建起"三三"转型具体框架。具体来说，传统媒体的转型战略，就是以现代传播能力建设为核心，以传统媒体的品牌为基础，以多元产业拓展为重点，以彻底的互联网转型为终极目标，采取基于生态系统的"互联网+跨界"转型战略。

一、传统媒体转型战略的目标体系

传统媒体的转型首先要以社会效益为首，同时实现社会效益和经济效益的双丰收，这就决定了传统媒体转型战略必须以现代传播能力建设为核心。

1. 目标：建设实力强大的现代传播能力

目标决定战略。传统媒体代表着旧时代的传播能力，但是，传统媒体的传播能力已经被互联网新技术快速解构，亟须通过转型来构建起适应互联网时代的现代传播能力。现代传播能力体现在如下方面。

首先，拥有黏度高、较大规模的互联网用户，较好地抢占了互联网尤其是移动互联网的舆论主阵地。对于传统媒体来说，一是其互联网用户量很难比得上微信、今日头条、新浪微博等这样拥有数以亿计用户的巨型平台，关键就是要培养用户的黏性；二是不同类型的传统媒体要覆盖不同的用户，全国性的媒体覆盖全国用户，区域媒体要重点深入本区域用户，行业媒体要深耕本行业用户。

其次，拥有自身掌控的移动互联网平台。用户是互联网媒体发展的前提和基础，虽然当前很多传统媒体基本上都建立起了"两微一端"，但是从本质上来说，它们并没有自身能够掌控的移动互联网平台，原因在于其并没有建立起沉淀用户的移动互联网平台，"两微一端"的用户实际上由微信、微博、今日头条这明天个互联网平台掌控。

2. 核心：重建用户连接

现代传播能力的基础是拥有较大规模的用户，但当前传统媒体陷入困境的根源是用户连接失效，表现为只有受众而没有用户，且受众也在大量流失。用户连接失效的直接结果就是传统媒体的商业模式和盈利模式坍塌，经营难以为继。

传统媒体陷入困境的根源是受众大量流失，进而导致其经营收入难以维持自身正常运转，而要构建现代传播能力，就必须重新把与用户已经失效的连接建立起来，进而通过用户的商业价值变现来维持自身的健康发展。

3. 驱动力：技术和内容双驱动

现代传播能力建设的核心是重建用户连接，而这既需要先进的技术工具又需要高质量的优质内容。传统媒体在转型时，必须采取双轮驱动战略，把技术和内容当成驱动力。

4. 观念转变：互联网思维

观念决定思路，思路决定出路。传统媒体转型采取的是畸形的重视内容的思维，导致缺少用户和技术平台，更难以把内容进行有效的商业变现。在互联网时代下，传统媒体转型战略必须秉持互联网思维——用户体验为王，即以用户为中心，以体验为核心。

5. 衡量指标：传播力、用户数、收入

衡量传统媒体转型战略成效的指标既要有衡量社会效益的传播力，又要有衡量经济效益的收入，更要有传播力和收入的基础——用户数。

综上所述，传统媒体转型战略的目标体系见表8-1。

表8-1 传统媒体转型战略目标体系

指　标	具体内容
目标	建设实力强大的现代传播能力
核心	重建用户连接
驱动力	技术和内容双驱动
观念转变	互联网思维
具体指标	传播力、用户数、收入

二、传统媒体的"内容+"转型战略难以成功

当互联网进入中国不久,传统媒体就开始采取各种措施进行战略转型,从最早的 PDF 版本的电子版、报纸网站、报网互动,到全媒体记者、全媒体、客户端等,其本质都是"内容为王"理念下的"内容+"转型战略。为何"内容+"转型战略难以成功?根本原因就在于一直以来秉持的"内容为王"理念。

1. "内容+"转型战略的核心与效果

首先,所谓"内容+"转型战略,就是一味坚持"内容为王"的理念,当新传播渠道出现时,简单地把现有内容搬到新媒介上。这种懒惰的做法也被《赫芬顿邮报》的主编亚丽安娜·赫芬顿称之为"拷贝式"转型,她认为:"中国有些所谓的媒体转型,只是单纯把发表在纸质报刊上的内容复制粘贴到新媒体上,我认为这是一个非常糟糕的做法。"①

其次,"内容+"转型战略效果很差。虽然传统媒体对于"内容+"的转型战略寄予了很大希望,但是从实践成效来看,传统媒体创办的互联网媒体无论是收入还是用户规模都很小,有些甚至亏损较大,更谈不上承担传统媒体彻底转型的重任。具体说来,一是绝大多数传统媒体的互联网业务的用户数和流量与互联网媒体相比都少得可怜,甚至可以忽略不计;二是传统媒体的互联网业务收入不仅绝对额不能和 BAT 这互联网三巨头动辄几百亿元的收入相提并论,而且在现有业务中所占比例也很低。除了凤凰新媒体、人民网、新华网、浙报传媒之外,绝大多数的其他传统媒体的互联网业务所占比例都很低。

2. 准确理解"内容为王"

首先,"内容为王"的内容指什么?从传统媒体的角度来说,内容是指其媒体上刊登的新闻和资讯,这也是绝大多数传统媒体采编人员对内容的定位。当然,随着竞争的进一步激化,内容的外延有了扩展,开始包括了对其他资讯的整合和加工,例如整合性新闻、资讯、可视化新闻等。

其次,"王"的含义是什么?一方面,"王"是指最重要的,是皇冠上的明珠;另一方面,说内容不为"王",并不是说内容不重要。无论是过去、现在还

---

① 亚丽安娜·赫芬顿:《赫芬顿邮报 CEO:中国的拷贝式转型很糟糕》,见搜狐网(http://www.sohu.com/a/139903643_757761)。

是未来，内容都会很重要，但是，在目前技术快速变迁的情况下，已经从过去的"最重要"地位变成现在的"不是最重要"的地位。不过，等到技术变革的速度大大放缓之后，内容也许会重新变为最重要。

3. 内容为何不再为"王"

首先，"内容为王"的时代背景已经发生了颠覆性的变化。"内容为王"理念的前提是信息稀缺时代。在信息稀缺时代，只要有优质的、稀缺的内容，就"酒香不怕巷子深"，就一定有读者买单，进而获取商业价值。而当今已经进入信息过载时代，在这个时代，信息量太大，远远超过用户的接受能力，单纯的内容价值就大幅度下降。

其次，以前难登大雅之堂的生活服务类资讯大幅度地稀释了原创内容的价值。在互联网出现之前，由于版面、频道等因素的制约，只有重要的、大众都关注的新闻才能够发表在媒体上。而互联网因其海量的空间，能够承载原来根本难以获得版面的生活服务类资讯，这些资讯和用户的关联度更高，对于用户的价值也最高，自然就会大幅度地稀释原创新闻的商业价值。

最后，单纯的内容难以形成商业闭环①。传媒业从事的事业实际上是信息服务业，信息服务业的价值链主要有前端的信息提供、传播技术和传播媒介，还有后端的渠道以及经营三个环节。这也就决定了要想为用户提供高质量、多层次、多来源与多渠道的信息服务，能够更好地满足用户的多层次的信息需求，必须同等重视内容的采集和产品的设计、科学合理的传播媒介的选择、终端渠道的选择、有效的经营和科学的管理，也就是说，必须同等重视采编、经营和管理这个媒体经营中的"铁三角"。今天的媒体依靠打"单一拳"将很难取胜，而必须建立起系统性的思维模式，善于打"组合拳"，即必须从广告主和用户两方面来思考，既要到达广告主所感兴趣的受众，又要满足用户的多层次的需求，兼顾两方面来设计媒体的产品和组织相应的内容。因此，单纯的内容已经难以形成商业闭环，在信息过载的情况下，只有优质的信息服务才能形成商业闭环。

4. "内容+"的本质是"+互联网"思路

"内容+"的本质就是"+互联网"思路，即只是把互联网当成工具和手段。当前，绝大多数传统媒体的员工无论是高层还是普通员工，仍然只是把互联网当成助推转型的工具，根本原因在于对互联网的本质缺乏科学认识，导致对互

---

① 商业闭环就是指在一个商业营销体系中形成一个循环圈，每个环节都可以互相依靠，围绕着顾客一系列关联性消费需求，逐一提供相应的产品。

联网的认识庸俗化。

第一，"内容+"把互联网业务仅仅看成现有业务的延伸和补充。在绝大多数传统媒体的观念中，互联网业务只是可有可无的补充，而不是关乎媒体未来可持续发展的业务重心和新的业务支柱，这就必然导致他们对互联网业务采取轻视甚至忽视的态度，在相应的资源、人才等方面的支持自然也不够。

第二，"内容+"是仅仅基于原有优势的嫁接。传统媒体经过几十年的发展，在内容生产方面有很多的积累和很强的优势，因此，其创办的互联网业务也基本都是在既有的优势上进行拓展，无论是最早的报纸网站还是现在的"两微一端"无不如此，这也决定了传统媒体创办的互联网业务依然秉持内容基因，但这些互联网业务并不一定能够解决用户的"痛点"，而且其技术水平低，导致成本高、用户体验差。

第三，互联网带来的是系统性的整体性革命。互联网是观念、思路、方式和手段的整合，互联网是技术手段但又绝不仅仅是手段和工具。在观念上，互联网以用户为导向，这就要求传统媒体从"内容为王"彻底转变为"信息服务为王"，变之前的商业开环为商业闭环，唯有这样才能获取实实在在的商业利益；从"事业单位思维"转变为"公司思维"和"商业思维"，使之成为真正的市场主体；从"文人"或者"官员"转变为"企业家"；从"内容基因"转变为"技术基因"。

第四，互联网能够带来更好的用户体验。传统媒体"以自我为中心"，重点是向读者和受众提供好的内容；而互联网"以用户为中心"，重点在于为用户提供更为及时、便捷、互动的精准化信息，并让用户更好、更多地参与进来。小米手机是运用互联网思维的典范，高度重视与用户的沟通，上至创始人雷军，下到每个普通员工，都需要在工作中维护与用户的关系，自建了2000多人的客户服务中心。互联网可以更为便捷地采取各种新媒体手段提升用户的参与感，小米公司综合采取了各种方式，例如，面对资深用户的用户论坛，有1100多万注册用户，由20多人运营；其负责事件营销的微博平台，在新浪微博上有近900万粉丝，由50多人运营；其微信平台主要为在线服务平台，有近500万粉丝，由50多人运营；其QQ空间主要对年轻人进行事件营销，有近2000万粉丝，由50多人运营。①

第五，互联网能够激活潜在的用户需求。互联网能够打破不同产业之间的界线，不同的产业开始高速融合成新的产业"蓝海"，形成新的商业模式。互联网

---

① 滕斌圣、杨谷川：《深度分析小米如何成功》，见凤凰网（http://finance.ifeng.com/a/20141231/13399731_0.shtml）。

公司也能够更为敏锐地把握潜在的用户需求，并利用最新的科技手段来生产创新的传媒产品来满足这种需求，进而激活潜在的传媒产品市场，这样就能创造新的传媒市场。

三、"自生理论"助推传统媒体向互联网媒体有效转型

互联网媒体是全新的业务，与传统媒体存在本质区别，需要全新的模式和土壤。"内容+"的思路深深根植于传统媒体的既有优势和基础之上，并不符合互联网的发展规律和趋势，而传统媒体要真正有效地向互联网转型就需要以"自生理论"为指导。

1. 互联网媒体发展的规律

研究国内外已经成功的或者正在走向成功的互联网媒体的发展历程，基本上具备如下共性规律。

第一，基于全新的业务。无论是谷歌和百度基于搜索业务、腾讯基于IM（即时通讯）业务打造的生态级公司，还是基于细分市场的新兴创业互联网公司，无不是从0到1，在全新的业务基础上进行拓展，进而探索出适合自身的商业模式和盈利模式。而反观传统媒体的互联网业务，仍多局限在现有业务基础上。

第二，从边缘地带出发。成功的互联网公司多是从尚少有人关注但有着巨大增长潜力的市场出发，不断垒砌自身的护城河，最后形成实力巨大的平台级公司。而反观传统媒体的互联网业务，基本上是从成熟的媒体业务出发，从事的多是内容业务。

第三，从用户"痛点"出发。成功的互联网公司秉持"用户体验为王"的理念，以用户为中心，从用户的真正需求出发，以获取庞大的互联网用户为目的，核心是降低用户成本，提高用户体验和效率。而传统媒体多是以自我为中心，以自身既有的内容出发，而对于用户"痛点"多是不清楚或是漠视。

第四，技术基因。无论是国外的谷歌、雅虎、Facebook，还是国内的阿里巴巴、腾讯、百度、小米等，无不是以技术起家的技术公司，而在互联网带来第三次工业革命和第四次传播革命的当下，互联网作为更高维度的媒介，与传统媒介相比，在能力上无疑是高下立判的。而反观传统媒体，绝大多数人仍死守"内容为王"的理念，天天在嗟叹互联网媒体用很低的价钱使用了自身辛辛苦苦耗费巨资生产的内容，殊不知，正是互联网本身的海量空间特性大大稀释了传统媒体内容的价值，同时互联网个性化服务的技术又将大大提升内容的价值。

第五，全新体制。互联网媒体采取的是完全市场化、企业化的体制，为了与高风险、高收益的特征相匹配，其安排了股权和期权制度，以更好地平衡风险和收益之间的关系。互联网媒体完全按照贡献分配，高贡献者能够拿到千万甚至上亿元的薪酬，而低贡献者可能只能拿到他们的几十分之一甚至是几百分之一，其员工收入完全由市场决定。

第六，全新的用人理念。互联网媒体建立起了真正的能上能下、能进能出的人才制度；形成了能者上、庸者下的用人文化，而不是按资排辈、"排排坐、吃果果"；技术人才的价值得到极大程度的彰显；年轻人的价值也得到了充分的发挥。

反观传统媒体的互联网转型，其不成功的深层次原因如下：一是互联网业务采取的还是旧体制。传统媒体在拓展互联网业务时，采取的是与传统业务一样的管理体制，管理层既没有股权也没有市场化的高薪酬，对互联网业务的考核采取的也是杀鸡取卵式的收入和利润指标。二是使用的还是旧式人才。传统媒体在进军互联网业务时，其人才仍然是以采编人才为主，而不是以技术人才为主；以年龄较大的人才为主，而不是以年轻人为主；有时甚至是为了安排位置，而不是以事业发展和市场需要为主。因此，从传统媒体的转型实践来看，在体制内基本上难以培育出新业务和新项目，正所谓"旧庄稼地长不出鲜花"。

2. "自生理论"与传统理论的本质区别

所谓"自生理论"，就是打破传统媒体的现有体制制约，互联网业务和新业务按照自身发展规律和市场规律来实现自我成长和发展，关键是在传统媒体的现有体制内做出体制外的制度安排。"自生理论"与现有的媒体融合理论和媒体转型理论存在着本质性区别，其强调的既不是对现有业务的修修补补，更不是现有业务的简单升级，而是要孕育出能够更好满足用户需求、与市场有效对接的新业务和新项目。

第一，逻辑前提不同。媒体融合理论和媒体转型理论的逻辑前提是现有优势和资源，而"自生理论"的逻辑前提是未来趋势。

第二，遵循规律不同。媒体融合理论和媒体转型理论遵循的依然是传统媒体的发展规律，而"自生理论"遵循的是互联网规律。

第三，制度安排不同。媒体融合理论和媒体转型理论采取的依然是与现有业务一脉相承的体制内制度，而"自生理论"采取的是完全市场化、企业化的体制外制度。

3. "自生理论"的制度安排

第一，管理层有较高的股权。新业务和新项目收益大，风险更大，需要管理层付出更多的心血，这就需要给予较高的股权和期权予以补偿。尤其是当前企业已经进入合伙式企业模式时代，唯有给予管理层较高比例的股权，才能形成管理层和企业的利益共同体，才能心往一处想、劲往一处使。

第二，完全市场化的体制，管理层在企业运作中起主要作用。对于新业务和新项目，必须完全推向市场，经过市场的充分竞争才有可能取得成功，而这就需要对一线情况更为熟悉的管理层发挥更大的作用。

第三，与贡献成正比的、公平的薪酬机制。成功的新业务和新项目，采取的都是按照奉献度量的薪酬机制，薪酬差距较大，能够形成公平公正的企业文化。

第四，建立起技术基因。未来 20 年内依然是技术快速变革期，则技术在互联网领域依然处于关键地位，充分发挥技术的生产力，核心在于足够尊重技术人才的积极性、主动性和创造性。

第五，对互联网等新业务采取全新的考核机制。在对于新业务进行考核时，应按照市场规律选择合适的指标和方式进行考核。互联网公司对于新项目采取的考核指标主要是用户数和流量，而不仅仅是营业收入和净利润。

第六，采取专业化的决策机制。对于新业务的决策，核心是让专家和专业人士进行决策。

第七，给予充足的资源支持。一方面应尽可能地从集团内部调配资源予以大力支持，另一方面通过多轮融资的方式吸收社会化资本。

第八，选择基于用户"痛点"的项目。通过深刻分析市场的真正需求，找出能够解决用户"痛点"的好项目进行支持。

4. 自生理论的配套措施

第一，在发展思路上采取"增量改革"的思路，即"增量稀释存量、增量倒逼存量"。一方面，新项目、新业务成为主要业务支柱之后，"存量"的风险自然就很小；另一方面，新业务、新项目采取全新的市场化体制，这种体制有利于激发从业人员的积极性、主动性和创造性，能够有效地倒逼"存量"改变不适应发展的旧体制和培养适应新市场的骨干人才。

第二，与外部资源合作。为了更好地突破现有体制，可以采取和市场化企业合作的方式进行运作，例如可以和阿里巴巴、腾讯、百度、今日头条等市场化互联网公司合作。

第三，可以通过成立基金公司的方式，孵化新项目和新业务，以进行更为长远的战略布局，当新项目成长到一定阶段时，可以通过收购使其成为自己的核心业务支柱。

四、基于生态系统的"互联网＋跨界"转型战略

互联网已经进入生态系统时代，传统媒体转型也要建立起自己的生态系统，并基于生态系统，采取"互联网＋跨界"的转型战略。

1. 多边市场

多边市场是指市场同时有多类用户参与者，参与者需要通过中间层或平台进行交易，而且一组参与者加入该平台的收益取决于加入该平台其他参与者的数量。多边市场具有市场间的网络外部性、多产品定价的鲜明特征，所谓市场间的网络外部性是指某一特定市场上生产的产品效用随着对另一市场所生产产品的需求数量而变化；多产品定价是指中间层或平台必须为它提供的多种产品或服务同时进行定价。

互联网经济是典型的多边市场，多边市场的特性也使得互联网经济更好地成为生态经济系统。

2. 平台经济

首先，所谓平台经济，就是指面向多边市场的交易平台。平台经济以多边市场为主要特征，互联网技术引发的第三次工业革命和第四次传播革命，大大地促进了平台经济的快速发展。互联网平台比传统平台规模更大、发展速度更快、效益更好。目前，Facebook、谷歌、腾讯、亚马逊、百度、阿里巴巴、今日头条等互联网公司，都是用户数以亿计的超大规模平台。

其次，互联网平台打造有五大关键点。

一是以用户为导向。互联网平台的基础是大规模的用户量，这就要求一切必须以更好地满足用户的需求为导向。

二是以技术为驱动。互联网技术带来了第三次产业革命和第四次传播革命，重构了世界的产业格局和传媒格局。在技术创新的推动下，用户的需求不断被激发和挖掘。

三是以平台为基础。互联网平台发展的关键是建立起自我强化、自我优化的平台和生态系统，一方面，集聚大量的用户；另一方面，平台经济具有边际收益递增的特点，这样不仅能在商业模式上实现闭环，而且能够更好地可持续发展。

四是风险投资和投资银行是互联网平台的发动机。由于互联网企业多为高科

技企业或平台，投入人、风险高、周期长，风险投资和投资银行就在其中起着不可或缺的作用。

五是容忍高风险、高失败率的商业文化是互联网平台形成的黏合剂。创业无疑是高风险、高收益、失败率很高的事情，无论是硅谷还是中关村，都建立起了对风险高容忍度的商业文化，这种商业文化认为失败不是耻辱，只要能够从失败中获取实践经验，失败反而是成功之母。这就能够有效地吸引有能力的创业者，这些创业者不怕冒风险，很多人甚至是远离故乡的追梦人。

3. 生态系统

首先，在互联网时代，生态系统成为一种更高级的、全新的产业协作形态。生态系统的基础是基于互联网平台而聚集的庞大用户群，在这个系统中，不同的产业形态、不同的产业合作者围绕巨型用户群形成正反馈的良性循环。阿里巴巴围绕其通过电子商务积累的庞大用户群，形成了由互联网金融、商户、用户、各种产业链组成的巨型生态系统，处于该生态系统的所有参与者都能获得益处。例如，天猫和淘宝上为数众多的商户是其互联网金融板块的目标用户，但是，由于这些商户的规模较小而对其贷款的风险相对较大，这就要求做好风险控制。金融行业风险控制质量高低与其掌握的贷款对象的数据和信息的数量与质量密切相关，阿里巴巴通过天猫和淘宝可以掌握银行等传统金融机构拿不到的资料，如每一个商户销售额的动态、用户情况、收入变动趋势等，这样能够更好地衡量商户的还款能力和发展前景，能够有效地大幅度降低贷款的坏账率。在更好地了解商户信息基础上的风控（风险控制）就能更好地为商户提供贷款，进而助推淘宝、天猫的商户更好地成长并吸引更多的商户加入阿里巴巴的生态系统，有利于阿里巴巴电子商务等业务的发展壮大，同时也为阿里巴巴的金融板块提供更多、更优质的用户，有利于金融板块的快速发展，进而能形成一种相互促进、共同成长的良性循环。

其次，从传媒业自身和周围相关联的环节来看，任何成功的传媒企业都必须形成独具特色的传媒生态系统，其生态系统包括生产商、服务商、用户和读者以及广告主等生态链条，传媒生态系统的战略着眼点是集合一边市场成员的资源和能力来为另一边市场的成员提升价值。双边市场通过传媒平台的良性互动，进而实现双向的正向反馈，使得两边的客户量和资源都同时上升，建立起一个不断强化的生态系统。在传媒企业的生态系统中，传媒企业可以利用的资源不仅仅是传媒企业自身的资源，而且还包括生态系统内成员的资源。随着传媒业竞争程度日益加剧，传媒业竞争的关键也从之前的"内容""产品""平台"上升为"商业生态系统"，具体见表8-2。

表 8-2　传媒竞争的四种层次比较

指标	内容竞争时代	产品竞争时代	平台竞争时代	生态系统竞争时代
适应时代	信息稀缺时代	市场竞争激烈	旧有市场被破坏	多边市场
核心	内容为王	产品为王	平台	商业生态系统
优点	更容易得到从业者认同	用户导向、商业闭环	巨量用户；人流、物流、信息流的聚合	自组织、自强化、涌现
缺点	以自我为中心、难以形成商业闭环	单一的产品难以支持高速成长	平台还相对单一	尚在进化
经典案例	《南方周末》《财经》《新世纪周刊》	《看天下》、微信红包、新浪微博红包	新浪、网易、搜狐等	阿里巴巴、腾讯、百度

最后，生态系统将成为主流。一是生态系统将成为未来商业竞争的主体。例如，腾讯的生态系统由沟通工具QQ、搜索工具搜搜、支付工具财付通、社交工具腾讯微博、移动互联工具微信所组成。二是生态系统时代运作的关键点是"商业生态系统"，其优势在于自组织、自强化和涌现等。例如，在自强化方面，由于阿里巴巴能够精准地掌握商户的商业信息，其在为商户提供贷款时，就具有很强的风控能力，而风控能力是金融业最为关键的能力，因此，阿里巴巴就能够更好地为在其平台上运作的商户提供金融服务。例如，阿里巴巴的生态系统由信用体系、金融体系、社会化大物流体系、小企业工作平台和大数据系统所组成。三是在生态系统竞争层面，传媒平台仅仅是生态系统的一个标配，虽然起着关键作用，但是已经不是收入的主体。

4. 传统媒体转型中的生态系统

传统媒体在向互联网转型过程中，也形成了自身的生态系统。其中，传统媒体是品牌，多元产业是资源和品牌的延伸，而互联网媒体是最终目标和归宿。

首先，传统媒体的核心能力和资源是品牌。经过几十年的沉淀，传统媒体在当地和垂直细分的行业中形成了影响力大、美誉度高的品牌，高水平的运营者能够有效地把这些品牌通过产业拓展来实现中期的商业价值变现，通过互联网转型来实现长期的商业价值变现。

其次，通过产业拓展来实现品牌的商业价值变现和增值。传统媒体可以利用其自身的资源优势和品牌优势来拓展当地的细分产业，并拿赚取的利润来补贴传统媒体和为互联网转型提供资金支持。

最后,具有强大现代传播能力的互联网媒体是生态系统的目的和根本。无论是传统媒体的品牌,还是借助资源和品牌来拓展的产业,最终目的都是为了彻底转型为互联网媒体。当传统媒体的互联网业务具有强劲的盈利能力后,可以更好地反哺传统媒体。

传统媒体转型的生态系统图具体见图 8-1。

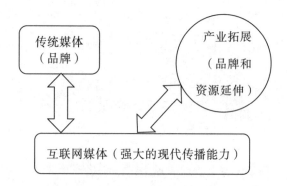

图 8-1 传统媒体转型的生态系统

5. "互联网+跨界"转型战略

首先,传统媒体要严格按照互联网规律实施"互联网+"转型。一是以互联网思维为指导,以现代传播能力建设为核心,以技术和内容为驱动,彻底按照互联网规律重构组织结构、采编流程和业务流程,打造新型主流媒体;二是充分利用当地智慧城市建设和政府数据资源开放的机会,打造基于本地或者本行业的智能信息服务平台。

其次,通过跨界来实现品牌的最大价值变现。采取"专业的人办专业的事原则",通过合作、投资等方式,把传统媒体长期以来积淀的政治资源优势和品牌优势嫁接到文化地产、创意产业园区、文化休闲旅游、养老保健、教育等产业,将品牌实现最大价值的商业变现,进而为传统媒体的互联网转型提供充足的资金支持。

五、"三三"转型战略具体框架

(一)传统媒体转型面临的悖论

由于传统媒体进行真正转型的时间较晚,在传统业务开始下滑时才着手转型,这就导致传统媒体存在"短期现有业务在快速坍塌,但是互联网媒体业务仍然没有盈利"的发展悖论。具体来说,在互联网媒体的巨大冲击下,一些传统媒体乃至一些传媒集团已经出现了较大额度的亏损,而且可以预计的是,在用户和广告主纷纷远离传统媒体的情况下,传统媒体未来的日子会更加艰难,如果没有新的业务做支撑,3到5年间,主营业务就会坍塌掉,长期下去唯有倒闭。

本课题组根据现在传统媒体的传统业务和互联网媒体新业务之间的业务比例做了一个预测表,其中互联网媒体业务只有传统业务的10%,传统业务的收入正以20%的速度下滑,而互联网媒体业务收入的增长速度却只有10%。假设某传统媒体现有的传统业务收入为10亿元,则5年后,这10亿元将会高速下滑到3.28亿元,而互联网媒体业务收入只能从1亿元增长到1.61亿元,而总业务收入则从11亿元下滑到4.89亿元,出现腰斩的局面。随着传统业务所占比例的降低,到了第9个年头会出现反转,互联网媒体业务收入会超过传统业务收入;而到了第11个年头,业务总收入仅为现有总收入的1/3左右。具体见表8-3。

表8-3 传统媒体转型业务收入预测

(单位:亿元)

年份	传统业务收入	互联网媒体业务	总业务
1	10.00	1.00	11.00
2	8.00	1.10	9.10
3	6.40	1.21	7.61
4	5.12	1.33	6.45
5	4.10	1.46	5.56
6	3.28	1.61	4.89
7	2.62	1.77	4.39
8	2.10	1.95	4.05
9	1.68	2.14	3.82
10	1.34	2.36	3.70
11	1.07	2.59	3.67
12	0.86	2.85	3.71

(二)"三三"转型战略具体框架的内容

所谓"三三"转型战略,是指"三个阶段、三种业务",即传统媒体的转型应分为三个阶段、三种业务类型。其中三个阶段是指短期、中期和长期,三种业务是指现有传统业务、多元产业业务和融媒体业务、互联网媒体业务和新兴战略业务。

由于互联网业务都是高投入、长期培育的业务,至少需要5年以上甚至更长的时间才可能大见成效,因此,在短期传统业务快速坍塌而互联网业务又难以弥补缺口的同时,这就要求必须处理好短、中、长期之间的关系,即在短期和长期中间必须有一个过桥——中期阶段,在中期必须培育出新的业务支柱,一方面,弥补现有主营业务下滑的缺口;另一方面,为长期的互联网转型提供源源不断的资金支持。因此,真正的转型必须由短期、中期和长期三个阶段组成,而且中期阶段至关重要,如果中期阶段的转型不能成功,长期转型就无从谈起。

(三)"三三"转型战略框架设计

基于上述分析,我们认为转型战略的逻辑前提是传统媒体陷入困境,转型框架按照传统业务、多元产业业务和融媒体业务、互联网业务和新兴战略业务三种业务,分为短期、中期和长期三个阶段,具体见图8-2。

图8-2 传统媒体转型的"三三"转型战略具体框架

1. 短期内，把传统业务做精做优

由于传统媒体的传统业务已经是夕阳产业，因此，对于这些业务应采取收割战略，以保持良好的现金流，为向互联网媒体转型提供充足的"弹药"和时间窗口。鉴于当前传统业务还具有一定的盈利能力，当务之急是做优、做强、做精传统业务，把它当成现金牛和利润池，开源节流，为其中期转型提供较多的资金支持。

一是在大幅度提升内容质量的基础上，尽可能地成为当地传统媒体的领先者，这样不仅能够拿到更多的市场份额，还能制定标准、规则来主导当地的竞争格局。

二是通过多元化经营提高收入。在当前广告收入越来越被分流的严峻情况下，传统媒体可以通过举办各种论坛和活动等创新广告经营业务，通过提供更好的延伸服务来获取更多的广告投放。

三是通过提升管理能力来降低成本。由于我国传统媒体长期以来的事业单位体制，存在着严重的"重采编、轻经营、无管理"问题，"跑冒滴漏"现象普遍，可以通过提升管理能力、减少浪费来大幅度降低运作成本。

四是通过降低无效发行量和降版等手段来降低成本。当前，一方面，随着广告收入的降低，传统媒体的广告占版率在降低；另一方面，由于互联网媒体的快速发展，一些简单的资讯内容已经没有必要再在版面上体现，传统媒体应该致力于深度、专业的内容，这些都决定了传统媒体可以顺应形势而减版，甚至在必要的时候合并或者停办一些已经没有市场需求的媒体。

2. 中期内，进行产业转型，建立新业务支柱

由于传统业务快速下滑，传统媒体就必须在中期内建立起新产业支柱，从而不断弥补逐步萎缩的传统业务收入。传统媒体作为党和政府的宣传工具，获得党和政府的大力支持是理所当然的。当前，我国政府手中掌握着大量的媒体资源和其他稀缺资源，因此，传统媒体应充分利用自身已经形成的品牌和影响力，尽可能地占领稀缺性资源，在中期实现自身的产业转型。产业转型的目的是打造新的产业增长点，以抵消现有业务的下降。

一是文化地产业务。土地资源作为极为稀缺的资源，传统媒体应利用自身的政治资源尽可能地占有一些土地资源来开发文化地产。此外，传统媒体也应该充分利用转企改制的相关优惠政策，把自身现有的"划拨地"以"转增注册资本金"的方式来变性为商业用地，为自身的发展提供强有力的支持。

二是会展业务。根据西方发达国家经验，当一地的人均 GDP 达到中等水平

以后，会展业都会进入高速发展期。目前，我国很多地方的人均 GDP 已经达到了较高水平，当地的会展业会高速发展，成为当地的重要行业。传统媒体可以充分利用自身的强大影响力和良好的品牌形象，大力发展会展业务。

三是户外媒体业务。当前，户外 LED 蓬勃发展，机场、公路主干道等户外媒体业务也正处于高速发展态势，传统媒体可以利用其在当地的深覆盖优势，最大限度地拿下这些稀缺资源。此外，文化旅游业和养老业务也是我国未来极具发展潜力的产业，传统媒体在这方面也具有很强的相对比较优势，应采取积极的态度在合适的时机进入。

四是融媒体业务。当前，传统媒体的融媒体业务取得了一定的发展，在中期内能在实现更好传播功能的基础上实现一定的经济效益。

3. 长期内，彻底向互联网媒体转型

传统媒体通过向互联网媒体的彻底成功转型，实现互联网媒体业务收入的稳步增长，最终承担起原来传统业务所承担的"现金牛"责任。此外，还必须通过创投的方式积极布局新兴战略产业，如智慧城市建设等。但是，我们必须清醒地认识到的是，妄想依托传统媒体的资源依赖型转型路径必将失败，而成功的关键在于转变观念和采取"体制内的环境内进行体制外的制度安排"措施。

一是在观念转型方面，要从"内容为王"彻底转变为"信息服务为王"，变之前的商业开环为商业闭环，唯有这样才能获取实实在在的商业利益；从"事业单位思维"转变为"公司思维"和"商业思维"，使之成为真正的市场主体；从"内容基因"转变为"技术基因"。

二是积极推行"体制外转型"。对互联网媒体业务采取独立的子公司制度安排，并参照市场上主流的互联网公司的制度安排，一方面引进战略投资者，另一方面对经营层采取股权激励方案。

第九章 传统媒体转型的用户战略：重建用户连接

当前，传统媒体陷入困境的根源是与用户的连接失效，而要实现传统媒体的彻底转型，就必须实施有效的用户战略，以实现"用户到哪里，我们就服务到哪里，用户需要什么，我们就提供什么"，进而达到重建用户连接的目的。而要重建用户连接，核心是利用大数据技术，搭建相关的技术平台。

一、传统媒体只有受众而无真正用户

在当前的语境下，传统媒体及其从业人员经常把读者、观众或听众等同于用户，动辄号称自己拥有数以千万计甚至过亿计的用户，而实际上，传统媒体并没有搞清楚用户与读者、观众或听众之间的本质区别，本质上传统媒体并没有真正的用户。

1. 受众是互联网和大数据时代之前的概念

在互联网和大数据技术出现之前，媒体虽然也有大量的受众，但是，它们对自己的受众却缺乏系统而细致的认识。传统媒体虽有数量巨大的受众，但是只能通过 CTR 等市场调研公司用抽样调查的方法了解到受众的整体数据和概貌，如受众的整体年龄结构、收入水平、地区构成，等等。而对每一个受众的年龄、区域、收入、家庭构成、交易等深层次数据，尤其是对每一个受众的真实需求和偏好等高价值数据则是一无所知。当然，从技术上讲，在互联网和大数据技术出现之前，要了解受众的各类数据及其真实需求是根本不可能的，一方面是因为技术手段达不到，没有跟踪和分析受众的数据、偏好和需求的技术；另一方面是通过市场调研的方式去分析受众的数据和需求会受到巨额成本和数据频率太低的制约。因此，从这个意义上来说，受众是互联网和大数据技术出现之前的概念。

2. 互联网和大数据时代下才有真用户

在当今互联网时代下，互联网尤其是大数据技术的迅猛发展，使得互联网媒体搜集、存储和分析数据的能力大大增强，成本大幅度降低。例如，阿里巴巴、腾讯、百度等互联网媒体掌握了用户的电话、微信号、QQ 号、微博号等联系沟通方式；阿里巴巴通过分析用户大量的交易行为，就掌握了用户的交易需求；腾讯通过分析用户大量的交流行为，就掌握了用户的交流需求；百度通过分析用户大量的搜索行为，就掌握了用户的搜索需求。更为重要的是，这种对用户的分析是基于大数据技术的智能分析，不仅成本低而且效率高，使得对用户进行大数据分析具有可操作性，尤其是可以相对精准地分析出用户的收入、消费偏好、潜在需求等细化的数据，进而媒体可以为用户提供真正满足他们需求的产品和服务。

3. 受众与用户的区别

受众与用户虽然从表面看没有特别大的区别，但是从根本上讲却存在本质区别，主要体现在如下五个方面。

（1）在数量和范围方面，受众的数量和范围较小，而用户的数量和范围较大。受众是基于传统媒体的概念，无论是读者、听众还是观众，都是与传统媒体及其内容建立联系的，由于传统媒体的本质是精英传播，相对来说具有较高的门槛，大量的低层次、低收入消费者被拦在门槛之外，因此，受众的数量和范围是有限的。用户是基于互联网的概念，其是与互联网及其内容建立联系的，互联网媒体的本质是平民传播，由于互联网具有边际成本趋向于零的优势，极大地降低了信息不对称，门槛很低，使得普通民众都能够借助互联网获得大量的信息，因此，用户的数量和范围大大扩大。

（2）在模型方面，受众是基于整体模型的，用户是基于个人模型的。由于在传统媒体环境下，没有相应的技术能够较为详细地掌握受众的个人信息，因此，受众模型只能是基于一定规模样本的、概貌的数据。例如，市场调查公司只能给出媒体受众的平均年龄、平均收入、平均消费能力等整体数据，却不能给出每一个受众的相关精确数据。而在互联网和大数据环境下，由于每一个用户都可以对应相应的 IP 地址，因此，可以根据每个用户在互联网上的大量阅读、娱乐、消费等行为，而得出每一个用户的收入、消费能力、爱好、需求等精准的数据，进而构建出每一个用户的个人模型。

（3）在频度方面，受众数据是低频的、静态的，用户数据是高频的、动态的。受众由于是基于传统媒体的，其数据的调查和统计只能对应一个相对较长的时间段，即获得数据的频率较低且是静态数据。例如，报刊读者的相关数据基本上是以一年为周期，而广播、电视的相关数据周期也比较长。用户数据则是基于互联网和大数据的，不仅频率高而且是动态的，一旦用户上线，互联网媒体就能够及时了解用户的最新动向，并及时修正和完善用户的个人数据。

（4）在关系紧密程度方面，受众是松散型联系，用户是紧密型联系。受众基于传统媒体，两者之间缺乏有效的互动和沟通，不可能建立起密切的联系，不仅谈不上强关系，连弱关系都谈不上，只能是聊胜于无的松散型联系。例如，在某一个特定的时间，传统媒体召集一些消费者开一个座谈会而已。而用户是基于互联网的，互联网媒体与用户之间可以及时互动和沟通，既可以与一些核心用户建立起强关系，又可以与大量的用户建立起弱关系，这种关系的紧密程度远远超过受众关系。

（5）在商业价值方面。受众的商业价值较低，用户的商业价值很高。

基于上述五个方面的原因，可以明显地看出，由于传统媒体不能有效地掌握受众的相关数据，因此，就无法给其提供个性化的、定制化的信息、服务和产品的智能化推荐，受众所能带来的商业价值自然就很小。而互联网媒体能够掌握每一个用户的精准数据和个人模型，就能据此给用户智能化推荐精准化、定制化的、能够真正满足用户需求的信息、产品和服务，因此，就能够产生巨大的商业价值。

二、大数据使得智能传播平台成为可能

（一）大数据及其特点

首先，所谓大数据，是指以服务于决策为目的，需要新型数据处理模式才能对其内容进行采集、存储、管理和分析的海量、高增长率和多样化的信息资本。认真分析大数据，其本质体现在如下五个方面。

第一，数据量大。相对于传统的抽样调查的数据，大数据无疑是巨大的，尤其是依靠传统的计算手段难以有效计算的。

第二，服务于决策。大数据的主要目的是服务于各类决策，它能够帮助各类组织和个人大幅度提升决策能力。

第三，需要新处理模式。由于大数据数量大且许多是非结构化数据，现有的处理模式不能有效处理大数据，需要新处理模式。

第四，信息资本。大数据是一种信息资本，而不仅仅是一堆数据和成本。所谓信息资本，是指其能够为政府和企业带来未来经济利益的信息资源，更是和土地、资本、人才等一样的新生产要素。

第五，更为复杂。大数据比海量数据更为复杂，海量数据包括结构化和半结构化的交易数据，而大数据除此以外还包括非结构化数据和交互数据。

其次，大数据在量度、频度、速度、维度和温度等五个方面具有显著的特点。

一是在量度方面，具有海量性特点，即大数据规模巨大，当前通常指100TB①规模以上的数据量，而且随着数据的迅猛增加，大数据的量级还会进一步增加。

二是在频度方面，具有高频率的特点，即发生的频率很高，重点在于用户参与与互动而产生的数据。在这方面，传统媒体的发行用户数据的价值就很小，关键在于其发行用户非在线，基本上一年才更新一次。

三是在速度方面，具有实时性的特点，即大数据能够实时反应。例如，在百度搜索框输入一个关键词，能够瞬间呈现，一旦其反应速度稍有不及，就会有大量的用户流失。

四是在维度方面，具有全样本、多维度、非结构化的特点，即大数据是全体样本的数据，而不是抽样的数据；大数据是多个维度的数据，而不是单个维度的数据；大数据既有惯常的结构化数据也有音频、视频等非结构化数据。

五是在温度方面，具有在线性特点，即大数据是永远在线的，是能够随时被调用的，这就要求必须基于用户数量巨大的互联网平台。这些平台记录了用户的行为、情感、思想、爱好与需求，能够科学地分析用户的需求。

（二）智能传播平台的构建

1. 利用大数据实现信息智能匹配

对于传统媒体来说，需要摒弃之前"重采编、轻经营、无管理、无技术"的观念，以技术为驱动，高度重视技术，当前主要的技术是移动互联和大数据技术。在信息过载的情况下，存在着"多就是少"的悖论，即过多过滥的信息与能够满足用户的有效信息极度匮乏之间的矛盾，而要解决这个矛盾，真正满足用户个性化、定制化的信息需求，就必须通过数据挖掘和分析技术，关键在于打造基于大数据的信息智能匹配平台，在不断优化用户信息需求的基础上，实现信息和用户需求的智能化匹配。

（1）打造巨型的云信息服务平台。在该平台上，云集着各式各样的信息，既有文字的，又有音频和视频的，并能实现信息的分类筛选、摘编和深度加工。云信息服务平台一方面是开放的，既能对接各种自媒体平台，又能通过各类媒介进行传播；另一方面能够利用大数据技术对信息内容打标签，只有标签化后的内容才能够更好地与用户的需求进行智能匹配。

（2）打造大型的大数据信息资源平台。在该平台上，媒体能够利用数据挖

---

① 太字节（Terabyte），计算机存储容量单位，也常用 TB 来表示。1TB = 1024GB = 2^{40} 字节。

掘和分析等技术与方式，通过对用户在互联网的行为进行长期的、系统的跟踪和分析，实现对读者和受众个性化需求的准确定位和把握，其核心在于用户画像。

（3）智能化匹配。信息智能匹配平台能够通过技术手段低成本地实现信息和受众个性化、定制化的需求之间的智能化匹配，并能通过各种支付手段，实现智能化信息的收费。目前，已经形成了一些巨型的信息平台，如 Google、Facebook、亚马逊、百度、新浪、腾讯等，也出现了搜索、筛选、推荐等新技术手段，利用技术手段实现精准信息和读者需求的智能匹配进而实现信息的收费将仅是个时间问题。

2. 智能传播平台的具体构建

（1）在用户画像方面，智能传播平台可以根据用户短期的点击、转发和评论行为来给用户按照兴趣、职业、年龄、终端、地域分布、兴趣和情感倾向等特征对用户进行画像，进而分析出用户喜欢什么类型的文章、最喜欢文章里的什么关键词、关注这篇文章的人还喜欢什么内容，等等。

（2）分析场景特征。平台进行个性化推荐除了考虑用户的个人特征，也要考虑用户所处的场景，例如，早上应该多推送与工作相关的信息，中午可以多推荐一些餐饮信息，晚饭后则可以推荐幽默、搞笑视频。当然，在进行个性化推荐时，也应该分析用户是否在 WiFi（无线网络）环境下，如果没有 WiFi，则应多推荐耗费流量不大的图文；而如果有 WiFi，则可以多推荐耗费流量大的音视频。

（3）分析文章的特征。平台要重点分析文章中的主题词、重要标签，以及文章的热度、时效性和相似性等。通过分析用户的个性化特征，结合特定的场景，平台给每一个用户推荐满足其需求的文章，这样就能够吸引用户留存下来，并提升用户的忠诚度。

三、基于大数据的三大技术平台——重建用户连接

基于大数据技术，通过信息智能匹配获取用户以重新建立用户连接，关键在于利用大数据技术和移动互联技术，打造大数据信息资源平台、智能传播平台和用户沉淀平台三大平台，有效地吸引用户，并在完成巨量用户沉淀的基础上，为用户提供有效的服务，进而实现商业模式和盈利模式的再造。具体见图 9-1。

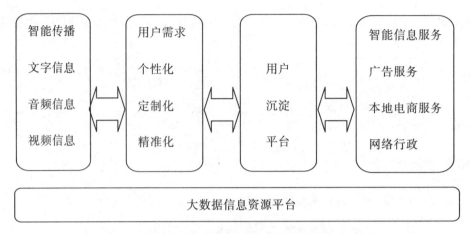

图 9-1　基于大数据的三大技术平台

(一) 大数据信息资源平台

大数据信息资源平台是硬件、软件、数据、云存储和平台服务的组合,具体包括大数据资源中心、大数据智能分析中心、大数据组件服务、虚拟化云平台、大数据运营系统、安全管理体系等方面的建设内容。

1. 大数据资源中心

媒体通过互联网采集、接口导入、历史数据导入、远程汇聚等各种方式,将传媒集团内部资源、互联网资源、第三方资源以及 UGC 资源汇聚到集团大数据资源中心。

2. 大数据智能分析中心

大数据智能分析中心以文本挖掘、机器数据挖掘、个性化推荐引擎等作为核心技术,实现数据的存储与检索、敏感信息监测以及用户行为分析、报表分析、个性化推荐等深度挖掘。采用大数据的智能分析中心支撑传统媒体的所有信息挖掘分析服务,所有基于语义面向内容和行为分析的智能化技术都融合在大数据智能分析中心。大数据智能分析中心以大数据智能分析为基础,结合自然语言处理技术与数据挖掘技术,融合中文信息处理、人工智能、信息检索的最新研究成果,提供对文本内容的自动关键词和摘要的提取、自动分类、自动聚类,并可对事件或专题进行趋势分析、演化分析、情感观点分析。大数据智能分析中心可以帮助传统媒体将各类信息资源打通融合,通过对内容碎片化和标签化技术的整理，结合知识图谱技术，形成传统媒体资源的潜在知识关联网络，实现资源价值的最大化。

3. 基于内容资源、用户行为资源以及大数据智能分析中心，媒体提供个性化的大数据组件服务

一是资源服务。媒体提供基于智能分析的信息检索服务，保证对于结构化数据和非结构化数据都可以进行良好的处理和检索。搜索方式包含传统搜索、微博搜索、聚网搜索、未知探索和实时微博检索等功能。二是监控服务。三是分析服务。四是推荐服务。

4. 虚拟化云平台

虚拟化云平台的总体建设从低到高分为4个大的层次，分别是标准体系建设、云平台建设、一体化平台建设、各类业务应用系统。虚拟化云平台需要做好如下工作：整合资源，提供统一、高效的基础设施环境；建设可伸缩的智能化云平台；提供面向业务的健康监控和弹性支撑；构建"绿色"私有云。

5. 大数据运营系统

大数据运营系统分为广告投放管理平台、营销活动策划平台、活动反馈收集平台、过程改善支撑平台、综合统计分析平台、活跃高价值用户推送平台等。并通过各平台的分析结果，将其应用于网站、微博、微信、移动APP、报纸等全媒介业务，实现全媒体营销。

大数据运营系统的具体构成如下：①广告投放管理系统根据发布的网页内容和读者的地域、用户习惯等信息，实现广告的自动最适化发布，实现广告的精准投放，并能对广告的显示次数、点击次数进行统计、分析；②大力建设糖酒食品、房地产、旅游、养老、皮革等行业的营销数据库，为媒体的营销和开发新产品提供坚实的基础；③在现有的大量在线交易数据基础上，利用高级统计分析软件工具，快速地构建出简单实用的营销活动策划模型；④通过分析参加活动人员的相关信息，给相关人员推送相关的活动；⑤通过搭建过程改善支撑平台，利用大数据分析技术来改善和提升活动的效果；⑥搭建综合统计分析系统，对收集来的数据进行分析，并实现可视化；⑦通过活跃高价值用户推送系统，优先向活跃高价值用户推送新活动。

（二）智能生产和传播平台

智能生产和传播平台是立足于传媒集团大数据的平台，它以大数据智能分析工具作为技术支撑，将传媒集团旗下媒体资源融合共享使用，以"中央厨房"的方式重构新闻生产，实现"一次采集、多元加工、多次发布"。它包括新闻线索智能决策系统、融媒体智能创作系统、融媒体智能发布系统、传播效果分析系统、"中央厨房"报道指挥系统、内容创作社区、PC 互联网改造升级等方面的建设内容。

1. 新闻线索智能决策系统

新闻线索智能决策系统将利用大数据平台所提供的数据采集与挖掘分析能力，对全网新闻信息和热点专题进行智能分析处理，为媒体的内容选题、新闻出版和事件分析等提供支撑。它具有新闻趋势分析、选题趋势分析、选题个性化智能推荐、稿件热点匹配、线索资源背景匹配、新闻热点分析、线索多维展示等功能。

2. 智能创作系统

智能创作系统将实现同一稿件不同形式的编辑，包括网站格式编辑、终端（手机、平板）格式编辑、微博格式编辑、微信格式编辑、户外大屏格式编辑，等等。在这个系统中，同一稿件可被编辑为多种格式进行保存，能够提高各渠道编辑效率，同时可很好地实现资源共享。它具有一体化编辑器、多渠道推送、社交化移动创作、碎片化管理、数据新闻制作套件、稿件流转监控等具体功能。

3. 智能发布系统

通过接口调用、消息传递和共享数据等技术方式，智能发布系统完成与智能创作系统之间的无缝对接，并在此基础之上实现新闻内容的一次加工、多渠道多终端统一发布。它主要包括多模板适配发布引擎、网站新闻发布、微博发布、微信发布、今日头条发布、移动终端发布等。

4. 传播效果分析系统

传播效果分析系统可收集、存储和计算互联网内容及相关数据（含历史数据）、内部媒体产品内容及相关数据，系统将会全方位考察纸媒发行量、阅读量、网站点击量，微博、微信转发量关注度、APP 装机量、活跃用户数、新闻事件报道关注度、引发话题量等，以及相关新闻来源、首发率等，最终综合成品牌影响力。系统对这些影响力进行量化的分析并持续跟踪，最终形成综合性的量化影响力报告。这些分析主要包括报纸传播效果分析、网站传播效果分析、微博传播效果分析、微信传播效果分析、今日头条传播效果分析、APP 传播效果分析、新闻话题事件传播效果分析等。

5. "中央厨房"报道指挥系统

"中央厨房"报道指挥系统将建立智能的选题策划和团队建设平台、高效的任务管理与任务汇报机制、灵活的新闻采访指挥与现场协调以及全面的新闻生产过程监控与分析机制。具体见图9-2。

图9-2　"中央厨房"报道指挥系统
资料来源：由北京拓尔思信息技术股份有限公司提供。

（1）基于大数据的智能选题策划与智能团队推荐功能。建设包括智能选题策划和团队成员推荐两大功能，其中智能选题策划是通过新闻线索智能决策系统的功能实现选题策划分析，主要包括选题策划管理、选题策划分析、互联网热点信息预警、选题统计等功能；智能团队推荐模块将以人为核心建立权威的记者库、编辑库、行业库等，通过多维度综合性的分析来评估每个人的擅长领域、负责区域、特点等。

（2）基于地理信息的新闻采访任务协调指挥功能。一部分是硬件建设，包括液晶拼接单元、视频拼接处理器、电视墙安装支架等硬件；一部分是软件建设，包括GIS（地理信息系统）平台（实时定位、资源分配等）、任务管理平台（新建任务、任务分类、流程管理等）、新闻线索监控平台（热点发现、热点预警、报道分布等）。

（3）基于流程审计的新闻报道生产过程监控功能。该功能包含流程设计引擎模块、用户管理模块、任务统计模块、报道统计、采访日志等功能,保障整个新闻报道生产过程中的内容实施监控和记录。

6. 内容创作社区

内容创作社区是面向内容创作爱好者的服务类社区平台,平台实现对社全形态媒体的投稿功能以及相关辅助性社交功能,包含网站和移动端。主要包括用户管理、社群交流、创作交流模块、数据服务展现、个人稿库管理、投稿配置等。

(三)用户沉淀平台

用户沉淀平台将传媒集团通过优质内容资源、线下活动、经营行为沉淀下来的优质用户数据进行整合、清洗、认证、管理、记录以及深入挖掘、分析,并通过智能化、个性化的信息、数据服务,提高用户的参与度和满意度。用户沉淀平台包括用户数据采集及处理、用户数据存储与管理、跨媒用户统一管理、用户行为分析、用户肖像刻画、互动应用管理等方面的建设内容。具体见图9-3。

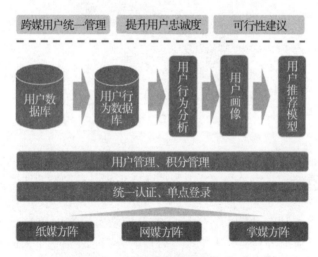

图9-3 用户沉淀平台构成

资料来源:由北京拓尔思信息技术股份有限公司提供。

1. 用户数据采集及处理

用户沉淀平台可采集来自各个渠道的用户数据,包括发行用户、广告客户、网站群、移动端APP、官方微博和官方微信等的用户信息。针对每类用户所采集的数据包括两个方面:一是用户显性信息,包括环境、终端、联网、时间、地域、偏好、年龄、职业等信息；二是用户隐性信息，主要是指用户的点击和阅读行为，包括点击、浏览、评论、点赞、订阅、转发和关注等信息。

2. 用户数据存储与管理

采集数据通过处理后直接存入数据仓库以及分布式文件系统，其中结构化数据将主要存储于关系型数据库，非结构化数据主要存储于全文数据库。从应用角度划分，用户信息数据主要存储在用户数据库，用户行为数据主要存储在用户行为数据库。

用户数据的管理主要包含以下两个部分。

（1）用户属性数据管理。各应用系统用户的公共信息统一存储在用户资产管理系统中，私有信息存储在各系统内部。系统可对用户数据进行管理，分级维护所有的组织单位用户信息和个人用户信息，包括用户注册、用户管理、用户审核等功能。如果增加了新用户，系统将会根据预设的策略，触发用户与各个系统的同步功能。系统还可以对组织机构进行管理，提供灵活的字段定义，可以方便地定义用户数据，并为后台用户提供查询功能。

（2）用户行为数据管理。用户行为数据具有单条容量小，但是维度多和增长快等特点，传统的关系数据库无法很好地实现对行为数据的存储与管理。因此，平台将采用关系数据库和分布式文件系统（HDFS）相结合的数据存储与管理方式，并按照数据的处理周期划分为原始库、计算库和结果库，从而能够提供更好的灵活性和可扩展性，以满足行为数据的存储与管理。

3. 跨媒用户统一管理

跨媒用户统一管理实现对用户的身份管理、安全身份认证和单点登录。

（1）用户身份管理。平台对用户在不同系统的账号进行统一管理，通过对账号的识别，实现对账号的排重及统一管理。用户在不同平台的账号可以关联，使用某唯一账号如手机号、邮箱等即可实现不同渠道的统一登录。

（2）安全身份认证。媒体将所有用户的安全验证功能集中到用户资产管理平台当中，符合校验规则后，完成用户登录流程。用户安全身份认证支持"用户名+口令"、手机号、身份证号、"邮件地址+口令"以及 USB Key① 等认证方式。

---

① USB Key 是一种 USB 接口的硬件设备。它内置单片机或智能卡芯片，有一定的存储空间，可以存储用户的私钥以及数字证书，利用 USB Key 内置的公钥算法实现对用户身份的认证。由于用户私钥保存在密码锁中，理论上使用任何方式都无法读取，因此保证了用户认证的安全性。

（3）单点登录。平台使用统一单点登录，用户仅需在某一类媒体上安全登录，则自动向其他媒体传递过去机构人员信息、信息分类与数据字典信息和权限分配策略信息，完成各类媒体应用的快速登录。

（4）字段级别权限控制。由于用户资产管理平台存储了用户的所有信息，必须要对用户数据进行隐私保护。平台将具体到字段级别对用户数据的隐私进行保护，并建立审批机制，由管理员对用户信息的获取申请进行审批。对于没有字段权限的系统或者人员，将无法获取到相应字段的信息。

（5）动态扩展用户模型。平台提供初始的用户模型结构，并支持在运行时由管理员根据需要自行动态扩展用户模型。

4. 用户行为分析

平台以系统所采集的用户行为数据为主，并结合用户的显性属性，建立多维度分析模型，对媒体的各类电子报、电子杂志、微博、微信、网站和 APP 产品的用户行为进行深入分析。

（1）流量分析。对媒体各类产品的 PV、UV、跳出率、停留时间等流量数据进行分析，并采用图形化的方式进行展现，支持按照时间区段、产品类型等维度进行对比分析。

（2）来源分析。访问来源分析可帮助媒体了解到用户是如何到达网站、APP 和电子报等产品的，并可对用户来源的变化趋势和占比进行可视化分析。

（3）受访分析。通过热力图、折线图和统计表等工具，对各个产品的受访页面、受访栏目和受访内容的数据和趋势进行分析。

（4）访客分析。对访问媒体各类产品的用户技术数据进行分析，包括用户的地域信息、时间信息、终端信息、操作系统和浏览器等，并提供访客的趋势走向、回访访客、跳出访客和新老访客占比等数据的可视化比对展现。

（5）兴趣分析。对访客所点击的板块、栏目和内容进行分析，并结合内容的分类和标签体系，对访客的访问兴趣进行分析和可视化展现。

5. 用户肖像刻画

平台利用用户行为分析收集的数据和内容生产数据，建立多维度画像体系，形成不同的用户画像模型。其他业务应用系统可依据分析结果和用户画像进行媒体的产品与服务优化，实现面向用户的精准传播。

（1）用户肖像刻画。从性别、年龄段、地域分布、终端设备、在线时长、浏览阅读行为、搜索操作行为等角度定位用户，识别用户群体特征，针对用户做定向推荐。主要包括性别和年龄画像、地域画像、终端设备画像、在线时长画像、基于搜索和浏览行为的兴趣画像。

（2）行为轨迹画像。基于用户行为数据生成用户的兴趣档案，将浏览、检索、转发、点赞和关注等多种用户的操作行为进行记录，建立用户偏好模型，将用户的行为转换为用户的偏好。基于用户的行为轨迹，能够不断向用户肖像输送数据，使得用户肖像的刻画越来越精准，提升精准服务的质量。

（3）查询轨迹画像。查询意图分析的主要功能是根据用户输入的搜索引擎查询，确定一个或者多个类别，在一定程度上去理解用户的意图，从而更好地为用户返回搜索结果。

（4）用户情感分析。评论信息表达了人们的各种情感色彩和情感倾向性，如喜、怒、哀、乐和批评、赞扬等。媒体通过对用户的情感分析，实现用户对相关新闻、评论的褒贬义分析，从而可以进行舆论的跟进和引导。

6. 互动应用管理

（1）问卷调查。问卷调查可面向媒体用户，设计在线问卷调查表，采集反馈数据并进行调查结构的分析。包括在线设计问卷、调查问卷发布、查看调查结果等。

（2）市场活动管理。市场活动管理包括活动基本信息管理、活动邀约、报名、签到过程管理、活动分析等主要功能，是基于用户资产数据库开展市场活动的有力工具。包括活动基本信息管理、活动过程信息管理等。

四、今日头条的经验与做法

1. 今日头条的做法

第一，今日头条是一款基于数据挖掘的推荐引擎产品，基于个性化推荐引擎技术，根据人的特征、环境特征、文章特征三者的匹配程度进行个性化推荐，推荐内容不仅包括狭义上的新闻，还包括音乐、电影、游戏、购物等资讯。用户可使用微信、微博、QQ账号或注册今日头条账号登录今日头条。

第二，今日头条根据用户的社交行为、阅读行为、地理位置、职业、年龄等挖掘出用户的兴趣。它搭建了实时海量数据处理架构，通过社交行为分析，实时推荐，0.1秒内计算推荐结果，3秒完成文章提取、挖掘、消重、分类，5秒计算出新用户兴趣分配，10秒内更新用户模型。

第三，今日头条使用了自然语言处理和图像识别技术，对每条信息提取几十个到几百个高维特征，并进行降维、相似计算、聚类等计算去除重复信息；对信息进行机器分类、摘要抽取、LDA① 主题分析、信息质量识别等处理。

第四,今日头条可以精准定位人群进行传播。它根据用户所在城市,自动识别本地新闻,精准推荐给当地居民;可根据用户年龄、性别、职业等特征,自动计算并推荐其感兴趣的资讯。

2. 今日头条发展迅速

今日头条创立于 2012 年 3 月,在短短的几年时间内高速发展,截至 2016 年年底,激活用户过 6 亿,日活用户 7800 万,月活用户 1.75 亿,单用户日均使用时长 76 分钟,日均启动次数约 9 次。短视频日均播放量 13 亿次,日均播放总时长 3700 万小时,个人、机构和企业开通的头条号超过 44 万。

2015 年,今日头条的广告收入为 16 亿元左右,2016 年广告收入为 60 亿元左右,2018 年收入 500 亿元左右,2019 年目标收入 1000 亿元。2016 年年末,今日头条获得红杉资本、建银国际等方面投资的 10 亿美元 D 轮融资,现估值已经达到约 750 亿美元。

3. 主要经验

第一,抓住了移动互联网的红利期。今日头条正好赶上了中国移动互联网的高速发展期,完全抓住了移动互联网的红利期。

第二,完全以技术为驱动,采取全新的大数据与人工智能技术。今日头条的本质是高科技公司,而且其以大数据和人工智能技术为底层架构的技术方案在全世界是首创,目前,网易、搜狐、新浪乃至腾讯等都在向今日头条学习,也被称为"头条化"。

第三,定位为技术公司,避免意识形态化。今日头条从来不认为自己是媒体平台,而只是认为自己是分发平台,而且对其平台上的内容进行了严格的管控,时政类内容只允许国有传统媒体发布,自媒体账号不允许涉足时政类内容。

第四,一流的创业团队。今日头条的 CEO 张一鸣是"80 后",更是连续创业者,负责经营的张利东之前是《京华时报》从事经营的副总经理。

第五,完全市场化的体制机制。今日头条采取完全市场化的体制机制,其曾经以年薪 100 万美元来招聘机器学习的首席专家。

---

① LDA(Latent Dirichlet Allocation)是一种文档主题生成模型,也称为一个三层贝叶斯概率模型,包含词、主题和文档三层结构。

第十章 传统媒体转型的内容传播战略

传统媒体进行互联网转型的目的是建立起强大的现代传播能力，现代传播能力由内容传播、传播平台和工具以及用户三层面构成，这就决定了传统媒体转型的内容传播战略的构成。

一、转变话语体系

在互联网技术的驱动下，传播生态发生了革命性变化，互联网媒体成为传播的主要平台，传统主流媒体之前的话语体系已经不适用于互联网平台，亟须改革和完善现有话语体系，建立起适应互联网平台的新话语体系。

1. 传统媒体的话语体系已经出现较大问题

张国祚认为，话语体系是思想理论体系和知识体系外在的表达形式，并进一步提出，"不同特色、不同风格、不同气魄的话语表达，对于某种思想理论体系和知识体系增强传播力、竞争力、吸引力、感染力、影响力的效果是不一样的"[①]。

首先，传统媒体的话语构建能力已经不能适应互联网的发展。曹林尖锐地指出："不得不说，在议程设置上，传统媒体是失职的；在创造社会流行语方面，传统媒体得分基本为零；在设置讨论话题上，传统媒体基本没有贡献；在引领公众讨论和引导舆论上，传统媒体也非常乏力。"[②]

其次，传统媒体的话语表达方式陈旧。一方面，不少传统媒体语言表达缺乏新意，有的还有浓重的"八股味"，难以让人"悦读"；另一方面，作为"耳目喉舌"的传统主流媒体在报道时显得呆板，不能做到"悦读、悦看、悦听"[③]，也导致其"耳目喉舌"的功能难以充分发挥。

---

① 张国祚：《关于打造话语体系的几点思考》，载《思想政治工作研究》2013年第4期。
② 曹林：《当网媒跟屁虫，传统媒体只有死路一条》，载《中国青年报》2012年10月24日。
③ 白晨晖、范以锦：《主流媒体需构建新型话语体系》，载《青年记者》2013年第1期。

2. 根据用户需求重建话语体系

首先，把话语体系的重建作为一项复杂的重大工程来打造。话语体系作为体系，绝不仅仅是音视频和图文的简单呈现，而是包含内容价值、及时适时表达、表达技巧和方法等要素的整个系统。

其次，要处理好四个关系。一是处理好继承与创新的关系。在继承优良传统作风的同时，还要大胆创新，有所发展。二是处理好舆论引导与遵循新闻规律的关系。在遵循新闻规律的基础上，通过贴近民众的良好语境表达来提升新闻价值。三是处理好传统媒体与互联网媒体互补的关系。话语体系的改变可以先从自己办的新媒体开始，并与传统媒体互动，相互促进。四是处理好媒体与用户的关系。传统媒体办的网站、手机报、官方微博、微信、今日头条客户端等互联网媒体，应根据新媒体的语境要求，善于激发网友和受众的情感，通过生动活泼的表达方式吸引网友和受众，实现良性互动。[①]

最后，根据不同的平台采取不同的话语表达方式。人民日报社在这方面做了很好的探索，他们的主要做法如下。

一是根据不同平台采取不同的信息融合方式。《人民日报》传统的话语表达多为大段文字加少量配图，比如国家领导人发表讲话的报道多为原文刊载；而在互联网媒体上则采取融合新闻[②]的表达方式，如微信公众号"学习小组"中的《国际学者热评习近平外交理念》就推出视频短片，而《习大大访美全纪录》则以图表形式回顾了习近平出访行程中的重要瞬间。

二是根据不同的受众而采取不同的话语方式。由于《人民日报》的主要受众是党政干部、公务员，所以，在《人民日报》访美报道中，称呼习近平为"国家主席习近平"；而微信公众号的用户主要是"80后""90后"，在微信公号中，用的是"习总"或"习大大"的称呼。此外，微信公众号更加强调与用户的互动，如微信公众号"侠客岛"的撰稿人（如"岛叔""杜小杜女侠"等）常常被带入文章语境。

三是传统媒体和互联网媒体采取风格迥异的相对独立的话语体系。例如，人民日报社旗下的报纸、网站、微博和公众号都有相对独立的话语体系，其中报纸与官方话语高度贴合，微信公号更接近民间话语，微信公号的文本摒弃了"模式化"的报道方式，表达也偏重口语化，凸显出亲和力。2012年12月，已突破

[①] 白晨晖、范以锦：《主流媒体需构建新型话语体系》，载《青年记者》2013年第1期。
[②] 王君超在发表在《中国报业》的《融合新闻的定义、实践与改进途径》一文中认为，融合新闻是指融合了文字、图片、音频、视频、超链接以及GPS位置信息等多媒体产品形式的新闻形态。

300万粉丝的人民日报微博曾在一条微博中如此要求自己："做一个诚实的微博，不骄矜、不浮夸，以敬畏之心守护事实真相；做一个负责的微博，不盲目、不媚俗，以虔诚之心呵护发展进步。"

四是《人民日报》倾向于全景式综述，其微信公号则主要是片段式的细节描写组合。[①]

二、搭建融媒中心实现全渠道传播

传统媒体为了有效地占领互联网舆论主阵地，一是要搭建融媒中心，变之前的"信息孤岛"为共通共享的融媒平台；二是要变之前的单渠道、多渠道传播为全渠道传播。

1. 融媒中心建设的六大原则

第一，以采编流程重构为前提。当前，我国传统媒体建设的"融媒中心"存在的最大问题是不能常态化运作，只有当领导人来视察或者"两会"[②] 等重大事件发生时才能真正起到作用，导致沦为"节庆中心"。当然从理论和实践来看，融媒中心并不是不能常态化运作，而是传统媒体没有做好前期的准备工作，即没有进行采编流程的彻底重构和优化，结果只有依靠传统媒体的主要领导协调，才能统一调配各部门协同运作。因此，融媒中心的建设首先是对采编流程进行制度化重构和优化，使其能够不依附主要领导的协调而能够自动运作，否则只能沦为花架子的形象工程。而要彻底重构和优化采编流程，一方面需要全员转变观念，破除传统媒体人长期的纸媒路径依赖症；另一方面需要打破现有的采编利益格局，而这都需要主导者具有极大的决心和魄力。这事必须是"一把手"工程，但是，很多传统媒体尤其是传统媒体集团的"一把手"要么对融媒中心的认识不到位，以为只要花钱搭建起这套设施就万事大吉了，要么当老好人为了一团和气而不愿意得罪人。

第二，以底层架构统一为标准。传统媒体尤其是具有一定规模的传统媒体，其互联网媒体及技术平台的建设长期以来采取的是"村村点火、户户冒烟"的方式，传统媒体旗下的所有媒体都"麻雀虽小，五脏俱全"，各类互联网媒体及平台成为标配，它们不仅高度同质化，难以形成有效的协同，而且技术标准都不

---

① 丁晨：《媒介融合背景下党报话语体系的转变——对比人民日报与其微信公众号对习近平九月访美报道》，载《西部学刊》2015 年第 1 期。

② "两会"是对自 1959 年以来历年召开的中华人民共和国全国人民代表大会和中国人民政治协商会议的统称。由于两场会议会期基本重合，而且对于国家运作的重要程度都非常的高，故简称做"两会"。

同,更难以在需要整合的时候进行有效整合。传统媒体的互联网探索应采取统分结合的方式,即底层架构必须统一,而应用层可以根据自身的特色分别探索。如果底层架构不统一,不仅难以搭建起真正的用户沉淀平台,更难以充分发挥互联网的梅特卡夫定律,即网络的价值与网络使用者数量的平方成正比,最后只能落得个互相指责的结局。

第三,以互联网为主体。实践已经充分证明,传统媒体的快速衰落不可避免,互联网尤其是智能媒体才是未来、才是方向,因此,在搭建融媒中心时,绝不能以传统媒体为主体,把提升和优化传统媒体作为目的,而应该以进行更好的互联网探索为目的,按照互联网的规律进行构建。但是在实践中,在传统媒体中,由于传统媒体从业人员尚处于主体并具有很强的话语权,导致融媒中心的建设仍然是以传统媒体为主体,而不是为了更好的互联网探索,这样的结果只能是"新瓶装旧酒、换汤不换药"。

第四,以用户沉淀为目的。传统媒体没有用户,而只有受众。用户和受众的区别是什么?用户是在线的,受众是不在线的;用户是可以精准画像的,而受众是不可精准画像的。所以,用户是可以紧密互动的且具有很高的商业价值的使用者,而受众是不能高度互动的,商业价值也偏低。互联网思维的本质是"用户体验为王",互联网媒体发展的根本就是巨量的用户,只要能够获得巨量的用户并服务好这些用户,就能找寻到商业模式和盈利模式。对于没有用户的传统媒体来说,首要的工作就是树立起"用户体验为王"的意识,想方设法利用各种技术来一个一个地沉淀用户。

第五,以互联网新产品为结果。用户沉淀不是最终目的,最终结果是必须能够拿出来让用户满意且具有盈利模式的互联网新产品。传统媒体虽然也出了很多互联网新产品,但是基本上是"废品",根本原因是传统媒体路径依赖症的"内容+",基本上难以实现可持续的、大规模盈利。如何打造互联网新产品,一要深刻理解自身沉淀的用户需求,从用户"痛点"出发;二要从市场需求出发,产品必须真正具有市场前景,而不是拍脑袋的"闭门造车";三要实现业务人员和技术人员的"混""通",唯有混、通,才能真正理解如何借助新技术来创新业务,打造互联网新产品。

第六,以三大平台建设为抓手。那么,融媒中心到底应该如何建?就是利用大数据和人工智能技术来搭建大数据资源和技术平台、智能生产和传播平台以及用户沉淀平台三大平台。一是大数据资源和技术平台,能够把之前和当前生产的内容数字化之后再数据化,即对内容进行科学的标签化,使得数据化后的内容能够有效、方便地智能匹配给采编人员和用户。二是智能生产和传播平台,实现了内容生产和传播的智能化,完全包含"中央厨房"的功能并且使得"中央厨房"

的常态化运作。智能生产和传播平台对采编流程进行了彻底重构,并建立起科学合理的评价评估及反馈机制。三是用户沉淀平台,在建立起用户标签化体系的基础上,通过数据化内容和用户个性化需求的智能化匹配,实现用户的沉淀,并在用户沉淀的基础上,根据用户的需求来设计新的数据产品,进而探讨新的商业模式和盈利模式。

2. 实现全渠道传播

首先,全渠道传播才能最大价值地发挥新闻的效用。当前,很多传统媒体认为自己辛辛苦苦生产的内容如果进行全渠道传播,等于让互联网媒体的"羊"吃了自己的"草",所以不愿意进行全渠道传播。这种想法无疑不利于自身的互联网转型,更不利于抢占互联网舆论主阵地。一方面,传统媒体陷入困境的根源是用户连接失效,而转型就要重建用户连接。而在当前渠道基本上被互联网平台垄断的情况下,只有积极全面地借助各种渠道去接触用户,才有可能吸引用户和沉淀用户,否则,不仅谈不上去占领互联网舆论主阵地,而且和用户也会越来越疏远,最后被用户彻底抛弃。另一方面,虽然传统媒体的互联网媒体业务尚未找到可持续的商业模式和盈利模式,尚不能支持传统媒体的正常运转,但有些传统媒体的微信公众号、官方微博等已经给传统媒体带来了上千万元的收入。尤其需要指出的是,如果没有借助互联网平台的传播,传统媒体的传播力会下降得更快,广告收入也会萎缩得更狠。

其次,全渠道传播的效果更好。传统媒体的实践证明,全渠道传播能够更充分地发挥舆论引导力。例如,从 2017 年 8 月 29 日开始到 9 月 25 日,《河南日报》连续推出从《春天的嘱托》到《在希望的田野上》的"牢记嘱托出彩中原"系列述评十篇,截至 2017 年 10 月 25 日 18 时,全网累计阅读量为 2.7737 亿人次。① 为什么这次传播取得了这么好的传播效果?一是该系列述评由河南日报报业集团旗下媒体、新媒体和各地党报一版全文转发,河南广播电视台以及各省辖市、直管县(市)所属新闻网站、"两微一端"新媒体联合推送,各地电台、电视台重点新闻栏目口播摘要。二是河南日报报业集团旗下各媒体平台提前制作新媒体产品进行预告,集中推送,后期制作音频版述评,实现了"波次传播"。三是互联网媒体配合得力。其中,河南日报客户端累计编发述评相关报道 82 篇,"两微一端"累计阅读量超 1263 万次。在每篇述评文章见报当天,河南日报客户端都会推出与主题对应的开机页面海报,同步向 900 万用户进行推送;大河网第

---

① 华峰、慧俊、倩文:《〈河南日报〉评论成新媒体爆款,社长总编幕后"监考"》,见观媒网(http://www.guanmedia.com/news/detail_6136.html)。

一时间全文转发，向各网集中推送，并在大河论坛推出同名互动帖，共推出互动帖十篇。第一篇述评《春天的嘱托》互动帖累计阅读量为 230 万人次，有效评论 107 条，十篇述评累计阅读量为 1132 多万人次，有效评论 685 条。① 大河网还推出短视频、音频、数据图表等新媒体产品，创造多个"10 万 +"的阅读量；大河客户端共做了 4 个新媒体产品来配合："短视频 + 一图读懂"《支撑河南发展的"四梁八柱"是啥？一分钟 + "5 问 5 答"告诉你》、嘻哈说唱 MV《河南开放 style》、H5《@一亿河南人，快搭乘民生幸福快车！》和微电影《在希望的田野上》，在《大河报》的"两微一端"上创造了多个"10 万 +"的阅读量。河南手机报推出了 3 期新媒体产品：微视频《"四张牌"缘何刷爆朋友圈》《大头儿子之河南人这五年的"获得感"》和《@所有党员：总书记给咱留道题》。这 3 期微视频将系列述评具象化，以视频的形式"端"上移动端，总点击量超过 642.7 万人次，网友点赞"有声有画的手机报"②。

三、用好数据新闻

随着我们进入大数据时代，大规模的数据新闻成为现实。所谓数据新闻，是指基于数据的抓取、挖掘、统计、分析和可视化呈现的新型新闻报道方式。最早进行数据新闻报道的是英国的《卫报》，1821 年 5 月 5 日，其头版新闻为《曼彻斯特在校小学生人数及其平均消费》。③ 此后，随着计算机技术的发展，在 20 世纪 50 年代，美国就有媒体记者利用大型计算机对政府提供的数据库中的信息进行分析，以发现和调查新闻事实，这也是较早的计算机辅助报道。

1. 数据新闻不同于精确新闻和数字新闻

首先，精确新闻的本质是采编人员运用调查、实验和内容分析等社会科学研究方法来收集资料、查证事实，从而报道新闻，以保证新闻的精确性。"精确新闻"的概念由美国学者菲利普·迈耶在 20 世纪 60 年代提出，20 世纪 70 年代风行于美国新闻界。④ 其主要特点是利用精确的具体数据分析新闻事件，侧重于微观的调查和分析。

---

① 华峰、慧俊、倩文：《〈河南日报〉评论成新媒体爆款，社长总编幕后"监考"》，见观媒网（http://www.guanmedia.com/news/detail_6136.html）。
② 华峰、慧俊、倩文：《〈河南日报〉评论成新媒体爆款，社长总编幕后"监考"》，见观媒网（http://www.guanmedia.com/news/detail_6136.html）。
③ 常江、杨奇光：《数据新闻：理念、方法与影响力》，载《新闻界》2014 年第 12 期。
④ 程道才：《西方精确新闻学理论的内容与应用》，载《当代传播》2004 年第 3 期。

其次，数字新闻是指以数字、公式、字母等静态形式来辅助文字报道。数字新闻与精确新闻的异同之处在于，它们都与数字有不解之缘；但数字新闻注重事物变动的结果，精确新闻注重事物变动的过程；数字新闻较简单，追求一目了然，精确新闻则较复杂，追求细微差别和精确结论。[①]

最后，数据新闻的本质是基于大数据。其呈现的是基于大数据的挖掘与处理后的结果，大多通过复杂的交互式、动态化的图片和视频来呈现。目前，数据新闻已经在国内外得到广泛应用，国际上比较领先的是《卫报》《纽约时报》《华盛顿邮报》等，国内比较领先的是 DT 财经[②]、财新[③]、封面新闻、新华社、央视、人民日报社等。

上海第一财经新媒体科技有限公司旗下的 DT 财经在 2016 年做了大量的数据新闻，成效显著。2016 年 6 月，"DT 君"制作的《安卓画风浓烈的 iOS10 要来了，苹果也要随大流？》一文在搜狐财经平台上的点击量超过 600 万次；同年 12 月，"DT 君"在"腾讯企鹅号财经类影响力榜"排名 14。2016 年上半年，实现月均 PV1000 万的目标，且在包括微信在内的各个渠道上累积了 10.8 万个货真价实的订阅用户；下半年，在业内形成"最专业的用大数据做商业新闻"的品牌形象，开发了"数据侠计划"，目前形成数据侠专栏、数据侠联盟（线上社群）、数据侠实验室（线下活动）三块业务。

2. 数据新闻的四大主要功能

第一，新闻叙事。数据新闻在宏观上可以对新闻事件观察得更为全面和清晰，能够系统性地呈现新闻事件的复杂演进过程和细节，且更为直观、生动和有趣。例如，英国的《卫报》通过追踪分析 260 万份推特内容，利用可视化动态图表描述了从流言开始传播到辟谣结束的整个过程。[④] 具体说来，该新闻事件以时间为轴，利用圆圈大小、颜色变化来描述整个过程，绿色代表散布流言的推特内容，红色代表更正这个流言的推特内容，灰色的是中立的评价推特内容，黄色的是对流言持怀疑态度的推特内容。圈的大小代表了推特内容的影响程度，圈越大影响程度越大。

---

① 周胜林：《精确新闻与数字新闻》，载《新闻传播》2002 年第 9 期。
② DT 财经是第一财经与阿里巴巴合力打造的数据财经新媒体，用数据表达财经新闻，传播大数据时代的财经新知。
③ 财新传媒是提供财经新闻及资讯服务的全媒体集团，依托专业的团队和强大的原创新闻优势，以期刊、网站、视频、图书、会议等多层次的业务平台，提供准确、全面、深入的财经新闻和资讯信息服务。
④ 陈力丹、李熠祺、娜佳：《大数据与新闻报道》，载《新闻记者》2015 年第 2 期。

第二，事实判断。数据新闻能够更为直观地呈现出事物之间的逻辑性，能够更有效地进行事实判断。例如，2011年8月，一个黑人穆斯林男子乘出租车在伦敦街头遭到警方拦截，双方发生枪战，该男子当街死亡。一些媒体评论认为这与贫富差距有关，而英国首相卡梅伦接受采访时声称骚乱事件与贫富差距无关。英国《卫报》利用谷歌融合图表，在伦敦地区地图上标记出骚乱分子的居住地信息（黄色点）、实际发生骚乱的地点（灰色点）以及贫困地区分布（越偏红色表示越贫穷）。网民可以根据这张图，观察每个被标记的骚乱点的人流从哪里来、到哪儿去，从而清楚地看到贫苦与骚乱之间存在的某种关联。《卫报》记者根据大数据分析结果，做出了一系列报道，其中一个报道主题就是"骚乱与贫困有没有关联"。① 毫无疑问，基于大数据的数据新闻报道相比之前的单纯文字报道，逻辑关系更为清楚，说服力也更强。

第三，预测趋势。大数据的目的是"预测"，即基于相关关系来科学预测事件的走向。谷歌、百度基于自身的大数据，在疾病预防、旅游、高考、世界杯、电影票房等各方面都能够进行有效的预测。例如，百度旅游大数据能够根据网民在网上的搜索数据，及时地了解有多少网民在某些日子里想去某旅游景点，并且能够了解男人、女人、老人、儿童的比例，这就能够为旅游景区有效地应对节假日旅游做好准备。至于在数据新闻上的应用，媒体可以利用百度等数据源，在挖掘和分析大数据的基础上，制作出可视化、交互式的图表，提前预测事件的趋势和走向。

第四，信息智能匹配。在大数据技术日益成熟的当下，传媒可以利用大数据技术来分析用户的个性化和定制化需求，并把内容通过标签化来实现数据化，进而在内容和用户需求之间实现智能化匹配。国内的今日头条在这方面居于世界领先地位，《华盛顿邮报》被亚马逊的CEO贝索斯收购之后也进行了大数据的转型。

3. 传统媒体及其从业人员亟须提高数据素养

数据新闻既需要从业人员具备新闻采编能力，更需要具备大数据知识和技术能力。而对于传统媒体及其从业人员来说，数据素养更为缺乏，亟须从如下方面提升。

首先，熟练使用计算机和大数据工具的能力。当前，我们已进入大数据时代，信息纷繁芜杂，传统的数据处理方法和工具已经没有办法处理大数据，而这需要在熟练运用计算机的基础上，掌握大数据的工具和手段。

---

① 陈力丹、李熠祺、娜佳：《大数据与新闻报道》，载《新闻记者》2015年第2期。

其次，分析数据能力。数据新闻基于大量的数据，一则要求从业人员有能力根据问题去收集数据；二则需要有能力对数据进行分析、处理和整合；三则需要通过数据发现问题、提出问题以及得出相应的结论。

最后，可视化工具设计和运用能力。可视化工具是数据新闻的利器，能够将不同的时间和空间关联在一起，清楚地展现纷繁数据之间的逻辑关系，不仅有利于用户理解而且有利于用户深度参与其中。当然，可视化工具本身的设计以及采编人员的运用既需要投入大量的成本，又需要采编人员通过实际运用来掌握。例如，浙江日报报业集团在其"媒立方"平台里嵌入了大量的可视化工具，而且通过培训和制作竞赛来更好地调动采编人员运用可视化工具的积极性和主动性。

四、机器人新闻

1. 机器人新闻及其发展

所谓机器人新闻，是指基于大数据和人工智能技术，利用算法对数据展开收集、分析、加工、自动生成的一整套新闻报道程序。它最早起源于人工智能技术最为领先的美国，其主要特点是新闻生产主体的彻底机器化、自动化和智能化。最早的机器人新闻于 2009 年出现于美国，在当时美国的职业棒球大联盟季后赛上，一款名为 Stats Monkey 的人工软件完成了世界上第一篇机器稿件[1]，在当时引起了极大的轰动但也引发了很多争议。

2011 年，思科工程师罗比·艾伦创办了 Automated Insights（以下简称 AI 公司），该公司重点主攻人工智能自动写作程序。借助一个名为"作家"的人工智能技术平台，用机器自动撰写新闻稿件。2013 年，机器自动撰写的新闻稿件已经超过 3 亿篇，超过了所有主要新闻机构的稿件产出数量；2014 年，机器已经撰写超过了 10 亿篇的新闻稿件。[2] 2014 年 7 月，世界三大通讯社之一的美联社与科技公司 AI 公司达成合作，使用他们的技术平台为所有美国和加拿大上市公司自动撰写营收业绩报告。目前，每季度美联社利用人工智能程序自动撰写的营收报告接近 3700 篇，是同时段美联社记者和编辑手工撰写的相关报告数量的 12 倍。[3] 2016 年，美联社将自动新闻撰写扩展到体育领域。

2014 年 3 月 17 日凌晨，美国加州发生了 4.4 级地震，地震发生 3 分钟之后，

---

[1] 周杨：《"入职"一年，机器人写稿前景如何？》，见华龙网（http://news.cqnews.net/html/2016-09/24/content_38699626.htm）。

[2] 李开复、王咏刚：《人工智能》，文化发展出版社 2017 年版。

[3] 李开复、王咏刚：《人工智能》，文化发展出版社 2017 年版。

《洛杉矶时报》就在其网站上发布了一篇关于这次地震的详细报道,不但提及了地震台网观测到的详细数据,而且还回顾了旧金山区域最近十天的地震观测情况。只过 3 分钟就能够在第一时间发出新闻,背后是 24 小时彻夜不休的人工智能新闻撰写程序。①《纽约时报》也把机器人新闻应用到财报、体育的相关报道中,而《华盛顿邮报》更是在 2016 年的里约奥运会上,让"机器人记者"与传统记者联袂进行体育报道。

国内的媒体和互联网公司也早就开展了这方面的尝试,腾讯、新华社、国家地震台网、今日头条、《南方都市报》、封面新闻分别开发出了相应的人工智能写稿程序。腾讯走在国内探索者的前列,早在 2015 年 9 月,腾讯财经用机器人 Dreamwriter 发布了一篇稿件《8 月 CPI 同比上涨 2.0%,创 12 月新高》。2015 年 11 月 18 日,新华社推出"快笔小新",输入股票代码,再点一下鼠标,就能产生一篇财报分析。2016 年 5 月 29 日,四川绵阳发生地震,国家地震台网研发的智能机器人仅仅花了 6 秒钟就写成并发布了题为《绵阳安州发生 4.3 级地震》共 560 字的新闻。在里约奥运会上,由北京大学和今日头条合作研发的"机器人记者"小明发稿 450 多篇,单篇浏览阅读量突破 10 万。2017 年 1 月 17 日 20:09,《南方都市报》的写稿机器人"小南"撰写了题为《20 日广州 - 武汉还有大量无座票》的原创稿件在《南方都市报》自媒体平台发出。2017 年 7 月 12 日,四川气象台发布高温橙色预警,气温直逼 40℃。封面新闻客户端机器人"小冰"机智地点评:"40℃还能约出来见面的,不是真爱是什么?'小冰'我可是用生命在和成都人民约会呢!"

2. 机器人新闻的主要流程

机器人新闻的写作流程主要包括五个环节:数据库的建立、机器对数据库的学习、就具体项目进行写作、内容审核、分发。②

第一,机器人新闻的基础是数据库。大数据是人工智能的燃料,数据库也是机器人新闻的燃料库,没有数据库,再厉害的机器人也无法写出文章。而且数据量越多、数据的颗粒度越细则效果越好。例如,腾讯已经购买了大量的国内外数据库,从 2015 - 16 赛季开始,腾讯买断了 5 年 NBA 在中国大陆市场新媒体的独播权,同时采购了 NBA 的全套数据。③

---

① 李开复、王咏刚:《人工智能》,文化发展出版社 2017 年版。
② 陈钟昊、崔灿、王睿路、张妍:《腾讯 Dreamwriter:自动化新闻之路》,见记者网(https://www.jzwcom.com/jzw/0c/16550.html)。
③ 陈钟昊、崔灿、王睿路、张妍:《腾讯 Dreamwriter:自动化新闻之路》,见记者网(https://www.jzwcom.com/jzw/0c/16550.html)。

第二，通过机器学习来培养机器人的写作能力。机器人写作能力和人类一样都需要通过学习才能习得，而对于新闻机器人来说，这一过程就是机器学习。所谓机器学习，就是专门的技术人员通过算法设计和数据分析技术让机器人去分析和理解数据库。在学习的过程中，数据库的语料越多、算法越先进则效果越好。

第三，机器人的写作本质是编辑整理新闻。由于数据库是公开的，机器人并没有自己的采访过程和内容，而是在数据库中收集、分析、编辑和生成稿件。

第四，有待完善的后期审核与分发环节。传统媒体和互联网媒体的信息发布都有相对完善的审核机制，目前机器人新闻尚无系统的审核机制，甚至基本不涉及对其内容进行发布前审核的工作。但是，不同的媒体都有相应的风控团队来负责政治性把关、事实性和合法性核查。

3. 机器人新闻的趋势

第一，机器人新闻可以提供互联网下 UGC 的新闻信息服务。未来的新闻机器人可以从微博、微信、今日头条、UC 浏览器等 UGC 平台上获取新闻素材来进行自动写稿，这不仅能够帮助采编人员发现热点，而且能够快速生成相应的新闻。

第二，机器人新闻可以进入音视频领域。除了在图文领域，机器人新闻也可以利用语音和视频技术逐步进入音视频领域。

第三，为用户提供更为个性化的服务。新闻机器人基于对用户行为、阅读习惯等大量数据的分析，能够有效地分析出用户的个性化需求，进而提供相关的信息来满足用户个性化需求。

第四，与专家更好地结合进行创新性写作。未来的新闻机器人能够有效地把机器人的高效与专家的观点有机地结合在一起，为用户提供更高质量的信息。

4. 机器人新闻的完善

首先，新闻机器人在保持高效的基础上不断拓展领域。机器人新闻最大的优势在于效率，其次是能够满足用户的"长尾需求"，但是目前主要局限于体育和财经领域，因为这些领域更容易标准化。例如，在财经领域，GDP 数据和财报发布时间都相对明确；在体育领域，比赛的开始时间是确定的，球员的各类数据也基本完整。未来，随着深度学习方法的引入，新闻机器人报道的领域会逐步扩大。例如，《南方都市报》已经把新闻机器人的报道领域扩展到社会新闻领域。当然，不同领域需要不同的写作模式平台，腾讯的 Dreamwriter 根据财经报道和体育报道的不同特点开发了双系统平台，财经有自己的表达方式和计算模型，而体育偏向于深度表达和赛事报道。①

其次,通过"人机互动"来扬长避短。优秀的稿件一定需要丰富知识的专家型采编人员与新闻机器人有机对接,既发挥新闻机器人的精准高效,也发挥采编人员的创造性和专家优势,这样的"人机结合"不仅能够成为简单的新闻事实的记录员,更是社会事实的观察者、新闻事件的阐释者、新闻意义的挖掘者。

最后,国内的新闻机器人目前尚停留在初级应用阶段,多以财经和体育新闻为主,体裁上基本局限于快讯、短讯和财报,而且领先者也多是腾讯、百度、今日头条等互联网科技公司。这一方面要求国内的新闻机器人不断向国外的新闻机器人学习,另一方面也要求中国的传媒业要加大研发投入以迎头赶上。

---

① 陈钟昊、崔灿、王睿路、张妍:《腾讯 Dreamwriter:自动化新闻之路》,见记者网(https://www.jzwcom.com/jzw/0c/16550.html)。

第十一章 传统媒体转型的资本战略

传统媒体转型发展既需要打造全新的互联网平台,又需要优化和升级现有业务平台,这些都无疑需要巨额的资金来支持。这种巨额资金单纯依靠自我积累难以提供,这就需要充分利用好资本市场,通过经营性资产的证券化,来为传统媒体的转型提供强有力的支持。

一、传统媒体互联网转型耗资巨大

1. 打造全新的互联网平台是耗资大、周期长的工程

当前,互联网媒体尤其是移动互联网媒体已经成为用户尤其是年轻用户获取信息和娱乐的主要平台,它们也已经成为传媒业的重要组成部分,这就要求传统媒体必须集合媒体之力打造全新的互联网尤其是移动互联网平台,以抢占互联网尤其是移动互联网的舆论引导主阵地,并重建传统媒体地位。而综观互联网媒体的发展历程,无论是国外的谷歌、雅虎、Facebook、Twitter、YouTube等,还是国内的新浪、腾讯、搜狐、网易、百度、优土、乐视网、爱奇艺等,一方面,它们都经历了5年以上的培育期才真正实现了盈利,甚至有些到现在尚未实现盈利;另一方面,都实施了多轮融资,尤其是从资本市场融来了巨资来助力自身的发展,大多数融资额都为几十亿元甚至上百亿元。从国内外互联网媒体的发展经验来看,传统媒体要打造全新的互联网平台不仅需要亿元甚至十几亿元的投入,而且还需要5到8年的培育期,才有可能成为承载传统媒体向互联网转型的主体。

2. 员工队伍的优化转型需要巨额的资金

首先,互联网媒体由于可以更多地利用技术,其单位产出所需的人员就更少。例如,百度每年有700亿元以上的营业收入,而其所雇用的人员仅为4万人左右。如果按照这个标准,传统媒体在实现了转型之后,工作人员规模必将大大减少,这无疑有为数不少的人员需要安置,尤其是一些传统媒体的收入水平较

高,这一块的费用所需甚多。

其次,媒体转型还需要招聘大量的能够更好使用互联网和新技术的年轻人,这也需要一大笔成本支出。

3. 转变员工观念需要大量的投入

媒体转型以及互联网平台的打造需要具有全新互联网思维的员工队伍,而传统媒体目前的员工无疑是不能满足这种需求的,这就需要通过培训或者内部创业等办法来转变。例如,浙报集团2014年拿出3000万元来支持内部创业,较为成功地转变了500人的观念,差不多人均需要6万元左右。

二、打通资本通道的传媒集团转型较快

相比没有打通资本通道的传媒集团,已经上市打通直接融资渠道的传媒集团转型快、发展好,已经见到初步效果,例如华闻传媒、浙报传媒、华媒控股、东方明珠新媒体等。

1. 华闻传媒成为国内渠道最全的综合性传媒上市公司之一

近年来,华闻传媒充分发挥上市公司的平台优势,在准确把握传媒业发展规律与趋势的基础上,通过整合、并购、持续重组等有效手段,大力推动传统媒体和新兴媒体融合发展,将公司业务从单一的报业领域向新兴媒体领域全力拓展,取得了良好的融合效果。到目前为止,公司有近十项业务在全国垂直领域排名前三:时报传媒——在财经传媒领域名列前茅;华商传媒——位居都市报系行业前列;国广光荣——在广播广告经营行业领先;国视上海及掌视亿通——在手机视频领域收入规模第一;漫友文化——位居原创动漫领域行业第一;澄怀科技——位居高端留学服务行业第一;邦富软件——位居舆情监测、舆情营销领域行业第一;国广东方——互联网电视七家牌照运营商之一;精视文化——楼宇广告在全国排名第二。公司基本实现了"全媒体、大文化"的战略目标,成功打造了融传统媒体和互联网媒体于一体的传媒生态圈,形成了一个覆盖数亿用户主要生活和工作场景的立体多样、融合发展的现代传播体系。

2. 浙报传媒的互联网业务发展良好

浙报集团通过收购边锋和浩方两家游戏公司以及其他业务,取得了较好的效果。一是2014年浙报传媒营收达30.65亿元,相比于2013年的24.11亿元增长27.16%,归属上市公司股东的净利润为5.17亿元,同比增长25.84%。其中在

线游戏营收 8.02 亿元，同比增长 87.85%，毛利率为 88.41%。二是收入结构大幅度优化，经营风险大大降低。在游戏业务快速增长的推动下，2014 年年底，浙报传媒的非报业务收入已经占比 40% 以上，非报业务的净利润已经占比 50% 以上，在一定程度上实现了从传统媒体向互联网媒体的转型。

三、上市融资

除了北青传媒、财讯传媒集团和现代传播集团在香港上市之外，我国的传统媒体主要在国内资本市场上市，上市的方式主要有 IPO 上市、借壳上市和三板转主板三种。在 IPO 上市的主要有江苏有线、读者传媒和南方出版传媒等；借壳上市的主要有浙报传媒、华媒控股、城市传媒等；三板转主板的主要有粤传媒等。

（一）上市的优势和劣势

首先，上市对于传统媒体的转型发展无疑具有巨大促进作用，其优势主要如下：一是打通直接融资渠道，好项目能够获得较大规模的直接融资；二是可以通过并购等方式实现转型和成长；三是上市公司的监管要求严，能够倒逼传统媒体自身管理能力的提升。

其次，劣势是：上市公司的标准高，只有极少数传统媒体企业才有资格，而绝大多数传统媒体企业都不能满足上市条件。

（二）上市公司的发展现状

1. 2016 年，国有传媒类新上市公司有 6 家

2016 年，主要有南方传媒、中国电影、广西广电、上影股份、新华网和贵州广电等 6 家国有传媒类公司在上海证券交易所上市，广电网络和电影各占 2 家。其中，南方传媒是猴年 A 股第一股，中国电影是目前中国娱乐业最大的 IPO。到目前为止，广电网络行业的上市公司已经有 10 家，成为我国传媒类上市公司的重要组成部分。具体见表 11-1。

表 11-1　2016 年传媒类主要上市公司

上市公司	股票代码	上市地点	发行股份	发行价格（元）	募资总额（亿元）	募资用途
南方传媒	601900	上海证券交易所	16910万股	5.85	9.90	用于品牌教育图书出版、连锁门店升级改造、数字化印刷系统、跨网络教育内容聚合服务平台、信息化系统等项目及补充流动资金
中国电影	600977	上海证券交易所	46700万股	8.92	41.66	12亿元用于补充影视剧业务运营金、7亿元投向数字影院投资、14亿元投向数字放映推广应用等项目；另外，5.30亿元用于偿还2007年中国电影集团企业债券本金及最后一期利息
广西广电	600936	上海证券交易所	30000万股	4.80	14.40	全媒体支撑网络建设项目、全媒体综合信息服务平台项目、补充流动资金
上影股份	601595	上海证券交易所	9350万股	10.19	9.53	用于影院新建及升级改造、信息系统与网络平台建设等
新华网	603888	上海证券交易所	5190.29万股	27.69	14.37	投向全媒体信息应用服务云平台，移动互联网集成、加工、分发及运营系统业务，政务类大数据智能分析系统，新媒体应用技术研发中心，在线教育等领域
贵州广电	600996	上海证券交易所	21000万股	14.98	31.46	用于广播电视综合信息基础网络建设项目、广电新媒体全业务系统建设项目、网络媒体融合内容建设项目等3个项目

资料来源：根据上市公司资料整理。

2. 报纸类上市公司发展情况

2016年，7家（其中北青传媒在香港证券交易所上市）报纸类上市公司有如下特点。

一是营业收入、净利润和净资产的增速普遍较低。在营业收入方面，华闻传媒、浙报传媒和华媒控股呈现了同比增长，其中华媒控股同比增长17.42%，增速超过15%，而博瑞传播、新华传媒、粤传媒和北青传媒4家都呈现下滑，其中博瑞传播同比下滑18.55%，粤传媒同比下滑20.93%；在归属于上市公司的净利润方面，华闻传媒、浙报传媒、粤传媒和北青传媒4家同比增长，而华媒控股、博瑞传播和新华传媒3家负增长，需要指出的是，粤传媒和北青传媒2015年都为亏损，而粤传媒在2016年之所以出现了1.9亿元的净利润，根本原因是其旗下的广州日报社的发行和印刷获得了广州市财政局的3.5亿元巨额补贴；在总资产方面，华闻传媒、浙报传媒、华媒控股和粤传媒4家同比增长，而博瑞传播、新华传媒和北青传媒3家则为负增长。

二是业绩分化严重。2016年，华闻传媒的营业收入为45.70亿元，是北青传媒的9.46倍，华闻传媒的净利润为8.73亿元，是新华传媒的18.03倍；华闻传媒的总资产超过100亿元，是北青传媒的8.93倍，浙报传媒的市值是北青传媒的107.45倍。具体见表11-2。

表11-2　2016年报刊上市公司发展情况表

序号	公司简称	营业收入		归属于上市公司股东的净利润		总资产		市值（亿元）
		值（亿元）	同比增速（%）	值（亿元）	同比增速（%）	值（亿元）	同比增速（%）	
1	华闻传媒	45.70	5.30	8.73	4.18	134.00	4.69	220.90
2	浙报传媒	35.50	2.60	6.12	0.33	93.20	16.21	236.40
3	华媒控股	18.20	17.42	2.23	-21.48	29.60	23.85	80.60
4	博瑞传播	10.10	-18.55	0.60	-19.45	43.40	-3.56	75.33
5	新华传媒	15.20	-3.18	0.48	-16.23	39.50	-8.56	79.83
6	粤传媒	10.20	-20.93	1.90	——	46.90	7.32	76.63
7	北青传媒	4.83	-5.10	0.59		15.01	-3.45	2.12

资料来源：根据上市公司财报整理。

说明：

(1) 总资产为截至2016年12月31日的数据。

(2) 市值为2017年4月28日收市时市值。

7家以报业为主的上市公司中，浙报集团的互联网转型前瞻性最强，它从2016年开始就布局大数据产业。2016年，浙江日报报业集团旗下的上市公司浙数文化开始进军大数据产业。2016年，浙数文化的前身浙报传媒通过非公开发行募集19.5亿元，并以此为基础推进包括浙江大数据交易中心、"富春云"互联网数据中心、大数据创客中心、大数据产业基金的"四位一体"大数据产业生态圈建设。目前，浙江大数据交易中心已经正式上线运营，"富春云"互联网数据中心进入实质性建设阶段，大数据创客中心定址完成，总额10亿元的大数据产业投资基金也设立完成，并对若干优质项目完成出资。

3. 出版类上市公司基本情况

2016年，出版类上市公司主要有14家。整体说来，呈现如下特点。

第一，出版类上市公司的营业收入、净利润和总资产的规模都相对较大。在营业收入方面，13家同比增长，而只有读者传媒1家出现下滑，其中长江传媒、中文传媒、中南传媒和凤凰传媒4家企业形成了稳定的"百亿俱乐部"第一梯队。大地传媒、皖新传媒、时代出版、新华文轩和南方传媒收入在40亿元到80亿元之间不等，除了南方传媒营业收入增长率为6.87%以外，其余几家均实现了两位数的增长率。在归属上市股东净利润方面，中南传媒依旧以18.04元居首位，中文传媒和凤凰传媒以12.95亿元和11.69亿元分列二、三位。在这三家巨头之后，皖新传媒2016年的净利润首次突破10亿元，为10.91亿元，同比增长39.33%。除此之外，大地传媒、新华文轩、长江传媒、南方传媒和时代出版均实现了5亿元左右的归属上市股东净利润。在总资产方面，凤凰传媒、中文传媒和中南传媒位居前三，均超过180亿元。在这三家巨头之外，皖新传媒与大地传媒总资产首次超过百亿元，加上回归A股的新华文轩，目前A股市场共有6家出版上市企业资产超百亿元，而紧随之后的长江传媒与南方传媒也分别以接近百亿元的97.46亿元和86.09亿元总资产位列其后。

第二，业绩分化明显。营业收入居首的长江传媒（137.89亿元）是居尾的中文在线（6.01亿元）的22.94倍；净利润居首的中南传媒（18.05亿元）是居尾的中文在线（0.35亿元）的51.57倍；总资产居首的凤凰传媒（193.18亿元）是居尾的读者传媒（19.37亿元）的9.97倍。具体见表11-3。

表11-3 2016年出版上市公司发展情况表

序号	公司简称	营业收入		归属于上市公司股东的净利润		总资产		市值（亿元）
		值（亿元）	同比增速（%）	值（亿元）	同比增速（%）	值（亿元）	同比增速（%）	
1	中南传媒	111	9.90	18.00	5.88	186.00	11.38	301.70
2	长江传媒	138	15.97	5.92	82.15	97.60	3.50	95.88
3	中文传媒	128	10.34	13.00	22.64	189.00	7.39	297.50

（续表 11-3）

序号	公司简称	营业收入		归属于上市公司股东的净利润		总资产		市值 (亿元)
		值 (亿元)	同比增速 (%)	值 (亿元)	同比增速 (%)	值 (亿元)	同比增速 (%)	
4	凤凰传媒	105.00	5.00	11.70	4.46	193.00	7.82	249.40
5	大地传媒	78.90	10.50	6.73	-4.27	101.00	8.60	114.70
6	皖新传媒	75.90	15.35	10.60	37.13	110.00	38.71	299.00
7	时代出版	67.70	12.46	4.03	2.54	76.50	11.68	102.80
8	新华文轩	63.56	10.88	6.47	0.03	122.55	14.07	215.60
9	南方传媒	49.20	6.96	4.22	11.94	86.10	24.24	110.40
10	城市传媒	17.70	14.94	2.72	16.74	28.90	9.89	70.42
11	出版传媒	16.40	5.13	1.23	57.59	30.70	1.99	51.90
12	天舟文化	7.80	43.38	2.44	38.64	49.40	136.36	131.90
13	读者传媒	7.51	-8.97	0.84	-17.40	19.40	1.04	68.05
14	中文在线	6.02	54.36	0.35	12.13	28.50	224.23	106.20

资料来源：根据上市公司财报整理。

说明：

（1）总资产为截至 2016 年 12 月 31 日的数据。

（2）市值为 2017 年 4 月 28 日收市时市值。

第三，积极布局转型。出版类上市公司进行转型升级的措施主要有：一是整合升级传统主业线上线下销售渠道、多元布局文化产业、转型资本投资市场；二是整合升级销售渠道，线下多以新华集团实体书店为核心，升级建设卖场；三是线上以建设电商平台为主，开展新媒体营销推广业务；四是多元布局文化产业，在线教育、网络游戏、影视文化等渐成多元化发展热点；五是转型资本投资市场，以成立文化产业投资基金为主要方式。

4. 广电网络上市公司基本情况

在 9 家主要的广电网络上市公司中，东方明珠的营业收入、净利润、总资产和市值都居于首位，其中营业收入为 194 亿元，归属于母公司的净利润为 29.30 亿元，总资产为 368 亿元，市值为 550.30 亿元。但是从整体来说，一是增速不高，其中东方明珠和天威视讯同比下滑，电广传媒、江苏有线同比增速超过 10%，其他的增速都为个位数；在净利润方面，电广传媒、湖北广电和吉视传媒都出现了同比下滑。二是实力差距较为悬殊。具体见表 11-4。

表 11-4　2016 年广电网络上市公司发展情况表

序号	公司简称	营业收入		归属于上市公司股东的净利润		总资产		市值（亿元）
		值（亿元）	同比增速（%）	值（亿元）	同比增速（%）	值（亿元）	同比增速（%）	
1	东方明珠	194	-8.06	29.30	0.69	368	4.25	550.30
2	电广传媒	74.90	25.04	3.33	-12.60	225	11.39	176.30
3	江苏有线	54.20	16.31	8.74	12.92	317	70.43	402.80
4	华数传媒	30.80	7.69	6.02	12.73	140	10.24	232.80
5	湖北广电	24.80	2.90	3.03	-18.55	81.20	6.70	85.83
6	天威视讯	16.90	-5.59	3.03	11.40	37.80	5.59	80.94
7	歌华有线	26.60	3.50	7.25	7.73	151	7.86	213.90
8	广电网络	26	8.79	1.33	0	65.20	20.52	67.09
9	吉视传媒	22.10	1.38	3.66	-10.95	98.40	0.10	118.50

资料来源：根据上市公司财报整理；

说明：

（1）总资产为截至 2016 年 12 月 31 日的数据。

（2）市值为 2017 年 4 月 28 日收市时市值。

（三）完善国有传媒类上市公司股权结构

股权结构决定公司治理水平，根据先进上市公司的实践经验，多元化的股权结构既能控制更多的社会资本，又能形成更为规范和相互制衡的公司治理机制，更好地促进上市公司的发展。目前，我国的国有传媒类上市公司作为国有传媒单位和企业的优秀代表，在"传媒控制资本，资本壮大传媒"思路的指导下，充分利用资本市场的杠杆效应，通过投资、兼并等方式控制了更多的优质传媒资源，很好地承担了舆论引导主力军的作用。但是，按照现有政策要求，对于具有较强意识形态属性的国有传媒上市公司，其实际控制人必须对其绝对控股（即持有上市公司 50% 以上的股权），这种股权结构虽然在形式上保证了对国有传媒上市公司的绝对控制，但也在很大程度上制约了国有传媒上市公司的资本运作能力，不利于国有传媒上市公司的进一步做强、做大、做优。鉴于此，为了更好地发挥国有传媒上市公司的舆论影响力和资本控制力，就需要深化其股权结构改革，变绝对控股的股权结构为相对控股的股权结构。

1. 绝对控股的股权结构严重制约了上市公司的资本运作能力

当前,为了保证意识形态领域的绝对安全,我国相关政策一方面规定传媒企业在上市时首先必须得到相关部门的批准,另一方面要求其实际控制人对传媒类上市公司必须持有不低于50%的股权,以保证对上市公司的绝对主导权和控制权。这种绝对控股的股权结构看似很科学,但是实际上并不科学,因为这种股权结构在很大程度上制约了国有传媒上市公司的发展和壮大,违背了国有传媒上市公司利用资本市场控制更多优质传媒资源的初衷,也间接影响了国有传媒上市公司舆论引导力的发挥。

首先,违背了国有传媒上市公司上市的根本目的。国有传媒上市公司的根本目的是借助资本市场的力量,控制更多的优质传媒资源以服务好党和政府的中心工作,因此,其衡量标准就是其所控制的传媒资源的质量和数量,着眼点应在于增量资源,关键在于所控制优质资源的动态增长,是一种创新性的发展观。而当前这种绝对控股的方式却是着眼于存量资源,目的在于对现有传媒资源的严格管控,是一种静态的控制观。

其次,严重制约了国有传媒上市公司的发展和壮大。资本市场的一个重要作用是发挥资本的杠杆效应,即能够利用较小的资本控制更多的资本和资源,资本杠杆效应是股权杠杆效应与市盈率的乘积。自然,上市公司实际控制人的所持有的股权比例越低,则股权杠杆效应就越高,再加上上市公司市盈率的影响,其所控制的资源就得到几十倍乃至上百倍的放大。例如,如果一家上市公司的市盈率为50倍,其上市时投入的净资产为15亿元,当实际控制人所持有的股权为50%时,股权杠杆系数为2,实际控制人就能够控制150亿元的传媒资源;而当实际控制人所持有的股权为25%时,则股权杠杆系数为4,实际控制人能够控制300亿元的传媒资源。目前,我国国有传媒上市公司在上市之后,其实际控制人所持有的股权比例比所要求的最低股权比例——50%多一点点,导致上市公司的股权杠杆效应基本上已经不能发挥,严重制约了国有传媒上市公司的发展空间。

根据国有传媒上市公司的财报资料,截至2015年11月30日收盘时,华媒控股的实际控制人杭州日报社持有华媒控股的股权份额为52.075%,比所要求的最低股权比例多2.075%;浙报传媒的实际控制人浙江日报社分别通过其旗下的浙报传媒控股集团公司持有浙报传媒的股权份额为49.67%,旗下的浙江新干线投资公司持有浙报传媒持股的股权份额为0.67%,再加上旗下的其他公司所持有的股权份额,共为55%左右,比所要求的最低股权比例高5%左右;新华传媒的实际控制人中共上海市委宣传部通过其旗下的上海新华发行集团有限公司持有新华传媒的股权份额为27.71%,旗下的上海报业集团持有新华传媒的股权份额为

23.49%，旗下的上海中润广告有限公司持有新华传媒的股权份额为0.97%，三者加起来为52.17%，比所要求的最低股权比例高2.17%；东方明珠的实际控制人中共上海市委宣传部通过其旗下的上海文化广播影视集团有限公司持有东方明珠的股权份额为45.05%，加上旗下其他公司所持有的股权份额总共不超过55%，比所要求的最低股权比例高5%左右；人民网的实际控制人人民日报社直接持有人民网的股权份额为48.43%，通过其旗下的环球时报社持有人民网的股权份额为8.62%，二者之和为57.05%，比所要求的最低股权比例高7.05%；粤传媒的实际控制人广州日报社通过其旗下的广州传媒控股有限公司持有粤传媒的股权份额为47.11%，旗下的广州大洋实业投资有限公司持有粤传媒的股权份额为18.21%，二者加起来为65.32%，比所要求的最低股权比例高15.32%。

最后，其他领域国有企业上市公司的股权结构改革提供了很好的经验借鉴。在其他领域，国有上市公司的股权结构也经历了绝对控股向相对控股的改革和完善，改革的结果显示，相对控股的股权结构不仅没有减弱国家对国有上市公司的控制，而且国有上市公司所控制的资源的数量和质量都大大增加。

2. 相对控股的股权结构依然不影响对舆论引导权的严格控制

首先，代表舆论引导能力的采编业务并没有上市。当前，我国对意识形态属性较强的传媒单位和企业采取的是"采编经营两分开"的管理思路，即传媒集团下分设为采编业务和经营业务两大业务板块，在上市时，经营业务板块上市，而采编业务仍然保留在传媒集团旗下不予上市，因此，即使是整体上市的浙报传媒、华媒控股等上市公司也仅仅是经营业务部分整体上市，而采编业务部分放在传媒集团旗下并没有上市。例如，浙江日报报业集团旗下的采编业务依然在事业单位浙江日报社旗下而并没有上市。因此，对于国有传媒上市公司采取相对控股的管理办法，并不涉及采编业务部分，自然也不会影响舆论引导力的发挥。

其次，对上市公司的管控能力丝毫没有减弱。我国对传媒单位和企业采取的是"党管媒体、党管干部、党管导向"的管理方式，而无论是管媒体还是管导向，其抓手都是管干部。当前，无论是传媒集团的管理层还是国有传媒上市公司的管理层，都由其所在党委任免，因此，即使对上市公司采取相对控股的管理方式，也一点都不影响党委对上市公司的牢牢把控。

3. 可以用投票权绝对控股来替代股权绝对控股

在当前情况下，我们还可以充分借鉴国外资本市场优先股的经验，用投票权绝对控股的管理方式来替代股权绝对控股的管理方式，在实现国家对国有传媒上市公司投票决策权绝对把控的同时实现上市公司股权结构的相对控股，进而帮助国有传媒上市公司实现传媒资源和版图的快速扩张。

具体做法如下：在我国资本市场引入优先股制度的同时，国有传媒上市公司应多发行没有投票权的优先股而少发行有投票权的普通股票，这样就能有效保证在国有传媒上市公司股权大量稀释的情况下，实际控制人依然在投票权上对上市公司实行绝对控股，进而实现对国有传媒上市公司的绝对把控。例如，美国的谷歌公司就发行 A 类股、B 类股和 C 类股三种股票，其中 A 类股是一股一票投票权，B 类股是一股十票投票权，C 类股则完全没有投票权，只有财务收益权。因此，虽然谷歌的创始人拉里·佩奇和谢尔盖·布林仅持有谷歌 11.9% 的 A 级流通股和 B 级普通股，但仍掌握着 52% 的投票权，牢牢把握着谷歌的决策权。也正是得益于谷歌的这种股票制度设计，使得谷歌在牢牢把握决策权的同时大量发行股票融资以支持自身的快速发展，目前，谷歌已经发展成为市值超过 5000 亿美元的巨无霸公司。

基于上述内容，我们建议短期内在国内资本市场优先股的改革到位时，国有传媒上市公司可通过发行优先股而实现股权相对控股的同时达到投票决策权的绝对控股，而在长期内随着国有传媒上市公司的进一步发展和完善，不仅实现股权的相对控股而且实现投票权的相对控股。

四、到新三板挂牌

1. 传统媒体企业纷纷挂牌新三板

新三板目前已经成为传统媒体企业关注的重点。有些在主板和创业板不能上市的传统媒体企业，纷纷选择在新三板挂牌，其中比较知名的有东方网、湖北日报报业集团旗下的荆楚网和特别观察、天津广电集团旗下的北方网、江西日报报业集团旗下的大江传媒、辽宁日报报业集团旗下的北国传媒、济南日报报业集团旗下的舜网传媒、南京日报报业集团旗下的龙虎网、中信集团旗下的中信出版社等。具体见表 11-5。

表 11-5　传统媒体新三板挂牌企业发展情况

（单位：万元）

挂牌公司	销售收入			归属于挂牌公司的净利润		
	2015年上半年	2014年	2013年	2015年上半年	2014年	2013年
荆楚网	4546.60	7866	3498.43	459.65	2213.58	-449.94
特别传媒	3671.20	8703.30	9719.65	534.18	2260.52	2118.71
大江传媒	2844.53	4495.47	3089.45	913.74	615.63	-145.84
北国传媒	2224.66	434.35	813.03	974.02	-522.44	-249.70
北方新媒	3484.50	9539.76	5368.31	394.01	3159.49	1455.92
东方网	25000.00	53000.00	46000.00	612.00	2484.00	2864.00
中信出版	23135.12	61590.05	54829.87	3385	6408.86	3220.71
舜网传媒	1370.25	2309.93	1817.46	-198.13	105.97	93.45
龙虎网	1829.03	4260.23	3263.61	135.65	390.98	168.71

资料来源：根据挂牌公司财报资料整理。

说明：

（1）北方新媒2015年的数据为第一季度的数据。

（2）中信出版2015年的数据为2015年1—4月的数据。

东方网是传统媒体挂牌新三板的翘楚。作为全国重点新闻网站，2012年10月，东方网被中央外宣办列为首批转企改制试点单位；2013年引进战略投资者，增发2.57亿股融资5.4亿元；2015年，东方网在新三板挂牌；2017年3月，东方网完成了定向增发股票1.4亿股的工作，成功借助资本市场融资4.9亿元。①

2. 挂牌新三板的优劣势

首先，在优势方面。一是能够打通直接融资通道，好项目能够实现融资；二是挂牌标准低、手续简单，更容易实现到新三板挂牌；三是相比于主板市场严格的同业竞争条款，新三板市场的同业竞争条款相对宽松，一个传媒企业下面可以有若干个挂牌企业；四是会倒逼自己提高管理能力。

其次，在劣势方面。一是在新三板挂牌并不是真正的上市，其融资规模小，价格发现机制不够完善；二是流动性很差，尤其是在没有做市商的情况下。

---

① 东方网：《东方网党委书记、董事长何继良：惟有改革创新，才能继续前行》，见21CN新闻网（http：//news.21cn.com/caiji/roll1/a/2017/0825/11/32655528.shtml）

五、组建基金

组建基金能够更好地发挥传统媒体的品牌优势,更好地利用社会资源。目前,传统媒体组建基金采取了如下五种方式。

1. 政府主导成立各类传媒类基金

近年来,广东省坚持"媒体+金融"的战略,组建了多只基金。

首先,先后设立两只百亿元量级的媒体融合发展基金并投入实质性运作。2016年3月,广东南方媒体融合发展投资基金在广州成立,总规模为100亿元,首期规模为10.6亿元。2016年7月,新媒体产业基金成立,这是经广东省政府批准,由中共广东省委宣传部、省财政厅联合发起设立的政府投资基金,该基金由广东省财政出资10亿元引导,吸引金融机构等社会资金参与,募集目标规模在100亿元以上。

其次,推动珠江电影集团与广州越秀集团联合发起设立"珠影越秀影视文化产业发展投资基金"。2016年4月,广州越秀产业投资基金管理股份有限公司与珠江电影集团有限公司成立珠影越秀影视文化产业发展投资基金,基金目标总金额为50亿元人民币,其中首期募集5亿元人民币。

2. 传统媒体自己组建基金管理公司

这种方式能够很好地利用社会资本,并培养自身的金融人才。电广传媒旗下的达晨创投是其中的典范,目前管理了涉及多个行业的多家基金,管理的基金规模在150亿元左右,已经成为电广传媒的主要利润来源。再如,河南日报报业集团于2015年发起设立总规模为10亿元的中原文化股权投资基金,并筹备发起设立河南省文化产业发展基金,吸引社会资本做大做强文化产业;2014年,河南日报报业集团旗下的大河投资公司联合河南、上海、四川等地知名企业发起设立大河基金管理公司,目前管理大河景泰、上海豫深等4只基金,资金管理规模超过3亿元。[①]

3. 和现有基金管理公司合资组建基金公司

这种方式能够利用社会资本并补齐自身的基金运作经验和基金人才的短板。

---

① 薛德星:《坚持产业多元,应对报业经济新常态——河南日报报业集团多元发展的探索与思考》,载《中国记者》2016年第10期。

大众日报报业集团与山东有线、深圳同心基金联合出资1亿元,在深圳合作设立同心文鼎基金管理公司,重点在于突破国有控股投资平台在体制机制上的某些限制,对接深圳资本市场和深圳成长性较高的新技术中小企业,目前已经投资了"鹏金所""优衣购"等一批前景看好的高新企业和互联网公司,并取得了证券私募基金、股权私募基金管理牌照。

4. 委托现有基金公司进行管理

这种方式重点利用基金公司的专业化优势,有利于盘活传统媒体的资金。由上海报业集团、元禾母基金和华映资本强强联手、共同发起的"八二五新媒体产业基金"就属于这种类型。该基金由华映资本管理,已经投资微信第三方服务商"微盟"、智能云POS机"慧银信息"以及财经类培训机构"东方华尔"。

5. 成为基金的LP

这种方式重点在于借助知名基金管理公司的智力优势。华商传媒集团以LP[①]的方式分别投资了基石基金5亿元和中信产业基金5亿元,并且是基石基金最大的LP。

六、组建投资公司直接对外投资

现在许多传统媒体都组建了自己的投资公司,如华闻传媒、浙报传媒、东方明珠、华媒控股等上市公司进行了大量的投资且运作良好。

未上市公司中,大众日报报业集团、河南日报报业集团的直接投资做得较好。大众日报报业集团在直接投资方面,首先,它与山东省国资委所属的山东国有投资控股公司达成合作,集团先单独注资成立山东文投公司,把价值8亿元的有线电视原始股装入公司,对方先按1.9倍的溢价,购买公司25%的股权,这样集团直接收回现金3.8亿元,然后对方又按照同样价格对文投公司现金增资7.65亿元,从而使其双方在文投的持股比例各达到50%。这样对方实际现金出资11.45亿元。而山东文投公司现金增资再加上8亿元有线电视原始投资,注册资本达到15.75亿元。山东文投公司近几年做了如下投资:一是增资《半岛都市报》2亿元,为其整合青岛的早晚报提供了充足的现金支持;二是投资拟上市的山东出版传媒股份有限公司4320万元,成为其第四大股东;三是增资拟上市的大众网4500万元,为其整合全省手机报和新媒体提供了强有力的资金支持,为

---

① LP(limited partner)即有限合伙人。

大众日报报业集团的转型发展提供了强有力的资金支持。其次，大众日报报业集团成立注册资本为 1.65 亿元的山东大众创业投资公司，争取到山东省政府 2500 万元创业引导扶持资金。

2008 年，河南日报报业集团成立专业化的金融投资平台——大河投资公司，经过多次增资扩股，公司注册资本金增加到 4 亿元，此后做了做了如下投资：一是 2014 年，斥巨资购买中原证券在香港发行的股份，投资回报丰厚；二是 2015 年，抓住焦作中旅银行增资扩股机遇，投资 4 亿元持有焦作中旅银行 8% 的股份，成为其第三大股东，焦作中旅银行 2015 年、2016 年上半年利润同比增幅均超过 50%；三是 2015 年，集团参与发起设立中原股权交易中心，占 10% 股份，成为其第三大股东；四是 2016 年，集团参与发起设立河南省农业融资租赁股份有限公司，并参与筹建河南省法人寿险公司；五是 2015 年，大河投资公司入股中原证券直投公司中鼎开源创业投资管理有限公司，并成为第二大股东，仅 2016 年上半年所收到的分红款就达 1000 余万元，年化收益率超过 10%；六是大河投资公司股权投资项目"河南特耐"已在新三板挂牌交易。大河投资公司成立以来，经营业绩年复合增长率达到 200%，已经形成了股权投资、债权投资、基金管理、实业投资与经营四大业务平台。此外，2015 年，河南省政府决定将省级文化产业发展投融资平台——河南省文化产业投资有限责任公司划归河南日报报业集团托管，河南日报报业集团金融投资实力进一步增强。[1]

此外，很多传统媒体也通过发债等方式来进入融资，前几年，南方报业传媒集团、大众日报报业集团都发行过公司债。2016 年，重庆日报报业集团产业有限责任公司成功发行 10 亿元超短期融资券，为传统媒体的转型提供了强劲的资金支持。

---

[1] 薛德星：《坚持产业多元，应对报业经济新常态——河南日报报业集团多元发展的探索与思考》，载《中国记者》2016 年第 10 期。

第十二章　完善传统媒体互联网转型的对策与建议

传统媒体的互联网转型作为复杂的系统工程，是思路、观念、体制、机制、战略、发展方式等一系列内容的整体转型。片面化的转型措施难以取得切实的长效，这就需要采取系统的转型。

一、转型思路："互联网+"

在当前"互联网+""大数据+""AI+"的时代背景下，传统媒体面临着短期内传统业务收入快速下滑，而长期的互联网媒体转型又难以实现有效的商业模式和盈利模式的局面。"−互联网""+互联网"与单纯的"互联网+"等方式都难以实现有效的转型，而只有"互联网+"的整体转型思路才更为可行，即在长期内探索出有效的互联网商业模式和盈利模式以实现营业收入的换"芯"，在中期内通过跨界建立起新的产业支柱以维持自身的正常运转。"互联网+"的具体思路如下。

1. 按照互联网规律，具备互联网思维

首先，以互联网尤其是移动互联网媒体为主体。互联网和大数据正在成为整个社会的底层架构和操作系统，自然也是传媒业的底层架构和操作系统，传统媒体唯有顺应此趋势，按照互联网尤其是移动互联网的规律和趋势，在理念、形式、商业模式和盈利模式等方面进行彻底转型，建立基于移动互联网的新型主流媒体。

其次，建立起真正的互联网思维。互联网思维的核心是"用户体验为王"，即以用户为导向，以体验为核心。具体说来，一是互联网转型要从用户需求或"痛点"出发，真正做到用户在哪儿就服务到哪儿，用户需要什么就提供什么；二是要树立起产品意识，即要为用户提供能够形成商业闭环的新产品。

2. 树立起"信息服务为王"的新理念

在互联网等新技术日新月异的时代大背景下，单纯的内容提供已经难以形成

商业闭环,"内容为王"的理念也已经难以适应新形势的需要,亟须建立起涵盖内容生产、传播渠道、市场运营和管理信息服务全产业链的"信息服务为王"新理念,才能形成有效的商业闭环。

3. 建立起"信息+服务"的商业模式

在互联网技术的推动下,传媒业与通信业、IT业等其他产业高度融合成信息服务业,而由于传统媒体"二次销售"的商业模式坍塌,传媒业难以成为独立的产业,单纯的内容版权销售的商业模式难以维持正常运转。传统媒体的商业模式应转变为"信息+服务"的商业模式,即通过免费的信息来吸引足够数量的用户,再通过服务的方式来实现自身的商业价值变现。

4. 建立起多元化的盈利模式

传统媒体应转变之前过度依赖于广告的单一盈利模式,通过跨界等方式建立起多元化的盈利模式,即传媒业的盈利模式从"广告收入+发行收入"转变为"广告收入+发行收入+版权收入+电商收入+信息付费收入+其他产业收入"。

5. 基于自身优势的增量改革

首先,要对自身的优势有清醒的认识。当前,传统媒体对于自身的优势如有新闻采访权、原创内容等看法实则经不起推敲,传统媒体的真正优势在于政治优势和当地线下优势两点。在政治优势方面,传统媒体作为党的喉舌和工具,为党的新闻事业做出了巨大的贡献,在转型的阵痛期,理应得到党和政府的大力支持。尤其值得指出的是,区别于美国等西方发达国家,我国是典型的"大政府、小社会",政府掌握着数量众多的关键资源,传统媒体应该充分利用政治优势,积极拿到资金、税收、土地、稀缺资源等各类资源。在当地线下资源方面,传统媒体经过几十年的经营和沉淀,积累了丰富的用户和广告主,并与当地的各个社区和机构形成了良好的关系,关键是如何让线下资源"活"起来,与线上资源有机互动、无缝对接。

其次,必须结合自身的实际情况。每个传统媒体都有不同于他人的自身实际,包括外部市场环境、外部管理体制、出资人、经营收入、净利润、领导层能力、员工素质、团队执行能力、是否上市等情况,只有切实结合自身情况的转型才能取得真正的实效。例如,浙报传媒通过定增收购边锋和浩方打造技术平台来为自身转型提供巨型转型平台的策略很显然就不适应未上市公司。

最后,采取增量改革思路。增量改革是相对于存量改革而言的。存量改革是对现有存量的彻底改革,但是,由于现有存量涉及面广,需要改革的利益太多、太复杂，基本上难以成功。在当前传统媒体业务处于快速下滑的情况下，应尽可能采取"增量改革"思路，即以增量倒逼存量，以增量稀释存量，具体可以采取用体制外思路发展互联网以及新产业等措施。

二、转型目标：以移动智媒体为抓手，打造现代传播能力

1. 核心：现代传播能力建设

媒体的根本是传播能力建设，而基于未来的转型目标应是现代传播能力建设。现代传播能力具备如下四个特征：一是以智媒体为主体。所谓智媒体，是指立足于共享经济，充分发挥个人的认知盈余，基于移动互联、大数据、虚拟现实、人机交互等新技术的自强化的生态系统，形成了多元化、可持续的商业模式和盈利模式，实现信息与用户需求的智能匹配的媒体形态。在移动互联和大数据时代，只有基于移动端的智媒体才能真正体现传播能力的现代性。二是用户量巨大。没有庞大用户量为基础的传播能力都是不坚实的，大型媒体要构建起数以亿计、忠诚度高的用户，区域化媒体应形成忠诚度高、区域覆盖率广、渗透率高的用户群。三是传播话语体系同理化。根据用户的分众化需求，转变话语传播方式和体系，实现更好的传播效果。四是商业模式和盈利模式先进。媒体要打造基于移动互联网的商业模式和盈利模式，实现商业价值变现的闭环。

2. 智媒体的本质

智媒体的本质主要体现在如下三个方面。

第一，智慧，即具有高尚的价值观。媒体作为社会的良心和真相的记录者、传播者，应具有优秀的价值观。具有智慧的媒体可以利用技术手段来甄别假新闻和为用户提供更多、更优质的信息，而避免为了达到给自己赚取利益的目的而利用技术手段欺骗用户。

第二，智能，即能够实现信息智能匹配。在信息过载的时代，用户需要个性化、定制化、精准化的信息，而智媒体能够利用大数据和人工智能等技术手段更好地满足用户的需求。

第三，智力，即智媒体本身能够不断自我演化和发展。智媒体基于机器学习等人工智能技术，具备较高程度的智力，这种智力能够帮助媒体自我进化、自我完善、自我发展。

3. 智媒体的特点

第一，智媒体以互联网为主导。在传统媒体和互联网媒体此消彼长的时代大背景下，互联网媒体已经成为传媒业的主导和主流，而传统媒体的地位则越来越边缘化。因此，智媒体一定是基于互联网的，而传统媒体则是属于过去的，属于被淘汰的范围。

第二，智媒体是技术媒体。综观人类发展史，到目前为止，我们经历了文字发明、古登堡印刷术、电报和互联网技术四次传播革命，每一次传播革命都给我们带来了新的媒体形态。1989 年万维网的出现，给人类带来了互联网媒体；而 1994 年互联网技术传入我国，给我们带来了互联网媒体。经过短短 20 多年的发展，互联网媒体已经成为主流，正可谓技术决定媒体变革。那么，在未来相当长的一段时间内，技术的变革尚未平息，各类技术仍将日新月异，将会出现什么样的新技术呢？可以预测的是，大数据技术、移动互联技术、VR 及 AR 技术、人工交互等新技术将进入商用和普及期，推动着媒体发生新一轮变革，给我们带来智媒体。

第三，智媒体能够更好地建立用户连接。任何媒介的作用都是连接，唯有与用户建立起有效的连接，才能成为用户获取信息的入口，才能更好地实现社会价值和商业价值。传统媒体出现困境的根源在于与用户连接失效或者说只有受众而没有用户，进而导致广告主流失、骨干流失和话语权丧失，进而进入快速衰落通道。而互联网媒体之所以能够快速发展，关键在于能够更好地与更多的用户建立起连接。在未来，谁能帮助媒体与用户建立起更好的连接，谁能为用户提供更好的用户体验，谁就能成为智媒体。

第四，智媒体是生态系统。随着时代的发展，媒体之间的竞争已经从之前的内容、产品、平台竞争上升到生态系统之间的竞争。竞争越来越激烈，而单纯的内容不可能打造成熟的生态系统，更难以赢得未来。成熟的生态系统能够实现正反馈和自强化，使供应商、用户、平台相得益彰，相互促进，共同良性发展。在这个生态系统中，有内容提供商，有分发商，有营销服务商，各得其所，各取所需。因此，在未来，智媒体能够打造正反馈的生态系统，能够更好地为用户服务。

第五，智媒体能实现盈利模式多元化。当前，很多媒体高度依赖于广告这一单一的盈利模式，必然造成风险高企，而随着大数据等技术的日渐成熟、人们消费的升级，未来媒体的盈利模式一定会更加多元化，从单一的广告向信息收费、广告、电商服务、多元服务等综合性盈利模式转变，智媒体的盈利模式会更加健康，也会更加可持续。

4. 智媒体的构成

第一，在信息发布上，智媒体充分发挥个人的认知盈余，既有专业的媒体机构，有自媒体和自媒体组织，也有基于个人的用户自生产内容，更有信息机器人等提供的内容。

第二，在信息服务的层次上，智媒体既有免费的浅层次信息服务，也有收费的、针对个人的深层次信息服务，更有高收费的针对组织的专业信息服务。

第三，在信息的内容上，智媒体在为用户提供更为丰富信息的基础上，也充分利用各种技术手段甄别和分析虚假信息，以提升信息服务的质量。

第四，在信息服务的方式上，智媒体实现了智能信息匹配服务。在信息过载的情况下，要真正满足用户个性化、定制化和精准化的信息需求，必须充分利用各种技术，实现信息和用户需求的智能匹配，在大大节省用户时间的基础上为用户提供高质量的信息服务。

第五，智媒体以大数据、移动互联、云计算、物联网、虚拟技术、人工智能等各类新技术为基础。

5. 传统媒体可从三个层面来利用大数据机会

当前，我们已经从 IT 时代进入 DT[①] 时代，数据资源已经成为重要的生产要素，未来会比石油、土地等资源更值钱。相对于企业数据资源，政府数据资源分散在各个部门，潜力远未开发，对于传统媒体来说，其价值也更大。传统媒体可以从三个层面上去充分利用大数据机会，即政务发布、政府数据公开与智慧城市建设。

第一，在政务发布方面。在互联网时代下，舆论引导已经不仅仅是传统媒体的事情了，而是各个部门都会参与其中，而政务发布就是新的机会。政务发布与传统媒体有着千丝万缕的联系，现在不少地方政府已经在大力推进政务发布与传统媒体创办的新媒体业务的整合。政务发布虽然起点低，但是好操作，容易得到当地政府的支持，传统媒体可以先从这个方面入手。

第二，利用政府数据公开的机会掌握数据源。当前，大数据战略已经被列为国家"十三五"规划的重大战略，各级政府部门都在大力推进大数据战略，而政府手中有着工商、税务、法律、医疗、旅游等各种各样的极其宝贵的数据源。目前，这种数据源一方面没有进行有效开发，另一方面分散在各个部门，没有进行协同开发。传统媒体则可以在保证数据安全的前提下，在当地政府的大力支持

[①] DT 是数据处理技术（data technology）的英文缩写。

下,搭建当地的大数据平台,从而拿到这些政府数据,并进行深度挖掘。例如,浙江日报报业集团正在大力打造大数据交易中心,据了解,其旗下的瑞安日报社接受瑞安市委、市政府的委托来牵头搭建瑞安大数据平台。

第三,智慧城市是最高层次。随着大数据、云计算、物联网等技术的成熟,我们将进入人工智能时代,而智慧城市建设将大行其道。传统媒体应抓住智慧城市建设的重大机遇,在打造智能传播平台的基础上,力争成为当地智慧城市生态系统的运营商。

三、转型中心:用户

"以用户为中心",是指通过搭建大数据平台,变受众为真正的用户,以重建用户连接,并结合不同的场景为用户提供个性化、定制化的服务。即,用户在哪里,我们就到哪里,用户喜欢什么,我们就提供什么样的服务。

这里所说的用户,是指媒体能够切实掌握其各方面的数据和真实需求的用户。基于前面的分析,无论对于读者、观众还是听众,媒体都不可能详细而精准地掌握其真实数据和需求,而唯有对于用户,媒体才有可能完成此任务。用户必须是在线的和高频的,也必须是基于大数据技术的。唯有如此,才能积累起能够有效分析用户需求的数据量和合理的数据频度,也才能切实有效地掌握用户的真正需求。

因此,传统媒体要实现自身的真正转型,就必须以用户为中心重建用户连接,进而重构自身的商业模式和盈利模式。而要重建用户连接,则需要通过自身的互联网媒介来尽可能地抓取用户的信息,并利用大数据技术对用户进行画像,当然这需要打造基于大数据的大数据信息资源平台、智能传播平台和用户沉淀平台。

四、观念转型:"换脑"

媒体转型作为极为艰巨的系统性工程,如果思维和观念不转变,则转型基础就不牢固,因此,转型首要是转变思维和观念。

1. 变"内容为王"为"用户体验为王"

传统媒体以内容起家,长期以来奉行"内容为王"的圭臬。但是,在互联网带来了第三次工业革命,并已经成为整个社会和商业的底层架构和标配的情况下,就要求世易而时变,传统媒体必须扬弃以往成功的经验,树立起适应互联网思维的新想法。

互联网思维的本质就是"用户体验为王",即以用户为导向,以体验为核心。传统媒体的融合发展更需要以用户为导向,通过为用户提供喜闻乐见的产品,润物细无声地"以文化人"。正如浙江日报报业集团的高海浩①社长所说:我们必须把服务用户、吸引用户、集聚用户作为出发点、落脚点和着力点,作为内容创新的评价标准,作为办好媒体的终极目标和追求。② 在实践中,浙报集团以互联网思维指导自身的转型,截至 2015 年年底,其新媒体业务的营收已经占总营收的 40% 以上,净利润占总利润的 50% 以上。

但在实践中,很多传统媒体还依然固守传统思维,主要表现为:一是固守"内容为王"思维。这种思维方式是典型的"自我中心"思维方式,并没有以用户为中心,自然难以赢得用户的忠诚。二是"一把手"和班子成员的思维没有实现转变。"火车跑得快,全靠车头带",领头人的思维不转变,则很难彻底实现团队思维的转变。三是缺乏有效的转变思维和观念的方式与手段。虽然有些传统媒体认识到了转变思维的重要性,但是由于方式和手段不够合理,思维转变的效果并不明显。

一方面,传统媒体要切实转变"内容为王"的思维,确立"用户体验为王"的思维,真正赢得用户的信任;另一方面,要实现绝大多数员工和管理层观念的彻底改变。

2. 变"剩者为王"为"自我革命"

当前,传统媒体无疑已经深陷困境,必须回答未来到底向何处去、如何实现自身的转型等难题,而不少传统媒体仍然仅仅立足于传统业务,过于自信,信奉"剩者为王"。

现实情况是,在互联网广告对传统媒体广告的快速替代下,传统媒体的市场规模可能剩下的连以前的一半都不到,这样的话,即使剩下的市场全部给一家占优势的传统媒体,它也不会比以前的日子过得更好,更谈不上"王"者风范了。现有传统媒体之间的白热化竞争使得利润空间被极大地压缩,这是"剩者为王"难以成立的现实逻辑。为了生存,当传统媒体的日子越来越难过时,它们之间的竞争必定会更加激烈,看看当下同一区域内各大传统媒体的价格战等近乎自杀的行为就可见一斑。因此,在经历过白热化的竞争之后,即使能够剩下的传统媒

---

① 高海浩于 2008 年 1 月—2018 年 4 月任浙江日报报业集团社长、党委书记,2011 年 9 月—2017 年 4 月任浙报传媒集团股份有限公司董事长。

② 中国记协网:《高海浩:重塑传播逻辑,转变发展方式》,见新华网(http://news.xinhuanet.com/zgjx/2015-01/04/c_133894827.htm)。

体,如果还单纯依靠传统业务,其日子也一定会难过无比。

在互联网已经成为整个社会的底层架构和标配的情况下,互联网媒体必将大行其道,而传统媒体将处于边缘地位。因此,能够在市场上剩下的并且为"王"的一定是按照互联网的规律而成功转型的媒体,否则即使剩下,也不过仅仅是能活下来而已。毫无疑问,未来能够剩下的一定是勇于转型和自我革命的传统媒体,那么该如何自我革命呢?

第一,要清醒地认识到传统媒体危机的根源并勇于承认传统媒体的困境和根源,否则就可能会自我麻醉而不会寻找真正的转型方向。

第二,采取切实的措施保证自身先活下来,就是要以净利润为目标进行运营。一是降低无效发行量,使得广告收入/发行量的比例处于合理区间;二是减少版面,使得广告占版率保持在合理的比例。如果连成本都没有办法缩减,就必然会出现"壮志未酬身先死"的悲惨结局。

第三,要有充足的资本手段。传统媒体向互联网的转型,必然是大投入和长期培育的过程,如果没有有效的资本手段,根本实现不了转型。

第四,跨界思维。在当前产业大融合的时代大背景下,传统媒体的转型必须具有跨界思维,一方面,要跳出传媒看传媒,除了传媒业之外还要积极进入其他产业,以充分发挥传媒的品牌价值;另一方面,要跳出经营看产业,不能仅仅在经营层面来看待产业的运作。

3. 观念转型的方式

第一,放空。互联网媒体和传统媒体存在本质性的区别,传统媒体的运作规则完全不适用于互联网媒体。传统媒体要进行彻彻底底的转型,就必须彻底清空旧观念,然后再植入新观念,即"放空"。如果不能把旧观念放空,即使具有了一定的新观念,在转型的时候,新旧理念也会不断交织纠缠,自觉不自觉地"新瓶装旧酒"。当前,传统媒体转型中存在的诸多误区以及扭曲,例如,电子版、报网互动等难以取得预期效果,其根源就在于没有实现观念的根本转变。

第二,"一把手"先完成转变。传统媒体转型的关键在于有一个优秀的"一把手",只有"一把手"实现了观念转型,才能进一步积极推动领导班子观念的转变,再进一步推动整个团队观念的转变。如果"一把手"的观念不能转变,则所有的转型都彻底丧失了源动力,要么难以启动转型,即使启动转型,也必将以失败告终。当"一把手"观念彻底转变之后,还要采取切实可行的办法,快速转变整个团队的观念,当然这也是一项极其艰难的任务。

第三,利用系统培训来毁"旧三观"。任何重大转型和改革的实施,必须先转变观念,而培训无疑是转变观念的有效手段。在传统媒体正处于转型的关键时期,就需要组织大量的培训来彻底毁去旧观念并逐步建立起新的观念。培训主要应该围绕互联网理念、规律以及互联网与传统产业如何有效结合等方面展开。例如,浙江日报报业集团的高海浩社长就拿出大量的时间进行内部培训,2014年前半年,他就在集团内部做了14场报告。

第四,内部研讨。转变观念的另外一种有效途径就是内部研讨。传统媒体应该专门抽出系统的时间,让每一个部门的领导人都要对新趋势、新形势、新观念谈自己的理解,以及自己下一步将如何转变、如何把新观念贯彻到工作实践中去。例如,中部地区有一个地市级报业集团就在2013年年底拿出集团发展改革中的九大重要问题,用2014年一年的时间,由集团内部各部门以用户和市场为导向,分别进行汇报和研讨。

第五,内部创业。除了培训和内部研讨之外,内部创业是"干中学"的一种有效手段。传统媒体在内部创业时,必须具备用户和大局观念以及系统化的思维能力,唯有如此,创业才有可能取得成功。浙江日报报业集团和浙报传媒在2014年一起拿出3000万元,支持集团内部的创业,一下子就有100个团队响应,这就能够成功地转变500人的观念。

五、转型保证:体制机制改革

1. 深化"分类改革"

2003年以来,我国传媒业在体制改革方面采取了"转企改制"的措施,其本质是"分类改革",即主要承担宣传任务的媒体依然保持事业单位体制,而市场化的媒体则采取企业化的体制。但是,从近年来的实践来看,"转企改制"基本陷入停滞阶段。在传统媒体转型发展的生死存亡关头,亟须深化"分类改革"。

2. 引入战略投资者,建立起多元化的产权结构

股权结构决定公司治理机制,多元化的股权结构是科学的公司治理机制形成的前提条件,传统媒体应尽快建立起多元化的股权结构。

首先,尽快建立起全国统一的国有文化资产管理机构。目前,我国尚缺乏全国统一性的国有文化资产管理机构,导致出资人缺位。

其次,对于转企改制后的传媒企业,应通过混改等措施,积极推动其他类型的国有企业入股传媒企业,变当前的"一股独占"或者"一股独大"的股权结构为多元化、社会化的股权结构。

最后，在转制后的重要国有传媒企业实施"特殊管理股"①。除了在民营互联网企业实施"特殊管理股"之外，笔者建议在转企改制后的国有传媒企业实施"特殊管理股"。在具体实施时，特殊管理股制度的较好制度安排是具有"一票否决权"，即规定特殊管理股可以在股权比例很低的情况下依然享有一票否决权，这能满足党委和政府对重要传媒单位的严格掌控力，又能够更容易满足当前的相关制度安排进而更容易实施。当然，"一票否决权"必须界定清楚主要体现在哪些地方，是所有的事项还是重大决策，是严格限定于某些重大决策事项还是所有的重大决策事项。为了更好地实现政企分开，为重要的传媒单位营造良好的体制环境，笔者建议把一票否决权严格地限定于重大决策权的某些事项，最为合理的是严格限定于采编重大事项、党委书记等重大人事任命等重大决策。

3. 建立起传媒职业经理人制度

首先，要建立起职业经理人制度。一是对国有传媒企业按照企业规律进行管理。二是淡化甚至取消国有传媒企业领导人的行政级别。三是更多地采取市场化的选聘机制，把真正懂市场、懂经营的职业经理人充实到领导班子中。四是建立全国性的传媒企业家市场。

其次，培养一大批高素质的传媒企业家。我们应采取系统化的措施切实培育一大批传媒企业家。一是在任命传媒企业领导人时，要打破论资排辈的旧习，任用一大批年轻的、有创新意识、有闯劲的干部，来优化传媒企业领导人结构；二是在如国家行政学院等相关培训机构设立专门的班次来对传媒企业领导人进行系统化的培训；三是采取市场化的考核标准，促使他们快速从官员定位转变为企业家定位。

4. 改变"长老会"的决策机制

国有股过于集中的股权结构，使得公司治理机制难以发挥实质性作用。公司治理机制的关键在于能否建立起科学的决策机制。在股东会、董事会难以有效发挥作用的情况下，公司治理机制的核心就是建立起能够起到与董事会相仿职能的机制，而科学合理的决策机制无疑就是最佳的替代。但是在实际运作中，不少传统媒体单位和企业的决策机构却成了名副其实的"长老会"，不仅导致在重大事项上决策失误，而且耽误了传统媒体单位和企业的转型与发展。我国传统媒体单位和企业的领导层多为采编出身，他们在经营管理和技术方面的专业能力较为欠

---

① 所谓特殊管理股，在国外又被称之为"金股"。相比于普通股权，"金股"的含金量更高，其本质是具有更高的权力，这种权力可以分为具有某些特殊投票权和较多投票权两种。

缺。而在传统媒体单位和企业的主要决策为战略和经营管理决策的情况下，决策人员的素质欠缺就成为重大制约。

这就要求传统媒体单位和企业构建科学的决策机制。

首先，提升管理层的能力。通过引进传媒职业经理人或者通过大量培训，提高决策参与人员的能力和素质，尤其是补齐经营管理相关知识，从根本上解决班子成员能力问题。当然，决策机制的关键是要让董事会真正发挥作用，而不能以党委会完全代替董事会。

其次，建立起分门别类的专业委员会。在决策班子成员短期内难以改变的情况下，建议在现有的决策机构下分别设立不同的专业委员会，如战略委员会、投资委员会、薪酬委员会、人事委员会等，引入内部懂战略和经营管理的人员或者外部专业人士，在一定程度上帮助解决现有决策人员某方面专业素质不高的难题。

最后，完善决策程序。科学的决策必须有完善的调研和充足的信息作为基础，因此，对于重要的决策应有专门机构事先搜集充足的资料，为科学决策提供参考。此外，在决策前一周就应把相关资料送给决策人员，以让他们能够更好地理解决策内容。

5. 进行"体制外"制度安排

当前，传统媒体在进行互联网以及新业务转型时，应采取"体制外"的制度安排，主要表现在市场主体、长期激励约束制度等方面。

首先，真正的市场主体。当前，很多传统媒体创办的互联网及新业务公司虽然也成立了企业法人，但很多不过是"翻牌"公司而已，并没有真正"自主经营、自负盈亏"，只是母体的寄生体，更谈不上建立起现代企业制度，成为真正的市场主体。

其次，股权等长期激励约束制度。互联网业务的收益和风险都很高，这就需要设计股权等长期性激励约束，给予骨干员工股权已经成为市场化的互联网公司的基本制度，而传统媒体创办的互联网公司却常常囿于体制制约，尚未采取该项制度，这也使得自己辛辛苦苦培养的优秀人才经不起高薪酬、股权的诱惑而快速流失。

最后，使用专业性的人才。互联网、投资等都是高技术行业，从业者需要具备很高的专业化素质。目前，一些传统媒体投资公司的决策委员会则是由党委书记、总编辑、总经理等投资门外汉为主，明显不符合专业性要求。

在"体制外"制度安排方面，股权激励至关重要，如果没有股权激励安排，则基本上起不到有效的激励约束作用，企业更不可能成为真正的市场主体。

六、转型驱动力：移动互联、大数据等新技术

对于传统媒体来说，需要摒弃之前"重采编、轻经营、无管理、无技术"的观念，以技术为驱动进行转型。当前主要的技术是移动互联和大数据技术。

1. 利用大数据技术实现信息智能匹配

当前，我们已经进入信息过载时代，传统媒体的原创内容的价值被大大稀释。一方面，互联网海量的内容在很大程度上稀释了传统媒体的内容价值；另一方面，相对于传统媒体的原创内容，互联网上的生活服务类资讯对于用户来说更是刚需。在信息过载的情况下，存在着"多就是少"的悖论，即过多过滥的信息与能够满足用户的有效信息极度匮乏之间的矛盾，而要解决这个矛盾，真正满足用户个性化、定制化的信息需求，就必须通过数据挖掘和分析技术，打造基于大数据的信息智能匹配平台，在不断优化用户信息需求的基础上，实现信息和用户需求的智能化匹配。

2. 传统媒体如何更好地搭建平台

传统媒体在搭建三大平台的过程中，面临着资金实力不足、缺少技术基因、体制机制等三大难题，而要解决这三大难题就需要本着合作共赢的互联网思维拓展思路。

首先，资金的需求一方面来自于三大平台的建设和服务器投入，另一方面来自于运营启动费用，对于一家大型传统媒体企业来说，这两方面的费用加起来至少需要5000万元以上，而这对于深陷困境的传统媒体来说是一笔不小的投入。解决途径主要有三：一是向各级政府申请各类财政扶持资金；二是把三大平台的建设纳入当地智慧城市建设的大规划中，由当地政府拨款；三是引进外部战略投资者以解决运营资金问题。

其次，传统媒体的技术能力弱，不具备自主研发和搭建平台的能力。一方面，由于传统媒体普遍存在严重的"重采编、轻经营、无管理、无技术"的问题，技术的地位极为边缘化，导致自身的技术能力很弱；另一方面，新技术需要快速迭代，而传统媒体业不具备对技术进行快速迭代的能力。在这种情况下，传统媒体的解决途径有二：一是采取技术外包的方式，如浙江日报报业集团、中国教育报刊社等委托拓尔思公司帮助其开发相应的平台；二是采取和技术公司成立合资公司的方式，如湖北广电传媒集团和思拓合众成立合资技术公司来负责媒体云的开发。

最后，传统体制难以满足互联网业务发展的需要。互联网业务作为高风险、高投入的业务，需要采取完全市场化的方式运作，例如给予管理层和骨干以较高比例的股权激励、薪酬上的按贡献分配，而这些在传统体制下都很难达到，这就需要通过引入战略投资者以建立起完全市场化的体制。

七、转型前提：具有企业家意识的优秀"一把手"

当前，传统媒体的"一把手"都具有一定的行政级别，且基本上由上级任命，这种非市场化选择的方式很难保证"一把手"能够真正具有企业家意识，能够真正经营管理好媒体。从这个意义上来说，目前传统媒体中真正具有企业家意识的优秀"一把手"所占比例可能不到两成。处于转型期的优秀"一把手"除了懂政治、强战略、会用人、善领导、配资源之外，还需要具备如下三方面能力。

首先，高超的判断力。在纷繁芜杂的当下，对于传统媒体衰落的成因、现状，传统媒体的未来，是否需要转型以及如何转型，观点众多、莫衷一是，在这种情况下，"一把手"就必须具有高超的判断力，能够从各种现状、观点中找出问题的本质，准确判断传媒业的发展趋势以及有效的转型策略与建议。

其次，娴熟的协调力。传统媒体采取的是"事业单位企业化管理"的运营体制，无论在重大决策还是日常事务上，都需要大量的协调工作以统一大家的思想，如果没有娴熟的沟通能力，不仅难以有效推进工作，还有可能导致流言四起。

最后，坚定的毅力和决心。转型无疑是一项影响深远的革命，势必要进行广泛而大量的利益重新调整和分配，这就要求"一把手"有坚定的毅力和大无畏的精神，如果半途而废，不仅达不到转型的效果，而且会加速媒体的衰落。

八、转型孵化：新项目储备

当前，基于互联网的新生事物快速更新换代，传统媒体转型也必须顺应这些趋势，积极进行新项目孵化和储备。但是，旧的庄稼地是难以长出全新的鲜花的，必须以市场化的方式进行新项目的孵化。

首先，积极进行外部股权投资。现在许多传统媒体还有不少的资金积累，应该充分利用这些资金，嫁接媒体在本地的品牌优势和人脉优势，通过股权投资来进行布局，一方面可以赚取一定的财务收益，另一方面可以为未来的战略布局进行卡位，一旦某一项目既有很好的前景又符合自身的战略布局，就可以采取增资控股的方式为己所用。

其次,建立相应的产业基金。传统媒体可以充分利用自身的品牌和人脉,在积累项目资源的基础上,吸引有资金实力的投资者来共同组建相应的产业基金,以在分散风险的基础上来孵化新项目。

最后,内部孵化新项目。传统媒体无疑拥有大量的人才,应通过内部创业的方式来发挥这些人才的积极性、主动性和创造性,具体方式可以采取项目制的方式来进行自由组合,去孵化新的创业项目。

九、转型激励:创新和组织调整

1. 加大研发投入,鼓励创新

第一,能够成功转型的公司都是高度重视和鼓励创新的。例如,3M公司是一家成立于1902年、拥有超过100多年历史的老牌加工制造公司。作为一个从生产砂纸、砂轮这种研磨产品起家的小作坊,3M公司的创新能力并不逊色于苹果和谷歌这种高科技企业,该公司100多年来共开发出6万种创新产品,平均每两天3个。[①]

第二,加大研发投入。互联网产品需要大量研发投入,但是,由于传统媒体长期以来不重视研发,导致转型所需要的互联网新产品极其缺乏,这就需要加大研发投入来研制互联网新产品。成功的公司都高度重视研发工作,例如,大量资金的投入可能是3M重视创新的最好证明之一,公司每年的研发投入占到总收入的6%以上。[②]

第三,鼓励员工创新。3M公司的传奇领袖威廉·麦克奈特早在1948年就规定:如果一个设想在3M各部门暂时找不到归宿,设想者可以利用15%的工作时间来证明自己的设想是正确的。[③] 后来,谷歌公司也设立了这种制度,允许员工自由支配其20%的时间来从事自己喜欢的研究。

第四,营造鼓励创新和包容失败的创新文化。在当前日新月异的时代大背景下,唯有创新是不变的主旋律,任何单位和企业都必须把创新意识置于首位。一是重造薪酬、晋升等机制,向创新业务倾斜,向创新人才倾斜,以营造起"企业鼓励创新、人人投身创新"的创新文化。二是营造包容失败的文化。例如,3M

---

① 黄征宇:《征途美国——站在金字塔尖看美国》,中信出版集团2017年版。
② 黄征宇:《征途美国——站在金字塔尖看美国》,中信出版集团2017年版。
③ 黄征宇:《征途美国——站在金字塔尖看美国》,中信出版集团2017年版。

公司认为失败可能是孵化创新的机会,所以,它可以容忍失败。"只有容忍错误,才能进行革新。过于苛求,只会扼杀人们的创造性"①,这是 3M 公司的座右铭。

2. 创新组织机构

在互联网新时代,传统配置资源和协调资源的组织方式已经不适用,亟须建立起适应互联网规律的组织机构。

首先,借鉴国内先进企业的做法。从实践的角度来看,国内企业在组织创新方面做了很多积极的探索。例如,海尔 CEO 张瑞敏提出"企业无边界、组织无领导、供应链无中心"等新的管理理念;华为创始人任正非提出"让听见炮火的人指挥战斗,作战的基本单元要从师一级缩小到旅、团、营、连,一直到班,以后的战争是'班长的战争'"②。

其次,再造组织结构。企业要变之前高度集权、金字塔型的组织结构为分权化的、权力向一线倾斜的组织结构,唯有如此,才能更好地感知到技术和市场的变化,也才能更好、更快地适应外部环境变化。尤其是为了更好地解决互联网新产品的资源获取难题,需要重构组织结构。例如,谷歌为了让新业务获取足够多的资源,成立名为 Alphabet 的新公司,而原先的 Google 只保留部分业务成为 Alphabet 的全资子公司,另外一些前沿项目分拆成独立子公司。2015 年,百度也借鉴谷歌的经验,成立了"百度搜索公司",与新兴业务事业群组和金融服务事业群组一样成为百度旗下的子公司。百度搜索公司旗下则设立下辖搜索业务群组(SSG)、移动服务事业群组(MSG)、糯米事业部。

十、转型关键:人才与长期激励

转型的关键在于人才,而人才的重点在于长期激励机制的确立。针对传统媒体长期激励机制缺位、人才结构不合理的难题,需要改革激励约束机制、创新人力资源管理体制,大力引进互联网技术、信息技术、投融资等专业人才,形成适用于新媒体发展、资本市场经营运作、创新创业的人才队伍,优化人才结构。

1. 大力加强人才引进

传统媒体必须创新人才引进与培育管理机制,注重引进具备互联网基因、有复合创意能力的人才,引进熟悉资本运作的人才,逐步实现人才专业技能结构从

---

① 黄征宇:《征途美国——站在金字塔尖看美国》,中信出版集团 2017 年版。
② 夏妍娜、赵胜:《中国制造 2025——产业互联网开启新工业革命》,机械工业出版社 2016 年版。

以采编为主向兼具一流新闻素养和现代信息传播技能的转换。

首先，建立市场化人才引进机制。一是采取市场化招聘方式，建立社会招聘、猎头公司等多途径人才引进渠道；二是对于高级技术或创业型人才可以采用多种方式引入和使用，除了正常的聘用之外，还可以采取租用、专家临时工作制、合伙制、股权合作制、团队聘用制等多种方式；三是与互联网高科技公司合作，联合培养技术人才，将技术人才外派到互联网高科技公司实习、进修和培训；四是建立新媒体创业和技术研发孵化基地，鼓励技术人员自主研发新技术，开发新应用技术产品，或引入外部团队共同开发新媒体项目，探索技术输出和创收模式；五是实施人才引进"名校战略"，研究配套政策，物色选拔优秀毕业生来公司创业。

对于市场稀缺、企业急需的技术性人才，传统媒体可突破现有薪酬限制，采取有市场竞争力的薪酬水平；对于水平极高的战略性技术人才，可以通过收购其所在公司的方式获取。

其次，增量引入与存量调整相结合。一是从新公司、新业务等增量入手，以增量引进带动存量调整；二是通过内部培训、外部学习实现存量人员知识结构调整，实现内部岗位转换；三是适时建立存量人员退出机制，逐步调整人力资源结构，打造人才管理体系金字塔，实现人才总量有序增长、人才结构合理优化、人才质量稳步提升。

2. 强化人才培养

首先，构建人才培养机制。传统媒体要对干部员工进行有针对性的个性化培养，优化年龄和专业结构，搭建有战斗力的人才梯队。

其次，逐步完善人力资源培训体制。传媒行业正处于变革的时代，各种技术和业务开发模式不断涌现，需要员工不断更新知识体系，跟踪行业发展趋势。传统媒体应该建立定期培训制度，由培训师定期为管理层和员工讲解行业发展或者公司运作方面的专业知识。

3. 改善激励机制，建立起长期激励机制

股权等长期激励机制能够很好地实现管理层行为的长期化。股权等长期激励机制通过管理层与企业长期利益的绑定而成为利益共同体，促使管理层更为注重企业的长期发展，其目的是为了避免管理层经营行为的短期化，这是经过长期实践证明行之有效的一项制度创新。即使在我国，绝大多数非国有企业甚至许多国有企业也早已实现了管理层持股制度，但是，国有传媒企业由于意识形态方面的考虑，并不允许管理层持股等长期激励措施。也有少数国有传媒企业之前有管理层股权制度安排,但是在上市时为了满足国家要求而不得不进行了清退。而且,我国对意识形态属性较强的传媒单位采取的是"采编经营两分开"的制度,负责舆论引导的采编人员并不在传媒企业。

国有传媒企业其实也需要股权等长期激励措施。传媒企业属于文化创意产业,其本质是创意,而其主要资产是具有创意的人,为了更好地激发他们的潜力,国际经验是给予骨干股权等长期激励,以实现骨干等与企业利益的绑定,实现二者利益的一致化;否则,就会导致骨干或流失,或出工不出力。

十一、转型活力:资本

传统媒体的互联网转型必须以充足的资本为基础,必须采取多元化的资本运作方式来解决资金难题。除了前面讨论的上市、新三板挂牌、组建基金等方式外,下面两种方式应该成为传统媒体互联网转型的重要资金来源。

1. 政府进一步加大扶持

首先,各级政府加大对传统媒体互联网转型的扶持力度。由于体制制约,传统媒体的互联网新产品难以获得市场化基金的投入和支持,这就需要政府部门采取各种方式来扶持传统媒体的互联网新产品探索。在具体策略方面,一是直接给予真金白银的支持,用于鼓励互联网新产品探索;二是设立 VC[①] 基金等相关基金给予支持。

其次,政府把严肃新闻纳入公共文化服务体系,采取政府外包的方式来购买新闻服务。在严肃新闻已经难以实现商业闭环的情况下,严肃新闻已经成为"准公共物品",为了保证严肃新闻的正常供应,国家应该采取政府购买服务的方式来提供新闻。具体说来,就是从根本上把新闻归为公共物品,其供给纳入公共文化服务体系,由各级政府采取财政补贴的方式对其进行资助。当然,新闻外包的服务机构的主体依然是传统媒体,而新媒体和各类社会化媒体也应该纳入外包名录内。

最后,为传统媒体减负,让其轻装上阵。目前,不少传统媒体尚未为员工购买医疗保险和交纳社会保险,这些已经成为制约传统媒体互联网转型的重大障碍,建议相关主管部门可以采取视同缴纳的方式来解决传统媒体的上述难题,为传统媒体的互联网转型营造良好的外部环境。

---

① 风险投资(venture capital, VC)简称风投,又译称为创业投资,主要是指向初创企业提供资金支持并取得该公司股份的一种融资方式。

2. 积极引入战略投资者

上市、到新三板挂牌以及组建基金等资本运作方式可能并不适合所有的传统媒体，而引进战略投资者则适合所有的传统媒体。

传统媒体应该充分利用国家支持混改的重大利好，在集团公司层面、一级经营公司层面拿出30%~40%的股权来引进战略投资者，在引进资金的同时倒逼内部治理机制和管理水平的提升。

第十三章 案 例

一、案例1 浙报集团的转型道路

近些年来,在传统媒体一片萧条的时代大背景下,浙报集团逆势增长而成为萧条中的一抹亮色,取得了转型的阶段性成功。浙报集团是如何进行转型的?转型的关键点是什么?复盘其转型过程才能够真正找出可以成功借鉴的经验。

(一)市场化、资本化:为上市做好准备

我国媒体长期以来采取的是"事业单位企业化管理"的运作模式,本质依然是事业单位体制,一方面导致市场化能力严重不足,另一方面也使得传统媒体长期采取自我积累的发展模式而不善于利用资本市场,而浙报集团很早就进行了市场化和资本化的探索。

1. 不断培育市场化能力

首先,建立起较为完善的集团化管理体制。1996年1月15日广州日报报业集团成立,成为我国第一家报业集团,此后全国各地有40余家报业集团成立。报业集团成立之后,集团公司采取什么样的管理体制就成为一个重要问题。主要有三种模式:一是如中央级报业集团换了名称,但是管理体制并没有进行根本性的变革;二是不少省级报业集团为了避免集团公司内部过度竞争,采取组建集团公司整合旗下媒体的所有经营性业务的模式,这种模式表面上看是节约了资源,但是由于缺乏有效竞争,最终导致市场化能力很弱;三是建立起集团化母子公司管理体制,这种模式虽然存在一定的资源浪费,但通过内部竞争有效提升了市场化竞争能力。

2000年6月25日,浙江日报报业集团成立,其采取的是母子公司管理体制,具体表现为"一媒体一公司,两分开一本账"。"一媒体一公司"是把浙报集团旗下从事经营的部门和单位全部改制成公司,以更好地发挥其市场主体的积极性、主动性和创造性。当时浙报集团旗下有17报3刊1网站共21家媒体,在实

现采编与经营两分离的基础上,经营部门组建为媒体公司。在组织制度上,媒体公司董事长由媒体总编辑兼任,也就是说,媒体"一把手"要对宣传业务与经营业务部门的干部人事、资产财务、考核监督等负总责。"一媒体一公司"的管理体制使得浙报集团旗下不同媒体都成为真正的市场主体,给予了各媒体比较充分的创新空间,调动了媒体的生产经营人员的工作积极性,有效地提升了劳动生产率。"两分开一本账"的具体含义是指,单个媒体与对应的媒体公司实行"一本账",两个单位的工资总额以及两家单位领导层的奖金计划都与"一本账"的最后利润结果紧密相关。在"一本账"体制下,不仅媒体公司追求经营业绩,而且编辑记者们也积极提升办报质量,考虑读者需求,实现报纸产品的优化和生产成本的节约,维护报纸的品牌形象。这种管理方式为采编与经营的良性互动提供了更全面、深入的保障。

"一媒体一公司,两分开一本账"严格按照国家相关政策的要求,实现采编业务与经营业务的"两分开",但是在实际运作中,为了更好地按照现代企业制度的规律运作,采取"一本账"的方式进行运作。这种管理体制既保证了报业集团的正确舆论导向,又遵循了报业的产业特性。

其次,集团公司的董事会真正运作。虽然很多报业集团成立了集团公司,也成立了集团公司董事会、监事会等,但是,绝大多数董事会和监事会都流于形式,并不能发挥实质性作用。例如,不少报业集团的董事会、监事会不仅人员组成不够合理,而且基本没有召开过,更谈不上实际运作。

而浙报集团的集团公司不仅形式上健全而且实际上也进行有效运作,例如,在投资决策权方面,很多报业集团的集团公司基本上没有投资决策权,而浙报集团的集团公司有2000万元的投资决策权,2000万元以下的投资集团公司就可以决定,而不需要上报到报业集团来决定。虽然后来集团公司的投资决策权上收,但在浙报传媒上市后,上市公司有了更大的投资决策权。

最后,积极拓展房地产等多元产业。21世纪以来,我国的房产价格飙涨,房地产市场极其繁荣,报业集团由于拥有政府资源的优势就采取各种方式进入房地产领域,房地产利润成为一些报业集团的重要来源,有些甚至在营收中的占比达到50%以上。浙报集团很早就认识到房地产市场的巨大机遇,早在2005年8月,浙江日报报业集团和绿城集团共同组建了浙江报业绿城投资有限公司,各自持股50%。该公司借助浙报集团和绿城集团的资源、资金、品牌和团队优势,积极进军二三线城市的房地产市场,不仅在浙江省内,而且在山东、福建等地都开发了不少房地产项目,收益甚丰。尤其需要指出的是,浙报集团与绿城集团的房地产项目合作,回报很高且风险锁定。虽然房地产项目净利润可观,但是,由于房地产项目需要较大的资金量且受到宏观调控的影响,风险也很大,浙报集团逐步收缩房地产产业，现在基本退出了房地产产业。

2. 资本化运作能力大幅度增强

首先，理念上高度重视资本运作。金融业是所有产业皇冠上的明珠，资本也是传统媒体转型的有效杠杆和利器，但是，由于传统媒体长期以来采取的是"事业单位企业化管理"的运作方式，通常采取的是自我积累的发展方式，最多也就是在子公司层面引入战略投资者而已，而集团化资本运作的理念很淡薄。浙报集团在资本运作方面是醒悟得很早的，早在1999年，时任浙江日报报业集团社长的陈敏尔就提出了"传媒控制资本，资本壮大传媒"的发展思路，开始把资本运作提到议事日程上来。

其次，组建基金进入投资业务。2001年，浙报集团成立了浙江新干线传媒投资有限公司，这是集团全资的资本经营管理平台，成功投资了十余个项目，其中大立科技、亚厦股份等已成功上市。此外，新干线投资公司还管理着两只基金，资金规模总量超过10亿元。2008年，东方星空创业投资有限公司成立，该公司由浙江日报报业集团牵头，联合中国烟草总公司浙江省公司和浙江省财务开发公司共同组建，公司控制的基金规模为5亿元人民币。该公司的基金也开创了国内文化传媒业以媒体集团牵头组建文化产业投资基金的先河。截至2015年3月31日，浙报传媒及东方星空已累计实现投资9.76亿元，尚未出售的股权和项目市值超过32亿元，同时还发起、参与新媒体基金、新线影视基金、艺术品基金、游戏产业基金及游戏专项基金等。新干线和东方星空成功投资了华数传媒、宋城演艺、随视传媒、唐人影视、铁血科技、缔安科技等数十个项目，其中缔安科技、铁血科技、唐人影视三个项目已经成功挂牌新三板，爱阅读、东方嘉禾、海誉动想等一批项目也在积极筹备挂牌新三板。2015年2月，东方星空减持新三板挂牌公司随视传媒股份，10月份减持华数传媒公司股份，2015年全年实现净利润38204万元，同比增长400%。

再次，培养了一支高水平的投资团队。国内报业集团在开展投资业务时，基本采取两种模式，一种是委托给专业团队进行管理，另外一种是自己组建投资队伍，浙报集团采取的是后一种模式。浙报集团以新干线、东方星空、传媒梦工场以及浙报传媒集团股份公司为投资平台，逐渐成为国内第一阵营的文化产业战略投资者。投资团队紧跟市场前沿，对新机会有很强的敏锐感，除了投资收益甚丰之外，还帮助浙报集团更好地找准转型道路。根据浙报集团相关资料显示，2011年浙报集团所属投资板块（不含上市公司浙报传媒），资产总规模为10374万元，自有总资产为6000万元，投资团队有14名成员；2015年投资板块总资产为37552万元，自有资产为11000万元，投资团队有19名成员。东方星空2011年资产总规模为 57554 万元，净资产为 55784 万元；2015 年总资产规模为 149549 万元，净资产 146471 万元。

最后，兼并收购县市报。浙报集团 2003 年年底在兼并省内 9 家县（市）报的基础上，依照"一媒体一公司"的思路，与当地党委、政府协商，组建了浙报集团公司控股、地方政府参股成立的县（市）报公司。从 2004 年 6 月起，浙报集团先后和上虞等 9 个县市合作组建县（市）报公司，通过 51% 控股资本来链接浙报集团和县市媒体的品牌优势。2007 年，9 家县（市）报公司总资产达 2.9 亿元，较 2004 年的 19990 万元增长 45%；净资产 1.46 亿元，较 2004 年增长 43%，年均增长 12.5%。据了解，为了适应最新形势需要，9 家县级报要回归各地方。

浙报集团通过提升市场化能力和强化资本运作能力，为上市打下了坚实基础。

（二）成功上市：为转型打下坚实基础

传统媒体转型是一个投入大、周期长的艰巨过程，绝不是一蹴而就的事情，这就需要大量的资金做支持，而通过上市打通直接融资渠道无疑是最佳选择。在浙报传媒上市之前，我国的报业类上市公司有北青传媒（在香港上市）、新华传媒、博瑞传播等。由于传媒业具有很强的意识形态属性，所以，拿到相关主管部门的批文是上市的前提，曾经有一些报业集团没有拿到相关主管部门的批文就发布借壳重组的信息，结果闹了一个很大的乌龙。2010 年 3 月 19 日，中宣部会同 9 部门联合发布《关于金融支持文化产业振兴和发展繁荣的指导意见》，支持符合条件的文化传媒企业上市。

1. 浙报传媒牢牢把握上市机遇

浙报集团紧紧抓住国家支持符合条件的文化传媒企业上市的机遇，2010 年 10 月，浙报集团立即启动借壳计划。由于浙报集团的借壳上市工作做得很细，其方案于 2011 年 5 月获证监会重组委有条件通过，2011 年 9 月成功登陆上海证券交易所挂牌上市，历时仅仅一年时间，也创造了令业内和中介机构惊叹的资本市场的"浙报速度"。在浙报集团借壳 ST 白猫的上市过程中，浙报集团把下属全资子公司浙报控股所拥有的报刊传媒类经营性资产（共计 16 家子公司的股权，评估价值为人民币 24.6 亿元）置入 ST 白猫，占上市公司总股本的 64.62% 而成为第一大股东，也成为全国第一家媒体经营性资产整体上市的报业集团。此后，粤传媒成为第二家经营性资产整体上市的报业集团。

2. 上市倒逼浙报传媒提升自身治理水平

浙报传媒上市后,以上市倒逼内部体制机制的改革。按照上市公司治理要求,建立健全了从上到下、贯穿经营管理所有环节的内控机制,修订了 20 余项内部控制制度和 10 多个有关规范子公司运营、财务管理、人力资源的文件。通过全面预算管理、规范财务管理、健全内控制度、实行采编和经营分线运营等一系列改革新措施,集团公司治理水平大大提升。

3. 300 多名员工转换身份

浙报传媒改制上市,牵涉到 300 多名事业编制身份员工的安置问题。身份问题始终是横亘在实行"企业化运行,事业化管理"的报业及其他文化单位面前必须解决的问题。浙报集团通过专项资金的方式来解决事业编制员工问题,虽然具体的专项资金金额和安排内容不清楚,但据说该方案令事业编制员工收入待遇不低于原有标准,即便是退休之后相关收入也不会低于同期同等事业单位人员的标准。这在根本上保证了原有职工的利益,使得改革能够顺利推进。

4. 借助上市,浙报传媒实现逆势上扬

自 2011 年以来,传统媒体开始遭遇寒冬,而浙报传媒各业务板块克服全行业大幅下滑的困难,营业收入和净利润均实现逆市上扬。2011 年至 2013 年,重组置入资产的净利润分别达到 2.1 亿元、2.4 亿元和 2.6 亿元,三年承诺利润实现率分别达到 109.04%、111.80% 和 107.83%,顺利完成利润承诺。浙报传媒打通直接融资通道之后,也为后面通过资本市场募集资金打下了良好基础。2013 年 4 月 27 日,浙报传媒通过非公开发行 A 股股票和自筹资金共计 31.9 亿元,收购盛大网络旗下的杭州边锋、上海浩方 100% 的股权。2016 年 9 月,公司非公开股票增发项目获国家主管部门批准,拟募集资金不超过 19.5 亿元,用于建设"互联网数据中心和大数据交易中心"项目。

在全国传统媒体正深陷困境不可自拔的情况下,浙报传媒整体运作良好。其营业收入从 2010 年的 12.13 亿元增长到 2015 年的 34.58 亿元,增长了 185.08%;总资产从 2010 年的 14.95 亿元增长到 2015 年的 80.19 亿元,增长了 436.39%;归属于上市公司的净资产从 2010 年的 7.48 亿元增长到 2015 年的 42.26 亿元,增长了 464.97%;归属于上市公司的净利润从 2010 年的 2.09 亿元增长到 2015 年的 6.10 亿元,增长了 191.87%,具体见表 13-1。需要说明的是,2015 年浙报传媒的净利润为 8.82 亿元,同比增长 44.32%。

表 13-1 2010—2016 年上半年浙报传媒整体发展情况

年份	营业收入		总资产		归属于上市公司的净资产		归属于上市公司股东的净利润	
	值（亿元）	增速（%）	值（亿元）	增速（%）	值（亿元）	增速（%）	值（亿元）	增速（%）
2010	12.13	—	14.95	—	7.48	—	2.09	—
2011	13.81	10.62	22.29	8.18	11.68	22.39	2.22	4.27
2012	15.42	6.95	27.58	19.89	10.56	-11.45	2.21	0.30
2013	24.11	59.67	66.16	145.35	35.50	86.07	4.11	241.75
2014	30.66	27.16	70.85	7.09	38.13	7.42	5.17	25.84
2015	34.58	12.77	80.19	13.19	42.26	10.82	6.10	17.98
2016 上半年	14.82	-1.53	72.79	-9.24	43.40	2.71	3.05	7.79

资料来源：根据浙报传媒上市招股说明书和历年财报资料整理。

浙报传媒除了整体保持快速增长之外，业务结构也不断优化。报刊发行收入从 2011 年的 3.74 亿元下降到 2015 年的 3.52 亿元，出现略微下降，收入占比从 2011 年的 27.08% 下降到 2016 年上半年的 11.47%，下降一半以上；广告及网络收入从 2011 年的 7.72 亿元下降到 2015 年的 7.64 亿元，基本持平，收入占比从 2011 年的 55.90% 下降到 2016 年上半年的 22.54%，出现腰斩；在线游戏运营收入从 2013 年的 4.27 亿元快速增长到 2015 年的 9.11 亿元，增长了 1 倍以上，收入占比从 2013 年的 17.71% 增长到 2016 年上半年的 23.95%；信息服务收入从 2012 年的 0.46 亿元增长到 2015 年的 1.77 亿元，增长了 2 倍以上，占比从 2012 年的 2.98% 上升到 2016 年上半年的 8.84%，具体见表 13-2、表 13-3。尤其需要指出的是，到 2015 年年底，浙报传媒的在线游戏运营所获取的净利润已经占到浙报传媒净利润的 45%。

表 13-2 2011—2016 年上半年浙报传媒各业务板块收入与增速

年份	报刊发行		广告及网络推广		在线游戏运营		信息服务	
	值（亿元）	增速（%）	值（亿元）	增速（%）	值（亿元）	增速（%）	值（亿元）	增速（%）
2011	3.74	17.32	7.72	7.65	—	—	—	—
2012	3.90	4.20	7.38	-4.36	—	—	0.46	54.70
2013	4.01	-3.62	10.03	30.98	4.27	—	0.50	8.64

(续表 13-2)

年份	报刊发行		广告及网络推广		在线游戏运营		信息服务	
	值（亿元）	增速（%）	值（亿元）	增速（%）	值（亿元）	增速（%）	值（亿元）	增速（%）
2014	3.89	-7.88	8.97	-13.03	8.02	87.85	0.63	26.35
2015	3.52	-9.57	7.64	-14.83	9.11	13.60	1.77	31.49
2016 上半年	1.70	-2.98	3.34	-7.34	3.55	-26.02	1.31	178.23

资料来源：根据浙报传媒上市招股说明书和历年财报资料整理。

表 13-3　2011—2016 年上半年浙报传媒各业务板块收入与占比

年份	报刊发行		广告及网络推广		在线游戏运营		信息服务	
	值（亿元）	占比（%）	值（亿元）	占比（%）	值（亿元）	占比（%）	值（亿元）	占比（%）
2011	3.74	27.08	7.72	55.90	—	—	—	—
2012	3.90	25.29	7.38	47.86	—	—	0.46	2.98
2013	4.01	16.63	10.03	41.60	4.27	17.71	0.50	2.07
2014	3.89	12.69	8.97	29.26	8.02	26.16	0.63	2.05
2015	3.52	10.18	7.64	22.09	9.11	26.34	1.77	5.12
2016 上半年	1.70	11.47	3.34	22.54	3.55	23.95	1.31	8.84

资料来源：根据浙报传媒上市招股说明书和历年财报资料整理。

浙报传媒借壳上市后，通过非公发行和转增，其总股本从 4.3 亿股扩展到 11.88 亿股，公司市值从重大资产重组完成后恢复上市首日的 52 亿元，提升到 2016 年 12 月 6 日收市时的 207 亿元，在 2013 年 9 月 25 日，曾一度突破 300 亿元。

（三）站在未来看现在：转型取得阶段性成功

传统媒体的转型不能站在现在看未来，更不能站在过去看未来，而应该站在未来看现在，即从未来的发展趋势来决定自身的转型。在国内传统媒体纷纷采取基于自身内容优势采用"内容+互联网"的转型思路时，浙报传媒深刻认识到互联网和大数据才代表未来趋势，采取"互联网+"的转型思路，提前布局互联网和大数据产业。

1. 提前布局互联网产业

2012年3月，上市不到半年的浙报传媒，开始启动非公开发行收购杭州边锋和上海浩方两家游戏公司。2013年4月27日，收购顺利完成，通过收购边锋和浩方100%的股权，浙报传媒一举获得了一个拥有约3亿注册用户、2000多万活跃用户、1000万移动用户的成熟游戏平台，拥有了国内首个国有资本控制的大型的自主性网络用户平台，为浙报传媒的互联网转型打下了强有力的基础。通过此次收购，一是以边锋为核心，初步搭建起大传媒产业中"3+1"平台①中的数字娱乐平台；二是整合各方资源，大力推动边锋网络平台的竞技化、社区化和移动化，用户快速增长，有力地保障了并购利润承诺的完成；三是加快布局影视、互联网视频和动漫产业，加快建设完整的娱乐产业链。边锋平台在保持快速增长的同时，也孵化了"云更新""战旗TV"等不少潜力巨大的项目。此外，通过收购两家游戏公司，浙报集团目前已经形成了近1100人的互联网专业技术研发团队，从事新媒体的员工也已经近2100，已经占到了整个集团员工总数的1/3。

在收购边锋和浩方的基础上，自2014年以来，浙报传媒打造了"三圈环流"的数字媒体产品矩阵，即核心圈、紧密圈和协同圈。核心圈着力打造三大新媒体产品，分别为浙江新闻移动客户端、浙江手机报、浙江在线新闻网站。这三大产品互为依托，有机联系，用户互相导流，力争覆盖浙江全省2000万主流人群。截至2015年年底，浙江新闻移动客户端的下载量已经超过1000万次。紧密圈由边锋网新闻专区和新闻弹窗、云端悦读Pad客户端、边锋互联网电视盒子、钱报网、腾讯/大浙网新闻板块以及各县市区域门户构成，根据不同传播定位，覆盖各类用户5000万左右。协同圈以微博、微信等第三方网络应用和专业APP为主。以各运营媒体200多个微博号、微信公众号等第三方网络应用和专业APP为协同圈的主流价值传播平台，粉丝量超过1500万。浙报集团建立专业化的运营队伍，进入商业网站既有平台，既渗透发展又互相导流。此外，在移动终端上还主打新闻可视化，提升用户的阅读体验。此外，浙报集团正围绕O2O②新平台建设数据库，与浙江民政厅合作建设浙江省养老数据库，到2015年有5000万活跃用户。

在搭建"三圈环流"的数字媒体产品矩阵的基础上，浙报集团又斥资2亿元自主研发了"媒立方"系统，包括智能传播平台和大数据资源平台，可满足媒体融合发展所必需的从信息发现、一站式生产、全媒体发布到智能化分析、精准

---

① 浙报传媒的业务结构为"3+1"平台，即新闻传媒平台、数字娱乐平台、智慧服务平台、文化产业投资平台。

② O2O即online to offline（在线离线/线上到线下），是指将线下的商务机会与互联网结合，让互联网成为线下交易的平台。

化服务等多重需求，现在已经投入正式使用。

2. 提前布局大数据产业

我们已经进入大数据时代，传统媒体转型不仅要实现"互联网+"，更要实现"大数据+"，浙报传媒充分利用自身的资源优势，积极布局大数据产业。浙报集团确立"以用户为中心"的理念，在传统媒体公司中率先建立起数据库业务部，从阿里巴巴、盛大、华为等互联网公司引进50多名专业技术人才，近几年已经投入5000多万元建设用户数据库，把边锋、浩方的3亿注册用户、2000多万活跃用户，加上浙报集团传统媒体板块的600万用户，组建为一个用户规模巨大的数据库。在此基础上，浙报集团又全面实施了大数据产业投资战略。2016年9月26日，由浙报传媒投资建设的浙江大数据交易中心在乌镇正式上线，成为浙江省内唯一的大数据交易中心。未来，将和正在建设的"富春云"互联网数据中心项目、大数据创客中心以及大数据基金，共同组成浙报传媒的大数据产业方阵。其中，互联网数据中心项目推动数据存储、加工、清洗、挖掘和交易，目标是形成覆盖大数据全产业链的开放性生态系统，向公众提供覆盖基础数据服务、数据挖掘与分析和数据交易的全产业链服务。浙报集团由新媒体中心、数据库业务部、信息技术中心、边锋四大模块构成的技术平台，再加上自己培养的一个具备自主研发能力的技术团队，既能适应报业的技术发展，也能与互联网技术队伍接轨。

（四）创新商业模式和盈利模式

当前传统媒体的互联网转型很难找到商业模式和盈利模式，而浙报传媒的互联网转型找到了符合互联网规律的商业模式和盈利模式。

1. 树立起"重建用户连接"的理念

传统媒体深陷困境的根源是用户连接失效，而要实现自身的真正转型，必须重建用户连接。浙江日报报业集团高海浩社长认为：我们走了十几年的互联网之路，其实并没有走出自我设置的误区，没有真正把媒体与用户的关系、内容与读者的关系搞明白。在互联网时代，用户的内涵与我们过去称呼的读者内涵截然不同。我们必须把服务用户、吸引用户、集聚用户作为出发点、落脚点和着力点，作为内容创新的评价标准，作为办好媒体的终极目标和追求。

2. 建立起"新闻+服务"的商业模式

当前很多传统媒体还在坚持"内容为王"理念，幻想新闻能够实现盈利，但是，这并不契合互联网"免费＋收费"的商业模式。浙报集团按照互联网规律，提出了"新闻＋服务"的商业模式，即新闻免费、服务收费，通过免费的新闻来吸引更多的用户，再通过增值服务来实现收费，并以服务聚集用户，在提升用户体验的基础上增强用户黏度。这样既能较好地完成媒体的信息传播功能，又能较好地解决盈利难题。

3. 拓展了多元的盈利模式

浙报集团秉承"传媒控制资本，资本壮大传媒"的理念，积极发挥主流媒体优势，大力拓展O2O商业服务，新确立了智慧服务产业拓展方向，并以产业链打通互动娱乐和影视两大产业，加快推进新闻资讯、数字娱乐、智慧服务和文化产业投资"3＋1"平台的布局。在此基础上，拓展了政务服务、O2O电商、网络医院、养老医院和区域门户集群等盈利服务。在政务服务方面，浙报集团开展与浙江省政务服务中心的合作，构建"政务服务＋生活服务"的服务圈；在O2O电商方面，《钱江晚报》推出"钱报有礼"电商网站，2015年全年营收同比增长152％，并开设了6家线下门店；在网络医院方面，组建全球影像医疗云服务平台，其旗下的浙江省预约诊疗服务平台已经有600多万注册用户；在养老服务方面，浙报集团旗下的《浙江老年报》公司正致力于以社区服务为中心，提供全方位养老配套服务，其"爱乐聚家服务中心"在全省11个地级市和杭州市辖区的服务中心布点达到50家；在区域门户集群方面，浙报集团9家市（县）报引领的区域细分媒体板块，正在积极探索社区化和服务化，实现对社区居民服务的深度覆盖。

（五）浙报传媒剥离新闻传媒类资产

2017年2月，上市公司浙报传媒发布重大资产重组进展公告，称公司已明确拟向控股股东浙报传媒控股集团有限公司出售新闻传媒类资产。

1. 剥离的是报刊的经营性资产

2011年9月，在浙报集团借壳ST白猫的上市过程中，浙报集团采取的是经营性资产整体上市的方式，即把下属全资子公司浙报控股拥有的报刊传媒类经营性资产置入ST白猫，占上市公司总股本的64.62％而成为第一大股东。当时置入的报刊传媒类经营性资产主要包括《浙江日报》《钱江晚报》《今日早报》《浙江法制报》《乐清日报》《瑞安日报》《海宁日报》《柯桥日报》《诸暨日报》《上虞日报》《东阳日报》《永康日报》《温岭日报》以及《浙商》杂志等报刊的经营性资产。由于《今日早报》已经停刊，这次重组相应的出售资产就是剔除《今日早报》后的其他报刊的经营性资产。

2. 为何剥离新闻传媒类资产

首先，为了更好地做好新闻舆论工作。党的十八大以来，我国对新闻舆论工作高度重视，管控力度大幅度增加，因此，把新闻传媒版类资产从上市公司剥离出来，无疑能够给予新闻舆论工作更大的支持，让相关主管部门更为放心。在浙报传媒上市时，采取的是"采编经营两分开"的方式，即浙报集团将相关报刊经营业务授权给相对应的公司管理运作，并根据相关广告收入总额与浙报集团进行分成。但是，由于最近几年单纯的广告收入下滑，而活动等多元化收入大幅度增加，这也导致采编业务所获得的分成资金相对不足。而通过这次剥离，一方面能够给予采编业务提供更多的资金支持，另一方面也能够更好地促进媒体融合。

其次，公司原有的报业等相关新闻传媒类资产属于传统型传媒属性，成长性小。一般来说，传媒类板块上市公司的市盈率要高于市场平均水平，而互联网和大数据板块的市盈率又远远高于传媒类板块。随着"互联网+"的概念推行及新媒体的发展，传统媒体的广告商业模式受到冲击，经营模式面临挑战，而现行的采编经营分离的状况也不利于投资者和市场估值，对现有的市值会带来一系列的冲击。从浙报传媒的业务结构来看，公司的盈利能力早已脱离对新闻媒体板块的依赖，利润主要来源于边锋游戏平台收入和东方星空的投资收益。另外，浙报传媒近年来布局的大数据产业逐步进入成长期，电商服务等业务不断加强、拓展，浙报传媒已逐步转型为一家新型互联网文化娱乐公司。因此，剥离新闻传媒类资产这类成长性较差的业务，不仅不会对浙报传媒的未来发展产生负面影响，而且会更好地支撑浙报传媒的未来发展和市值。

再次，为了浙报传媒有更大的资本运作空间。我国对意识形态属性强的传媒类上市公司，要求由国有资产甚至是实际控制人绝对控股，这样就导致了传媒类上市公司的资本运作空间狭小。浙报传媒通过两次定向增发，公司实际控制人及一致行动人合计持有的持股比例从64.62%下降到46.93%，虽然加上其他国有股超过50%，但进行下一步资本运作的空间不大。而把新闻传媒类资产剥离之后，公司实际控制人只需要相对控股即可，资本运作的空间就大大增加了，这无疑会更有利于浙报传媒的发展。

最后，这也充分说明了浙报传媒的转型取得了显著成效。浙报传媒作为党报媒体中较早走入资本市场的领头羊，一直以来都显示出了对于政策风向上明晰的判断力和执行力。2011年，借壳白猫上市；2013年，作为首个国有控股公司收购了边锋游戏和浩方平台的新兴媒体资产；2016年，通过非公开募资投建数据中心，引领新媒体数据化的潮流。这次浙报传媒敢于剥离新闻传媒类资产，一方面说明浙报传媒对未来业务发展有足够信心,另一方面说明浙报集团财大气粗,因为这块资产也要花去浙报传媒不菲的真金白银。当然,浙报传媒这次把新闻传媒类资产出售给控股股东,也有其他为未来进一步改革发展和布局的考虑。

(六) 浙报集团的经验

浙报集团的转型无疑取得了较大的成就,领先于全国传统媒体,浙报集团转型的经验有哪些?又有哪些可以为其他传统媒体所借鉴呢?

1. 关键是要有一个具有政治智慧和市场能力的"一把手"

无论对于政府部门还是对于企事业单位,无论对于国有企业还是对于民营企业,无论对于转型期还是对于平常期,"一把手"都起着至关重要的作用。对于转型期的国有传媒单位来讲,"一把手"更是起着不可替代的决定性作用。而浙报集团的转型之所以能够取得阶段性胜利,是与其"一把手"高海浩社长密不可分的。一般来说,企业成功的转型需要提前5到10年布局,即在陷入困境之前的5到10年就要开始积极转型。2008年,我国报业和传媒业的增速开始放缓,而2012年我国报业广告实收额开始出现15%左右的下跌,这就要求传媒集团从2008年左右就要开始真正转型。就在2008年的1月,高海浩就任浙江日报报业集团社长、党委书记,3月任浙报传媒控股集团有限公司董事长。高海浩社长从上任之后就积极采取各种措施进行转型,有效地抓住了转型的时间窗口期。之所以说"一把手"决定着转型的成败,关键在于转型期的"一把手"除了需要具备平常期"一把手"所需要具备的能力之外,还需要具有如下三方面的突出能力。

一是对趋势的敏锐洞察力。转型是基于未来的,而不是基于现在和过去的,这就需要具备"站在未来看现在"的能力。浙报集团近些年的转型较好地把握住了未来的发展趋势,先是把握住了传媒与资本融合的趋势而积极进入资本市场,再是认识到互联网代表未来而致力于打造互联网枢纽集团,最后是洞察了大数据及其产业的历史机遇而积极布局大数据产业。

二是能够有效转变集团观念,统一思想。传统媒体转型首先是观念的转型,只有统一了转型的思路和目的才能众志成城,心往一处想、劲往一处使。高海浩社长自身观念超前,并通过内部培训(高社长自己就曾在集团内部讲过十几次课)、内部创业等方式来转变大家的观念,很好地统一了思想和认识。本课题组去浙报集团实地调研时,从高海浩社长、集团其他高层、中层和普通员工嘴里听到的思路基本是一致的,这种现象在其他传统媒体中是难以见到的。

三是愿意承受巨大的压力和风险。在有的国有单位,由于缺乏有效的激励约束机制,"干多干少一个样、干与不干一个样、干好干坏一个样",有的时候还"干多错多",再加上传统媒体的核心任务是舆论引导而不是盈利,许多"一把手"为了自身的官位而不愿意冒大风险去开展新兴业务,基本上是"雷声大雨点小"。毫无疑问,传统媒体转型的方向是互联网和大数据等新兴产业,而这些新兴产业虽然收益大但风险更大,向这些新兴产业转型就要承担巨大的风险和压力。当年浙报传媒斥31.9亿元巨资收购边锋和浩方两家游戏公司时,有的主管部门和很多传统媒体纷纷质疑浙报传媒不务正业,而根本没有意识到浙报传媒收购两家游戏公司既可以获得高成长性的游戏公司,又可以获得几千万的用户和先进的技术团队。

总之,对于传统媒体的转型来说,有优秀的"一把手"来领导是非常关键的。

2. 善于运用资本

一是浙报传媒在短短的一年时间内就成功登陆上海证券交易所挂牌上市。上市为浙报传媒打通了直接融资通道,也为后面通过资本市场募集资金布局未来产业打下了良好基础。二是2013年4月27日,浙报传媒通过非公开发行A股股票和自筹资金共计31.9亿元来收购盛大网络旗下的杭州边锋、上海浩方公司100%股权,成功卡位互联网。三是在2015年启动非公开发行工作,拟募集资金19.5亿元,用于建设"互联网数据中心和大数据交易中心"项目。虽然现在传统媒体上市已经很难,也很难复制浙报传媒的上市路径,但是资本运营的逻辑是可以复制的。

3. 市场化体制和能力

浙报集团很早就开始进行市场化探索,并建立了更能适应市场竞争的集团化运营体制。有别于很多传统媒体采取的所有经营由一个公司负责的集中化运营模式,浙报集团很早就建立起了"一媒体一公司"的更为市场化的集团公司体制,虽然在一定程度上存在资源浪费的嫌疑,但是这样能够更好地发挥市场竞争的作用,进而提升自身的核心竞争力。浙报集团的市场化能力能够帮助其灵敏地找到市场新机会,并成功地把握。对于其他传统媒体来说,浙报集团的市场化体制和能力是完全可以复制的,核心是要确立市场化改革方向。

4. 提前布局互联网产业

互联网带来了第三次工业革命和第四次传播革命,也给传统媒体带来了致命性的挑战,主要体现在用户连接失效。要真正实现转型,传统媒体就必须以互联网为转型主体和方向,来重建用户连接。浙报集团通过自身的实践,充分认识到要真正实现转型,一是要充分培育互联网基因,核心是理念和体制变革;二是要拥有适应互联网浪潮的技术团队,关键是赢得制高点和话语权,互联网媒体是技术驱动的,没有实力强大的技术团队,就很难为传统媒体转型提供坚实的基础;三是要有强大的融资能力,构建自主的互联网用户平台。正是基于重建用户连接的思路,2013年浙报传媒通过收购盛大网络旗下的杭州边锋、上海浩方两家公司,获得了一个拥有3亿注册用户、超过2000万活跃用户、1000万移动用户的成熟网络平台。这些用户已经成为浙报集团信息传播、舆论影响的基础和目标,为自身的互联网转型提供了扎实的基础。基于互联网的转型的前提条件是"一把手"的理念转型,关键要看"一把手"能不能真正了解互联网,并对此想清楚、想透彻。

5. 布局大数据产业

我们已经进入大数据时代,大数据已经成为与土地、人力和资金一样重要的生产要素,从某种意义上说,大数据将是传统媒体实现转型的最后一次机会。浙报集团很早就认识到大数据对于自身的重要作用,他们最早通过吸引大数据人才和启动数据库建设来布局大数据产业。一是从知名互联网公司高薪挖来首席数据官,并组建了人数不少的工程师团队。继而在集团层面基本形成了由新媒体中心、数据库业务部、信息技术中心、边锋四大模块构成的技术平台,并培养了一个具备自主研发能力的技术团队,如此既能适应报业的技术发展,也能与互联网技术队伍接轨。二是浙报集团争取到了浙江省委、省政府的支持,积极实施了大数据产业投资战略。政府数据是大数据中最重要的资源,而传统媒体具有先天的优势。因此,布局大数据产业是其他传统媒体可以复制的经验。

综上所述,每个集团都有自身的基础和优势,从这个意义上讲,浙报集团的经验和模式不可能完全被复制,但是转型逻辑却有共通性,完全可以被复制和借鉴。

二、案例2 《都市快报》基于本地服务基因的转型之路

在当前传统媒体转型维艰的大形势下,涵盖互联网媒体、融媒体、广播、报纸和艺术品产业的都市快报社虽然在纸媒业务上也遇到了困难,但是整体上依然生机勃勃,是国内较少的基于纸媒转型取得较大成就的案例。都市快报社的转型经验有哪些呢?一是根植于骨髓的本地化服务基因,使得其本地化服务战略根深叶茂;二是创新的体制与机制;三是优秀的"一把手"与团队;四是良好的内

部创业氛围；五是整合营销。都市快报社经过十多年的高速发展，在产业上，目前已发展成为拥有 2 家报纸、7 个网站和控股及参股 11 家公司的现代化传媒企业；在传播能力建设上，以《都市快报》为核心，融合报纸、电视、广播、网络、手机多种发布终端的全媒体发展构架已经搭建完成，"一种内容、多种媒介、多种渠道、即时发布"的现代多元传播模式已经初步形成。当然我们也需要指出的是，这些经验虽然说起来容易，但是对于很多传统媒体来说，要真正学到还需要来一次自我革命。

（一）战略：以用户为中心的深耕本地服务战略

创刊于 1999 年元旦的《都市快报》，当时面临的竞争前有《浙江日报》《杭州日报》两大党报，中有《钱江晚报》《杭州日报·下午版》，后有 1998 年新办的《之江晨报》，这就要求《都市快报》不能陷入同质化竞争的"红海"中。《都市快报》不走寻常路，深深根植于杭州这座城市，以这座城市的居民为中心，以信息服务为抓手，走出了一条差异化发展道路。在成功实施平面媒体战略打造《都市快报》后，又紧紧围绕本地生活服务实施了互联网媒体战略、融媒体战略和产业拓展战略。

1. 《都市快报》一出生就深深打上了服务用户的基因

在深刻认识到中国传媒的外部环境之后，《都市快报》致力于寻求"传播能力和经济效益的双赢"，秉持"生活因温暖而美好"的编辑方针，以用户为中心，为用户提供全方位的服务。

首先，《都市快报》踏踏实实地以有效的信息、精致的文字为读者提供高质量、贴心的服务，而不靠凶杀、色情等报道抢占市场，进而确立自己主流、阳光、时尚的媒体形象。

其次，《都市快报》在新闻的选取上，强调与读者的相关性；在写作上，以照顾到读者的体验为出发点，要求易读、"悦读"；在版式上，追求视觉传达的有效性和舒适性。

正是基于高质量的服务能力，《都市快报》已经发展成为国内一流的都市类报纸。尤其需要指出的是，《都市快报》的抗风险能力较强，在全国报业快速下滑的 2013 年，《都市快报》的广告收入却逆势增长 3%；2014 年，《都市快报》广告收入的下滑速度也远远低于全国都市报的平均水平。

2. 互联网媒体战略在全国居于领先地位

《都市快报》很早就认识到互联网媒体对传统媒体的冲击和影响，早在 2006

年就积极进军互联网媒体,先后成功创办了"19楼"网站、快房网等本地生活服务类网站,成为全国传统媒体互联网转型的典范。

首先,在2006年创建"19楼"网站。"19楼"的前身是在2001年建立的BBS论坛,作为中国报纸最早的互联网实践之一,很快聚集了一批核心用户,取得了较大的影响。在已经发展到一定规模的2006年,"19楼"开始公司化独立运作。"19楼"作为中国最大的城市社区网站,目前已在重庆、福州、宁波、台州、嘉兴等20多个城市创建了区域化板块,流量和营业收入都处于全国传统媒体兴办的互联网媒体的前列:2014年,注册用户数达4665万,日访问总页面(PV)4551万;营业收入为1.30亿元,净利润为2684.21万元。①

"19楼"继承了《都市快报》的服务基因,其本质是社区网站,它以社交和服务为主功能。其独特的商业模式是为本地用户提供优质的生活交流服务,为致力拓展本地市场的品牌商家提供高性价比的互动营销服务。"19楼"避开《都市快报》的房产和汽车这两大主要广告收入来源行业,致力于发展服务型更强的家居、婚庆等经营主打产品,在创立初期就成功探索了互联网的运营模式——O2O模式。

其次,快房网在2009年上线。进入21世纪之后,以搜房网、新浪乐居为代表的垂直类细分网站高速发展,对《都市快报》的房产广告造成冲击,在这种背景下,《都市快报》于2009年10月推出了房产行业互联网产品——快房网。

快房网的基因依然是本地服务基因,其市场定位是本地房产服务市场,具体运作兼具互联网基因和媒体基因,内设房产部、运营部和网络部三大部门。其中,房产部由原报社广告部房产广告经营队伍构建,具有成熟的广告运作经验和庞大的客户资源;运营部团队在产品策划上有着先天优势;网络部的团队在传媒产品的呈现上锐意创新。快房网的运营模式从初期的报网互动模式,发展到广告产品、运营产品的全媒体立体化营销,其调动的媒体和资源,包括从《都市快报》、快房网到搜索引擎、微博、微信、数据库、第三方网站、DM②广告、广播电视,并通过"快房通"全媒体语音门户实现对买房客户的全面调动。这种模式深得广告主的青睐,原因在于广告的效果可以直接通过投放后一段时间内售楼部的呼入电话来体现,能相对准确地评价费效比。

3. 融媒体战略卓有成效

传统媒体出现困境的根源在于与用户的连接失效,《都市快报》除了通过

---

① 杨星:《突围纸媒,我们在路上》,载《新闻战线》2014年第12期。
② DM是英文direct mail的缩写,意为快讯商品广告,通常由8开或16开广告纸正反面彩色印刷而成,通常采取邮寄、定点派发、选择性派送到消费者住处等多种方式广为宣传。

"19楼"网站、快房网等互联网媒体与用户重建连接外,还通过融媒体战略以吸引更多的用户,强化自身的传播能力和运营能力。

首先,于2010年推出《好奇实验室》。《都市快报》很早就认识到视频市场的巨大潜力,于2010年初成立了《都市快报》视听中心,逐步从电视新闻栏目《快报时间》完善到《好奇实验室》,产品定位为科普实验求真节目。播出渠道也适应用户发展趋势,从市级电视台、省级电视台转向视频网站。目前,《好奇实验室》已经在优酷、腾讯视频、搜狐视频、爱奇艺视频上线,在2013年8月到2014年10月的14个月内,其在线点击量已突破2亿次,单篇视频网络点击量最高纪录达到1000万次。2015年,通过广告植入、实验定制、广告拍摄、微信推广等模式,《好奇实验室》的收入超过500万元。

其次,高度重视微博、微信推广。从2010年开始,《都市快报》就积极实施微博、微信战略。除了官方微信公众号外,《都市快报》还有88个微信产品,粉丝总量过300万,2015年,其基于微博、微信的收入过千万元。

4. 积极实施产业拓展战略

除了基于《都市快报》自身进行转型之外,都市快报社还及时抓住新出现的机遇,拓展产业边界,组建了"都快交通91.8传媒公司"和艺术品公司。

首先,与杭州交通经济广播电台共同组建都快交通91.8传媒公司。随着我国经济的高速发展,汽车的保有量快速增加,交通广播的市场空间很大。都市快报社抓住该机遇,在2009年组建"都快交通91.8传媒公司",由杭州市广电集团所属的杭州文广投资控股有限公司占股55%,浙江都市快报控股有限公司占股45%。2009年,该公司获得杭州交通经济广播电台房产广告代理权,2010年增加了汽车广告代理权,2014年再增加了金融广告代理权。公司成立后,经营团队由都市快报社派出,2009年,将杭州交通经济广播电台的房产广告由上一年度的不足800万元做到2700万元;2013年,房产广告达到7000万元,汽车广告原来不到1000万元,2013年突破4000万元;2013年,公司营业额达到1.12亿元。①

其次,积极进军艺术品产业。根据国外的实践,当一国的人均GDP超过8000美元时,该国的艺术品市场会出现爆发式增长,2014年我国人均GDP超过7800美元,我国的艺术品市场在未来也一定会有良好的发展前景。都市快报社的艺术品事业经过几年的发展,基本实现收支平衡,未来前景可期。

---

① 杨星:《突围纸媒,我们在路上》,载《新闻战线》2014年第12期。

（二）先进的市场化体制

传统媒体转型的根本制约是体制不能适应迅速变化的市场，进而导致激励机制缺乏、动力机制不足，而都市快报社在股权激励、薪酬激励、公司化运作等方面都走在国内传统媒体的前列。

1. 较高比例的管理层股权激励制度

在当前情况下，无论是互联网业务还是新创项目，风险都很大且需要全副身心投入其中，而这就需要设计管理层股权激励制度，否则事业就难以快速发展。都市快报社顺应这种趋势，其旗下的新创项目都设有较高比例的管理层股权激励制度，这在国内其他传统媒体是根本不可想象的。都市快报社能够顺利实行这么好的股权激励制度，有两大背景：一是在当年负责《杭州日报》和《都市快报》广告经营的公司中，管理层曾持有40%的虚拟股权，当然现在没有了，较早的这种股权制度设计也使得后来新设公司的股权激励制度顺理成章、顺风顺水；二是《都市快报》的定位是信息服务，在运作上比较安全，这相应地为这种制度运行提供了较好的外部环境。

一般来说，国内其他传统媒体在管理层股权激励制度上，绝大多数将其设为禁区，根本没有这种制度设计；极少部分传统媒体虽然有这种制度设计，但是股权比例多在15%以下，而都市快报社的管理层股权比例多在34%左右。例如，2013年10月，快房网实施公司化运作，报社持股66%，团队持股34%；"19楼"网站成立时，管理层持股比例也差不多是这样。

当然，都市快报社对于不同类型的新创项目而给予管理层的股权比例也不同，对于与《都市快报》业务相似且需要较大资源投入的新设项目，都市快报社会绝对控股且持有60%以上的股权，而对于与都市快报社现有业务关联度不大且不需要都市快报社投入太多资源或者都市快报社不愿意投入太多资源的新设项目，都市快报社甚至只采取参股的方式，这就极大地激发了员工内部创业的积极性和主动性。例如，都市快报社旗下的一个民宿创业项目，管理层就持股80%，而都市快报社只持股20%。

2. 不断的体制创新

一个项目或者一个公司仅仅有股权激励制度安排还远远不够，还需要随着公司的发展进一步创新体制以适应新的发展要求，而"19楼"就是体制连续创新的典范。

在2006年到2013年的7年时间里，"19楼"在体制上完成了8项大事，保障了"19楼"事业的健康可持续发展。

一是在公司成立之初,总经理个人投入现金,成为个人股东。这使得总经理个人和公司结成利益共同体,另外,这也使得总经理拥有更多、更灵活的方式来筹资以保障公司的发展。例如,当公司发展需要资金时,总经理个人可以拿自己的股权到银行质押来融资,如果总经理个人没有股权,则其很难有手段去解决资金短缺问题。

二是在2008年年初引进了风险投资。国内顶尖的投资人成为"19楼"的股东,既给"19楼"带来了事业扩张所需的资金,又给"19楼"带来了先进的管理经验和各种资源。

三是风险投资进入后,进行了新的股权变更,完成了第一轮的团队股权激励。

四是成立一家新的持股公司,又有50位团队成员获得了总计10%的股权激励。

五是经过历次股权变更,"19楼"形成了以都市快报社为第一大股东、创业团队成员和社会投资人持有股份的混合型股权治理模式,这在中国文化体制改革进程中史无前例。

六是引进6000万元PE[①]融资,进一步壮大了"19楼"的资金实力,有利于事业的快速扩张。

七是"19楼"高层管理者事业身份剥离,完全脱离体制。我国对传统媒体采取的是"采编经营两分开"的制度,对于采编业务人员采取的是事业身份,而对于经营业务人员采取的是企业身份,要实现"19楼"的完全企业化运作就要求"19楼"的高层管理者必须转变身份。当然从未来发展趋势上来说,事业身份并没有太多的价值,但是在当前情况下,基本上没有人愿意主动脱离这种看似固若金汤实则脆弱不堪的"铁饭碗",也恰恰正是有股权激励制度的安排才使得人员身份转换更为顺畅。

八是完成股份制改造,成为十九楼网络传媒股份有限公司,为未来的上市做好准备。"19楼"有着广阔的发展前景,这就需要借助资本市场的杠杆效应来进一步助推其快速发展,而上市的前提条件是必须进行股份制改造。随着"19楼"股份制改造的完成以及华媒控股对其股权减持到20%以下,"19楼"上市前景一片光明。

---

① PE(private equity)即私募股权投资,从投资方式角度看,是指通过私募形式对私有企业即非上市企业进行的权益性投资,在交易实施过程中附带考虑了将来的退出机制,即通过上市、并购或管理层回购等方式,出售持股获利。

3. 规范的公司化运作

在都市快报社与杭州交通经济广播电台共同组建公司之前，杭州的电台一般没有自己的广告经营团队，广告经营采取向社会公司招标的方式进行。如果按照之前的惯例，都市快报社完全可以采取外包的方式来承包电台的广告经营业务。为了更好地实现双方合作的长期化和规范化，两家最后采取了组建公司的合作方式，这不仅在体制上保证了双方的权益，也使得双方的合作在更为规范、稳定的基础上展开。公司化运作的方式也解除了一些人的顾虑：为什么都市快报社的日子这么好过，房地产业务这么棒，却要让电台来分享房地产业务呢？恰恰是公司化的运作方式能够使得双方为了长期的利益而大力投入。

（三）鼓励创新创业的企业文化

当前，在"大众创业，万众创新"政策的鼓励下，很多传统媒体纷纷鼓励内部创业，但是从实际效果来看却普遍一般，原因在于两点：一是创业需要以创新的观念为前提，而有些传统媒体缺乏创新的企业文化，媒体和从业人员观念保守，自然难以指望这样的媒体能够进行创业创新；二是创业必须要有市场化的体制作为保障，否则就会被员工误解为甩包袱而进行抵制。而《都市快报》从创刊以来就鼓励创新和创业，早就形成了创新的企业文化，再加上管理层股权激励的制度安排能够彻底激活创业者的积极性、主动性。

1. 都市快报社的内部创新成功率高

《都市快报》从 1999 年创刊开始，本身就是一个创业好故事，又早在 2006 年对"19 楼"进行公司化运作并给予管理层以较高的股权激励，此后对自身的子产品、子公司团队的创新实践，也给予同样的、有激励性的政策。正是得益于如此，从 2006 年至 2014 年间，都市快报社又培育出了国内点击量最高、传播率最广的实验类科普视频节目《好奇实验室》，在全国新闻资讯类微信号中影响力名列前茅的官微产品和"快微圈"新媒体矩阵，区域领先的垂直网站"快房网"，以及"都快交通 91.8 传媒公司"、艺术品公司、演艺策划公司、教育公司、航拍器公司，等等。

2. 创新创业的特点

首先，思想上高度重视创新创业。都市快报社上上下下都认识到辉煌属于过去，而当下正处于生死存亡的关键时刻，而求生存、求发展的根本之道在于创新创业，所以，都市快报社班子成员明确要把团队的精力放到再创业上来，加快推动都市快报社向高度企业化、创业化方向转型。

其次,给予良好的创新创业政策。都市快报社在 2011 年就出台了对报社新拓展公司和项目的发展加大扶持力度的"助跑计划",规定了对报社所属新公司(全资、控股、相对控股、参股)、新项目、新产品,给予资金、资源、品牌等全方位的扶持。在资金上,新项目可由报社出资设立启动资金,对于发展较快、资金需求量较大的项目,由报社注资进行增资扩股,甚至由报社出面借贷并给予全部或部分贴息资助;在资源上,整合《都市快报》业务资源,由报社授权进行独家经营;在激励上,推行经营者持股、分红或奖励等多种激励手段;在体制上,报社对现有资源梳理后以"子公司+事业部"重新划分,每一个独立业务单元同时承担都市快报控股公司层面的战略任务,子公司有独立的投资权限,母公司通过公司监事明确行使职权,同时通过内部审计的方式来约束子公司。[①]

最后,创新创业的企业文化。一是报社拥有"鼓励创新、包容失败"的创业氛围、鼓励和引导"个人与企业共同成长"的价值观,一直秉持"给员工提供充分展示个人能力的机会,并能获得充分的报酬,也使工作成为生活中的重要部分"的管理理念。二是在制度上制定了骨干员工参股报系创业公司项目的方案,有效地解决了整体事业发展和员工利益关联度问题,让员工分享创业项目带来的红利。

3. 都市快报社创新创业的经验

毫无疑问,相比于传统媒体的内部创业,都市快报社创业项目的成功率极高,而之所以取得这么高的成功率,其关键是采取了如下方法和制度安排。

第一,围绕本地服务和传播力进行创业。综观都市快报社的所有创业项目,无不紧紧围绕本地化服务和传播能力进行创业,而这恰恰是都市快报社十多年快速发展的基因。

第二,体制机制上灵活且具有激励性。一是创业项目实现公司化运作的,一定实现骨干和团队持股;二是暂未实行公司化运作的创业项目,以"小团队创业"方式存在;三是及时实施公司化运作,对于创业项目,成熟一个,就公司化运营一个。

第三,现金投入少。一方面,由于创业项目风险很大,另一方面,由于传统媒体的资金实力并不是特别雄厚,所以,对于创业项目不适宜投入太多现金。都市快报社对"19 楼"的投入是无形资产,对快房网的投入也是无形资产,对"都快交通91.8 传媒公司"也仅仅投入了 90 万元现金。

---

① 詹晓明:《从都市快报看传统媒体内部创业氛围渐向好》,载《中国报业》2015 年第 21 期。

第四,以资源带动。对于起步阶段的创业项目,传统媒体应充分利用报纸现有的品牌和公信力,扶上马、送一程,这样有利于创业项目尽快打开局面。一旦创业项目走上正轨,就尽量让其独立运作,减少对报纸的依赖,以培养其自身的核心竞争力和市场。

第五,进入项目的时机把握较准。创业项目讲究"天时、地利、人和",进入太早会成为烈士,而进入太晚则会陷入"红海"竞争中,因此,时机至关重要。从都市快报社的创业项目来看,进入的时机都比较好,当然原因也在于都市快报社长期以来培养出来的市场化能力,使得创业人员能够敏锐地把握住市场机会。

都市快报社的创业项目在取得成功的同时,对都市快报社的自身发展也大有助益,一是拥有了一个形态丰富多样的多媒体产品群和用户群;二是培养了一批具有企业家素质的媒体领军人才;三是报纸采编队伍的缩减,在很大程度上降低了纸媒转型的成本和压力;四是培养和形成了创新创业的企业文化。传统媒体转型最为困难的是观念转变,而都市快报社通过创新创业项目,使得媒体人不仅观念转变了而且身份也在不断转变,传统媒体的从业人员从"新闻人"转变为"市场人",从事业单位编制转变为"企业人",从"打工心态"转变为SBU(战略执行单位)的主人翁。

(四)优秀的"一把手"与团队

综观所有成功的国有单位与企业,其核心都在于有一个能干事、愿干事、干成事的"一把手"。对于意识形态属性更强的国有传媒单位和企业来说更是这样,让我们回溯以往的传媒发展史,南方报业传媒集团的范以锦、中央电视台的杨伟光、浙江日报报业集团的高海浩、SMG的黎瑞刚、中国国际广播电台的王庚年、华商传媒集团的张富汉、《读者》的彭长城、《时尚》的刘江、《知音》的胡勋璧、《财经》的胡舒立、杭州日报报业集团的赵晴等,每一家媒体的辉煌无不对应了一个人。幸运的是,《都市快报》的创始人、社长杨星就是这样的"一把手"。

1. "一把手"能力很强

杨星自1984年进入《杭州日报》以来,历经多岗位锻炼,积累了丰富的管理能力,并且对传媒大势认识到位。《都市快报》旗下的多项创业项目的市场和进入时机都很好,这说明了杨星社长对传媒大势、传媒时机都有很高的敏感性。

2. "一把手"一直负责《都市快报》保证了《都市快报》战略的延续性

自从1999年元旦创刊以来，近17年来，杨星就一直担任都市快报社的社长，这样就避免了很多传媒单位和企业常见的"新人新思路"，从而实现了战略的稳定性和延续性。

3. 职业、专业、敬业的队伍

都市快报社一直秉持"政治素质和专业素质双提升"的队伍建设理念，建成了一直战斗力强、凝聚力强的专业队伍。

第一，高度强调价值观，使得个人品质与新闻价值判断有机统一。

第二，强调创新：从创刊初期的版式、报型的形式创新，到报道内容、写作方式的创新，再到新媒体时代运用最新传播科技、传播形态、传播载体的创新。

第三，领导以身作则，编委会成员每天的下班时间一直都固定在午夜以后。

第四，为员工提供充分展示其个人才能的机会。

（五）领先的经营能力

都市快报社把服务能力作为安身立命之本，正如前文所述，无论是采编还是创业，莫不把服务作为根本，其经营自然更是这样，以市场和用户需求为导向，形成了独具特色的营销服务模式。

1. 品牌服务模式

品牌是报纸经营的根本，《都市快报》一方面不断去"营销品牌"，另一方面通过服务和营销手段的创新来提升品牌营销力。具体方式是策划纯公益活动、纯品牌推广活动、项目类等活动，特别是主动策划整合媒体资源、商业资源以及社会资源的大型主题活动，去服务读者和消费者。例如，从2005年起，都市快报社就每年推出"室内设计传媒大奖"，借助《都市快报》和"19楼"报网互动的优势，谋求最大化的聚合效应和共赢效果。都市快报社一直致力于贯通家居产业各环节，以比赛这种形式整合行业资源，为业主、室内设计师构建广阔的互动沟通平台，策划了各种线上线下活动，有设计师沙龙与挑战台、参赛样板房的征集、设计师与业主的见面会，还策划出版获奖作品集，组织专业高峰论坛，联合商家组织建材家具采购专场，等等。2010年，"19楼"空间家居社区又开始接受网络报名，开启新一届的传媒大奖赛事，还新增加一项比赛——"玩转90方创意空间大赛"。类似的活动还有"温暖2009·春季大型房产主题活动"、德国品质文化周活动等。通过各种活动，《都市快报》将社会影响力转化为良好的经济效益，并在读者和客户之间架起了一座坚固的价值桥梁。

2. 整合营销服务模式

在传统媒体经营面临越来越大挑战的今天，单纯依赖品牌广告已经难以为继，这就需要利用其旗下的多种传播手段进行整合营销。

《都市快报》的整合营销是在一个主题下有计划地为不同媒体平台设计相应的环节，制订不同形式、相辅相成的宣传形态，以整体的覆盖效果，对各种目标人群的注意力进行立体式全面包围，具体通过构建"1＋X"模式，以"一个品牌、多种介质、立体渠道、组合发布"的方式为各类广告活动的开展提供服务。例如，2010年3月，上海通用汽车有限公司（上海通用）旗下的别克品牌首款五门轿跑车"英朗XT"要推广上市，但要在3家一流平面媒体中进行比稿竞标，《都市快报》通过激烈的竞标脱颖而出，成为国内唯一一家能以全媒体方式承接该业务的平面媒体。在经过细致的工作，拿出有针对性的市场调查报告后，《都市快报》整合旗下周报、宽频、"交通91.8"、华数、"19楼"等多家媒体资源和其他优质载体，采用线上活动和线下活动相结合的方式，设计了钟摆式震荡的媒体立体传播计划，并制定了可量化的评估监测方案。在所有提交给上海通用的方案中，《都市快报》的方案一枝独秀，以大比分胜出，最终赢得了英朗上市在浙江的独家操作。良好的整合营销方式产生了极佳的效果：在整合营销之前，英朗车型因价格、形象等因素，销量未能达到厂家预期；而到当年4月，杭州4S店当月总销量达到136辆，单月销量比照前6个月总量，增幅达316%。

需要特别指出的是，整合营销服务模式的本质是创意。它作为一种顾问式的服务方式，是在深刻把握客户需求的基础上，实现各种媒体的有效整合，实现传播资源的优化配置，得到较高的投入产出比效益。

3. 全立体服务模式

随着互联网的发展，单向的信息服务已经难以满足广告主的需求，这就需要提供互动的、全立体的服务模式。《都市快报》由于旗下互联网媒体形态丰富，全立体服务模式运用起来得心应手。

首先，较早开展报网互动实践。《都市快报》较早将互联网技术和数码技术用于平面媒体的采编工作，实现了传统媒体与新媒体技术的对接。例如，"19楼"当初只是作为编辑部的一种信息采集工具，是读者有效参与报纸版面建设的有效通路以及读者与网友进行主题活动开展的沙龙，后来通过不断迭代，如今已成为诞生于平面媒体母体的真正的互联网产品。

其次，构建互联网体系，为读者提供增值服务。2009年9月，"都市快报在线"正式上线,以"快豹宽频"这一全新的视频网站为龙头,快报数字报、快房网、快抱网、快豹微博、大家健康网、快拍网、快学网等相继推出,都市快报社还成为浙江第一家在智能手机上推出新闻用途客户端的传统媒体,构建了全立体的、与各采编部门对应的互动平台。

最后,进入广电领域,实施跨媒体经营。2009年,都市快报社与华数集团、杭州交通经济广播电台签订战略合作协议,共同打造华数"0频道"和"都快交通91.8传媒公司",开拓数字电视新媒体、电台媒体和传统报业媒体合作的新思路。

这种适应广告主需求的全立体的服务模式无疑为《都市快报》的经营插上了腾飞的翅膀,显著地提升了自身的核心竞争力。

综上所述,《都市快报》在过去的十多年时间内,取得了显著的成绩,当然在挑战更为严峻的互联网时代下,现在就说《都市快报》成功转型还为时尚早,但是可以说他们正走在正确的道路上。

三、案例3 《温州都市报》的全媒体转型

传统媒体的转型是一个复杂的、长期的系统性工程,《温州都市报》(简称为"温都")从2012年开始启动转型,在"老网骨"郭乐天的带领下,顺利实现了"三大再造"、盈利模式重塑、互联网新业务的培育,在全国都市类报纸一片萧条的大背景下,成为为数不多的一抹亮色。

(一)"老网骨"——郭乐天

传统媒体的转型需要团队的整体转型,而关键在于"一把手"既要懂互联网,又要身先士卒,冲在转型一线。

1. "一把手"具有互联网基因

国有单位的改革、发展和转型的核心在于有一位强有力的"一把手",而国有传媒单位转型的关键在于要有一位真正具备互联网思维的"一把手",而《温州都市报》的郭乐天社长无疑就是这样一位老总。

作为《温州都市报》全媒体融合的掌舵人、设计者,郭乐天于1982年开始从事新闻宣传与新闻管理工作,至今已有30多年的从业经验。尤其需要指出的是,他曾在温州网当过12年的总编辑,在此期间,他潜心从事互联网新闻宣传的理论研究和盈利模式的探索,深深地打上了互联网基因的烙印。在他任上,温州网成为国内第二家由国务院新闻办公室批准成立的地市级新闻网站,并成为全

国为数不多的实现盈利的地市级新闻网站。

2012年12月,郭乐天履新《温州都市报》总编辑,并将互联网思维带到了传统媒体。在到任满月之际,他在全体员工大会上作了《寻求改变:媒体格局的变化与我们的发展思路》的报告,结合多年对传媒发展趋势的研究,首次提出了《温州都市报》全媒体融合发展战略。此后,他又多次提出"品牌影响力模式",通过理念再造、渠道再造、流程再造等"三大再造"推进媒体融合,提升《温州都市报》全媒体的新闻传播力和品牌影响力,以品牌影响力带动经济效益。

在提高新闻传播力和舆论引导力的同时,郭乐天紧紧围绕新的盈利模式探索融合发展,鼓励新闻团队与经营团队理念再造,共同关注业务运营,打造高度完整的优质内容,为可持续发展提供内容保障和经济支撑。他提出,要用全媒体思维进行跨界营销,把《温州都市报》全媒体用户转化为客户,把影响力转化为经济效益。

郭乐天非常重视媒体转型的顶层设计,并稳步推进。他曾总结评估《温州都市报》前三年转型的成果,并制订下一个五年发展规划。他认为,媒体的转型关键在于三步:一是互联网思维,二是跨界营销,三是资本引进。所以,他还在谋划引进资本,施行混合型经济,通过改制、员工持股等手段,将《温州都市报》旗下的电商平台"温都猫"做大做强。

2. 一群主动拥抱互联网的报人

《温州都市报》靠新闻起家,有一支非常优秀的报人团队,新闻策划和舆论监督更是其强项。这样一群传统的报人,正在以弄潮儿的姿态主动拥抱互联网。

采编部门的"主任""副主任",现在有了新称谓,取而代之的是"首席内容集成官"。他们轮流到全媒体中央控制室值班,统筹记者的采访,负责纸媒和新媒体平台的稿件把关。纸媒版面虽在一定程度上有所减少,但传播渠道却在扩增,所以,中层干部们不但没有"减权",反而在"扩权"。

曾经分工明确的文字记者、摄影记者,现在却统统转型为"敲得了键盘,按得了快门,扛得起摄像"的全媒体记者;编辑则要做到一稿多态,根据纸媒和新媒体传播方式的不同,将同一个新闻编辑成多种形式的稿件;就连校对人员也在转型,他们不仅要掌握规范用词等专业知识,还在学习、熟悉最新的网络用词。正是由于转型,记者成了全媒体新闻工作者。他们感慨,纸媒发行量虽有一定程度下降、影响力虽有所减弱,但全媒体传播却让新闻生命力得以新生,甚至壮大。

（二）三大再造

传统媒体的成功转型必须按照互联网的规律进行彻底重构，《温州都市报》坚持全员转型，以技术为支撑、内容为根本，进行理念再造、渠道再造和流程再造"三大再造"，提升《温州都市报》的新闻传播力和舆论引导力，把《温州都市报》从单一的纸媒转型成为涵盖桌面互联网、移动客户端、微信微博矩阵等各种媒介形态，具有现代传播渠道和功能的新型主流媒体。经营也从比较单一的版面营销向新型的媒介运营商转型。

1. 理念再造，强化互联网思维

观念决定思路，思路决定出路，媒体转型的核心是用互联网思维武装全体人员，使得全体成员都能够投身互联网的变革中。

首先，《温州都市报》邀请全国媒体研究专家举行了数场讲座和报告会；并先后制订了《温都全媒体融合发展三年规划及 2014 年发展目标》《2015 年温都全媒体融合发展的若干意见》，组织全员学习及考试；多次开展"全媒体岗位大练兵"岗位竞赛活动，提高团队的全媒体素养和技能。

其次，通过制度来倒逼员工转型。一是《温州都市报》每年在报社内举行全员双向选择，先全员下岗，再让员工根据全媒体的全新架构，选择部门和平台重新上岗，这样最大限度地调动了员工的积极性和主动性，也让他们切身体会到不转型的危机感；二是重组广告中心为全媒体经营中心，各事业部负责人实行竞聘上岗，相关岗位均向全体员工公开招聘，经内部公开报名、竞聘工作领导小组资格审查、内部公示、竞聘演讲等环节，最终确定各大事业部的总监、副总监人选，每年一聘，聘期一年。全员双向选择、竞聘上岗制度，很好地杜绝了报社内部慵懒散漫和不思进取等现象，激发了团队活力，营造出良好的转型氛围。

2. 渠道再造，打造全媒体八大平台

温都从用户出发考虑和设计媒介融合，在精心办好主报的同时，充分运用新技术，加强新媒体建设，升级和打造温都网、温都微信、温都微博、"掌上温州"新闻客户端、"零碎八碎"分类信息客户端、"温都猫"电商平台和温都视频等新平台，形成"一报一网一视频，两微两端一电商"八大平台的布局。

第一，从 2013 年年初开始，温都根据"有温度、有态度、负责任"的办报理念，对主报进行数次大规模的版面调整，减专刊，停杂刊，增加本地新闻，强化时政新闻，做精做优报纸。

第二，全力打造"掌上温州"新闻客户端。"掌上温州"原为温都员工在业余时间开发的应用软件，在本地媒体圈内小有影响。温都出资将其收归国有，纳入《温州都市报》全媒体方阵，完成移动互联网的布局。近年来，温都坚持"掌上温州"以新闻为主，做到重大新闻事件第一时间发声，介入群众关注热点；以公共服务为辅，开发本地政务、生活服务接口，使得平台用户数从收归时的1万多增长到现在的"32万+"，成为温州本地最大的移动互联网入口。

第三，在微信平台的建设中，温都坚持以"原创为主、整合为辅"，并做到"每周必有主题策划"，增加内容厚度、深度；自主研发第三方微信后台，丰富后台服务和功能；策划线上线下活动，提升微信平台影响力和黏度，使得温都微信在两年多的时间里，用户数从4万激增至60万；在全国各类资讯类公众号排行榜中，稳定在前20位，多次进入前5。温都微信现已产生良好效益，日均发布一条广告，并出现了供不应求、商家排队的情况。

第四，温都网注册用户达到50万；温都微博粉丝超45万，连续三年入选新浪微博浙江媒体微博十强；"温都猫"注册用户10万，从无到有、从小到大，成长为温州本土大型电商平台，并被评为2014年度中国媒体融合最佳产品。

3. 流程再造，推进深度融合

2013年5月，温都在全省率先建立全媒体中央控制室，对新闻采编、发布流程进行再造，通过全媒体中央控制室来打通传统媒体和新媒体的通道，使其成为温都全媒体各大平台信息整合与分发的中枢，实现一次采集、多元传播，追求第一时间、有效发布，使新闻传播更加快捷、服务更加广泛。同时，温都坚持以新媒体技术为支撑，通过方正畅享全媒体新闻采集系统、CmsTop媒体版技术平台等全媒体系统实现传统采编系统和新媒体平台互通，推进深度融合。

经过几年的融合发展，温都从原来单一的传统纸媒转型升级为拥有"一报一网一视频，两微两端一电商"八大平台的全媒体，受众更是从原来的25万读者跃升至现在的超200万用户，基本实现了"温都就在你身边"的理念，用户无论何时何地都能接收温都全媒体提供的新闻和服务。温都通过推进融合转型，提升了新闻传播力和品牌影响力，从而带动新媒体平台创收，实现间接变现，走出了一条品牌影响力商业模式。

（三）盈利模式创新

传统媒体的转型必须按照广告主的需求，重构盈利模式，实现从过度依赖广告的单一盈利模式向多元盈利模式转型。《温州都市报》在转型中，重组新的经营部门，策划新的营销方式，充分利用融合带来的品牌影响力，用互联网思维做好跨界营销、立体营销，改变盈利模式。

1. 重组部门，以适应市场和客户新的需求

为了满足互联网时代市场和客户的需求，同时减少内部交易成本，实现效益最大化，温都打通了原来各自为政的部门和行业周刊，重组原有的广告中心，成立温都全媒体经营中心，统管和协调纸媒和新媒体平台的所有广告。

2. 让品牌活动焕发新的生命力

汽车博览会和品牌折扣展等是《温州都市报》原有的品牌活动，已举办多年。但近年来随着报纸影响力的下降，活动人气逐渐不足。而从 2013 年开始，温都通过全媒体推介和造势，使得这些活动又焕发了新的生命力。

2015 年 11 月，由温都执行承办的第九届温州汽车博览会隆重登场。从 9 月份开始，围绕"车博会"的预热宣传便全面展开，通过纸媒报道及系列悬疑广告，温都网"车博会"专题页面，掌上温州、温都微信、温都微博推送信息等，全方位、立体式地搅热了车市。展会期间，掌上温州全程直播。温都全媒体各平台凝聚的 200 多万用户，成了巨大的"品牌能量场"，使得车展一呼百应，吸引读者、粉丝、受众等纷至沓来。为期 5 天的"车博会"共迎来近 10 万人次观展，现场销售车辆近 4000 辆，成交额约 10 亿元，为报社创收超千万元，其中门票收入就达 100 万元。10 万人次的观展市民中，除了纸媒读者外，新媒体用户占了很大比例。

3. 跨界营销，策划新的传播方式

通过媒体融合，品牌影响力逐步形成。在这一基础上，温都经营团队充分将纸媒和新媒体的各自特性和优势结合，为广告客户量身定制全媒体营销方案，初步探索出一种新的盈利模式。

在 2015 年车展的宣传推广中，温都策划推出"寻人启事"系列悬疑广告。从车展开幕前一个多月开始，温都陆续在报纸上刊登 4 个整版的"寻人启事"和"真情告白"广告，讲述"戚柏辉"在上年车展上邂逅一女子心生爱慕，至今难以忘怀，并登报寻人的故事。策划一环紧扣一环，让"戚柏辉"（"汽博会"谐音）的都市爱情故事成为全市热议的话题。其间，掌上温州、温都微信等新媒体平台穿插报道，营造悬念，跟踪故事进展。这使得悬疑广告被今日头条 3 次抓取，并时时关注分析事件进展。温都适时筹拍微电影《浪漫的邂逅》，全城招募男女主角。最后水到渠成，保时捷被系列浪漫的广告吸引，出资 65 万元为系列广告买单。同时，系列广告更是让车展未开幕就已成为关注焦点，最终为车展赚足了人气。

4. 项目突破，拓展新的增长点

《温州都市报》创新机制，实施项目孵化，在不影响报社原有经营的前提下，推出温都影视制作中心、温都舆情研判预警中心等项目，给予启动资金、政策支持，不断拓展新的增长点。自2015年以来，温都影视制作中心已拍摄微电影、情景剧、公益片等影视作品多部，其中，公益片《抽烟的小孩》累计点击量突破2.5亿人次，央视新闻、人民网等微信公众号均做了转发。温都影视拍摄的30集情景微剧《跟我学温州话》，在温都全媒体各大平台及门户网站播出，平均单集的点击量超百万，在温州本地产生了很大的影响。《跟我学温州话》的高传播率引起了商家的广泛关注，"加多宝"等品牌企业纷纷找到温都影视，或合拍电影，或植入广告。温都影视全年创收达300多万元。

实施全媒体战略以来，温都新媒体相关营收（含新媒体、"版面+融合新媒体"、"展会+融合新媒体"）占比大幅提升，2015年更是达到了47%。这很好地平衡了经营结构，为版面经济下滑找到了止损点，更坚定了温都融合营销的方向和信心。

（四）电商——"温都猫"

在用户消费快速向线上转移的时代大背景下，打造区域电商势在必行，《温州都市报》在推进融合的过程中，大力打造电商平台——"温都猫"。"温都猫"是《温州都市报》将全媒体用户转化为客户的具体产品，由温州日报报业集团出资、《温州都市报》负责具体运营。"温都猫"由时任《温州都市报》副总编辑缪磊直接负责，这位"记者王"转型成为"猫王"（温都全媒体CEO、"温都猫"CEO）。

1. 在引资方面，实现战略合作

温都利用全媒体宣传渠道及电商平台用户和资金池的优势，实行战略合作，引入资金，降低自身投资风险。在区域范围内，主流纸媒有着毋庸置疑的公信力和影响力，这也是合作伙伴首先看中的。温都先后与6家银行谈判，并最终与上海浦东发展银行温州分行建立了战略合作伙伴关系。根据合作协议，"温都猫"将基本户设在浦发银行，并接通浦发银行结算端口，快速接通银联支付等渠道。战略合作银行每年为平台提供一笔合作资金。同时，双方共享用户资源，利用各自资源和营销手段，提高各自的用户体验，这一招也成为平台快速发展用户的方法之一。战略合作银行资金的进入，使平台初创时期的资金困难得到一定程度的缓解，报社得以轻装上阵。

2. 在定位方面，突出区域特色

差异化、区域特色的营销策略，是区域性电商平台短时间占领市场的必经之路。针对温州消费者购买力较强、追求高品质生活等特点，"温都猫"一开始便确定"小资"群体为目标客户，做"品质生活专家"，推出进口水果、环球生鲜、创意家电等商品，比如法国银鳕鱼、澳大利亚牛小排、加拿大甜虾、本土品牌内部特供奶粉等，这些都是消费者在普通的超市难以买到的东西，形成了比较稳定的销售量。

3. 在平台方面，自主掌握数据

目前，国内不少传统纸媒在转型做电商时，都采用了淘宝、微店等成熟平台，虽然操作比较简单，但平台数据始终掌握在第三方手中，无法进行大数据的开发和运用，平台营销规则也无法自由调整，对平台的长远发展不利。温都从一开始就决定要搭建自己的技术平台，委托软件商开发采用 Ecstore 系统的"温都猫"电商平台，把平台的数据掌握在自己手里。随着注册用户的日益增加，自有平台的优势愈发明显。比如，顾客的付款即时到账，可以让资金池的利用更高效；通过分析顾客购买习惯、爱好等，可以进行更精确的营销推送。这在后期的运营中得到了印证，2015 年，一条"温都猫"公众号的推送，在短短十多分钟内就卖出 200 多箱苹果。根据买家购买习惯分析进行的精准短信推销，可在短时间内将单款商品的销量大幅提升。

4. 在引流方面，发挥媒体优势

温都全媒体渠道的拓展，以及凝聚的 200 多万用户，使媒体电商低成本引流成为可能。报社为"温都猫"开辟了"绿色通道"：有 60 万粉丝的温都官方微博号里，每天都有一条固定位置留给"温都猫"；拥有 32 万用户的"掌上温州"客户端，首页第一条位置是"温都猫"的宝贝信息，每天再推送一条"温都猫"内容；温都网有"温都猫"弹窗；报纸一版有"温都猫"商品内容的刊花……数据显示，温都新媒体平台对于"温都猫"的引流占有很大比例。目前，"温都猫"正在对原来的 APP 进行二次开发，更好地做好平台引流。

同时，温都发挥媒体专业内容生产者的优势，通过对商品文字描述、图片呈现、视频插入等表现方式，向全媒体用户推送商业资讯，并努力使这种信息少一点商气，多一些人文气息，在把用户对商业资讯抵触降到最低程度的情况下自然地成为买家。由于内容颇具人文特色，使买家在浏览平台时，收获的不仅仅是商品信息，这在最大程度上提升了客户黏度。

5. 在物流方面,坚持两条腿走路

"温都猫"的一大优势,就是在国内诸多电商平台中率先提出了"上午下单、下午送达"的特色服务。一方面,温都充分利用温州日报报业集团报纸配送团队的优势,整合集团资源,快速实现了物流团队的组建。考虑到报业投递力量在投送范围、电商物流业务素质等方面的局限,"温都猫"以报业物流为主,同时利用社会物流资源,让所有合作的物流公司进行平等的市场化运作和竞争,倒逼报业物流的业务水平提升,同时也扩大了配送范围("温报物流"只限温州地区),提高了服务质量。

"温都猫"于2014年5月20日正式上线,到2014年年底,在短短半年多的时间里,"温都猫"就完成营业额1200万元。2015年,"温都猫"实现营业额4000万元(线上线下各约占50%)。

2015年,全国纸媒业出现更大幅度的下滑,预计全国将有一半左右的都市报会出现亏损,而《温州都市报》却超额完成了温州日报报业集团下达的双指标,实现营收2.1亿元,净利润近1400万元。其中,新媒体相关收入占比大幅提升,占到全年总收入的47%,超过了预期。可以看出,《温州都市报》的转型取得了实实在在的绩效。

2008年,自从烟台日报报业集团在国内首次实施"全媒体记者"以来,我国传统媒体的全媒体转型实践便开始如火如荼地展开,但是从实际效果来看,绝大多数不尽如人意。而《温州都市报》虽然不是全国最早提出全媒体概念的,但却是全国第一家真正实现全媒体的传统媒体。它通过"现实——虚拟——现实"的流程,解决了媒体融合、转型的现实路径,完成了从形而上到形而下的实证,为中国众多地市级媒体探索了一条可借鉴的转型之路。

四、案例4 大众报业:区域控制、资本运作、跨界运营

2004年,大众日报报业集团(简称为"大众报业")的净利润仅为3750万元,在全国39家报业集团中仅仅处于中等偏下水平,而2009年位居全国第8,2010年为全国第6,2011年升至第5,2013年跻身三强,2014年由于解放日报报业集团和文汇新民报业集团联合组成上海报业集团而名列第4。大众报业的成功经验可以归结为三点:山东省区域内的报业超强控制力、基于控制力基础上的资本运作以及跨界运营。

(一)更为熟悉业务的管理层

我国报业集团多是以机关报为旗舰组建起来的，其领导都是由上级主管部门任命，一般采取的是内部提升或空降的方式。空降方式的优点在于可能带来新思维和带来新的资源，其缺点在于如果对业务不熟悉，极可能造成外行领导内行的后果；而内部提升方式的优点在于更为熟悉业务，更擅长营造良好的内部文化，相应地更容易被内部人员所接受。由于报业的运营是技术性很强的工作，且由于我国报业尚未建立起清晰的产权制度，一般来说，内部提升可能比空降更容易带来良好的业绩。

大众日报社自成立以来，"一把手"都是从报社内部产生的，而不是采取空降的方式，这在一定程度上保持了报社发展战略的延续性和报社运营的专业性和有效性，整体效果较好。

(二)在山东报业市场具有很强的掌控力

首先，作为全国第三经济大省的山东省为大众报业提供了发展的巨大空间。当前，由于我国存在的区域化分割和行业化分割，全国统一的传媒业大市场尚未完全建立，因此，报业集团所在的本省区划内的市场容量就决定着报业集团的发展空间。山东省作为我国第三大经济大省和第二大人口大省，其潜在的广告市场空间很大，这也为大众报业的发展提供了巨大的发展空间和腾挪空间。

其次，竞争相对较弱的市场现状提供较高的盈利率。我国经济社会发展呈现"二元经济"现象，区域发展不平衡，我国的传媒业乃至报业也普遍存在这种情况，目前，广东、北京、上海、四川、南京等地的报业市场竞争状况完全可以用"你死我活"来形容。例如，在广东省，就有在全国排位靠前的南方报业传媒集团、广州日报报业集团、羊城晚报报业集团和深圳报业集团四大报业集团，它们之间竞争激烈，厚报流行，导致发行成本高企，销售收入利润率较低。目前，在一些竞争较为激烈的地区，报业的销售收入利润率甚至是负数，而有些竞争不是那么激烈的地方却能够达到5%以上。山东的报业市场竞争程度相对较弱，这在很大程度上能够保持较高的销售收入利润率。

最后，传媒的运作要"势""利"并取。所谓的"势"，是指传媒集团在某一区域内的掌控力，可以用市场占有率来衡量，"势"是长期性战略目标；所谓的"利"，是指获取现实利润的能力，可以通过净利润等指标来衡量，是短期性发展目标。"势"和"利"乃相辅相成的关系，只有平衡处理好二者之间的关系，才能实现短期和长期发展的协调，也才能真正实现集团战略。

自2005年以来，在行政区划内，大众报业整合了青岛、潍坊、临沂、菏泽4

个市的《青岛早报》《青岛晚报》《沂蒙晚报》《鲁南商报》《潍坊晚报》《牡丹晚报》等6家市场类报纸，以及《山东法制报》《现代交通报》《家庭生活报》《财富时报》等4家行业报，并与山东省财政厅合办了《公共财政研究》杂志，使得集团拥有的报纸达到18家，刊物达到6个，基本抓牢了山东报业市场，形成了在山东报业市场大众报业集团一家独大的局面，大众报业拥有在全国独一无二的省域报业市场控制力。具体说来，《大众日报》是省委机关报，覆盖齐鲁大地。《齐鲁晚报》是山东省市场份额最大的都市类报纸，其地方版基本上完成了对地市级城市的全覆盖。《半岛都市报》在青岛报业市场遥遥领先，据悉，《半岛都市报》已经和青岛日报报业集团签订协议，共同成立公司运作《青岛早报》和《青岛晚报》，《半岛都市报》出资2500万元注册资本金和1.5亿元的溢价在新成立的公司占股50%，9席董事会职位中占5位，经过合并，"半岛传媒"对青岛报业资源的整合基本完成。半岛传媒股份有限公司已经正式挂牌成立，这也是山东省首家彻底实现整体股份制改造的大型国有文化企业，为未来的上市打下了坚实的基础。《鲁中晨报》在淄博市场也是一马当先。大众报业旗下的"半岛传媒"与潍坊报业集团以股权合作的方式来合办《潍坊晚报》，在潍坊报业市场处于领先。大众报业集团与临沂日报报业集团以产权为纽带，共同出资组建山东沂蒙晚报传媒有限公司，各占股50%，合作经营《沂蒙晚报》。大众报业集团共同出资组建山东鲁南商报传媒有限公司，占股51%。大众报业集团以成本价收购临沂新闻大厦，组建山东临沂新闻大厦有限公司。大众报业集团与菏泽日报社按照"产权联合、利益连结、行政推动"原则，成立菏泽牡丹传媒有限公司，统一运营《今日菏泽》和《牡丹晚报》。此外，大众报业集团在东营市场还创办了《黄三角早报》。由于采取了如上措施，大众报业在山东报业市场上处于绝对领先地位，除了烟台报业市场之外，其他报业市场基本上都处于大众报业的掌控之下。

通过对报业市场的有效掌控，可以获得如下优势：一是通过区域化整合实现自身的转型。当前，我国传统媒体面临着严峻的挑战，转型就成为极其痛苦但又不得不实行的难题，规模化、集团化和多产业协同发展是方向，而区域化整合无疑是实现这一方向的有效途径。二是控制信息源。媒体竞争的根本是信息源的竞争，无论是传统媒体还是新媒体，谁能够掌控信息源，谁就能在未来的竞争中抢占战略高地，而进行区域化整合无疑可以在当前的条件下最大限度地掌控信息源。三是尽可能获取稀缺性资源。媒体在做好"喉舌"和"工具"的同时，也应该最大限度地获取稀缺性资源，只要是能够拿到的"好山好水好土地"等稀缺资源，都应该以尽可能优惠的政策去获取。

（三）在服务好党和政府中心工作的基础上获取稀缺资源

报纸首先要注重和追求社会效益，并实现社会效益和经济效益的有机结合。大众报业通过自身的宣传报道，很好地服务了山东省委、省政府的中心工作，自然就能获得很多政策倾斜，尽最大可能地占领稀缺资源。

首先是媒体资源。2011年，借山东有线电视网络整合的契机，大众报业成功投资了整合后的山东广电网络有限公司（简称为"山东有线"），以净值10亿元购买了10亿原始股，持股11.96%，这在全国尚属首例。目前，山东有线总资产达到157亿元，用户突破2000万户，2014年总收入达到58.10亿元，利润总额突破10.40亿元，分别同比增长18.49%和32.22%。[1] 通过投资，大众报业真正实现了跨媒体运营，优化了集团的业务结构。尤其需要指出的是，由于山东有线的整合是由行政推动，大众报业是以评估价原值购进了股份。2012年，大众报业以比较高的溢价出售了自己所持有的2亿股股份，获取1.8亿元的投资收益。此外，大众报业也已经顺利入股山东出版传媒股份有限公司（简称为"山东出版"）。

其次是土地资源。目前，大众报业在济南、青岛、烟台的三个文化主业园区，占地达到2000多亩，济南园区形成了"总部新区+汽车、印刷、物流仓储产业基地"、青岛园区形成了"文化旅游+地产"、蓬莱园区形成了"教育+地产"的产业发展模式。

最后是政府资源。借助政府资源，大众报业先后创办了文化产权交易中心、文化创投公司、山东文化产业投资控股公司等。尤其是借政府设立创业引导扶持基金的机会，设立了创业公司，获取专项资金2500万元。

（四）积极进行资本运作

由于报业的自我积累较少，亟须打通直接融资通道和通过多种形式的合作来引进战略投资者，大众报业在这方面做了很多有益的尝试。

第一，利用资本撬动土地资源。运用党报的品牌、政治优势和优惠政策，大众报业可以较优惠的价格拿到各种发展用地。

第二，对《半岛都市报》进行股份制改造。2009年，大众报业集团半岛传媒公司完成股改私募，引进战略投资者北京国际信托公司1.75亿元投资，对方占股17.5%，成为山东省首家完成整体股改的文化企业。《半岛都市报》通过两

---

[1] 杨驰原、左志新：《大众报业逆势腾飞密码》，载《传媒》2014年第11期。

次股份制改造，先后引进战略投资者所投资金4亿多元。①

第三，积极进行资本运作。大众报业与山东省国资委所属的山东国有投资控股公司达成合作，大众报业先单独注资成立山东省文化产业投资集团有限公司（简称为"山东文投"），把8亿元的山东广电原始股装入公司，山东国有投资控股公司先按1.9倍的溢价，购买公司25%的股权，这样大众报业直接收回现金3.8亿元，然后对方又按照同样价格对山东文投现金增资7.65亿元，从而使双方在山东文投的持股比例各达到50%，这样对方实际现金出资11.45亿元。而山东文投现金增资再加上8亿元的山东广电原始股投资，注册资本达到15.75亿元。这次合作收益巨大：一是大众报业的8亿元出资在前后不到9个月的时间内增值7.2亿元，再加上这两年相关回报，8亿元投资基本收回，等于净赚价值4亿元的山东广电股权；二是大众报业又从山东广电股权变现收回的3.8亿元中拿出2亿元，从山东出版手里原价接过了2亿元的山东广电股权，从而使得大众对山东广电的持股合计达到10亿股。

山东文投依靠雄厚的自有资金，进行了较多的投资：一是增资《半岛都市报》2亿元，为其整合青岛的早晚报提供了充足的现金支持；二是投资拟上市的山东出版4320万元，成为其第4大股东；三是增资拟上市的大众网4500万元，为其整合全省手机报和新媒体提供了强有力的资金支持；四是参与了中青旅和财通基金的定向增发。投资的效果显著：一是大众网、山东出版两家公司上市后，增值潜力也很可观；二是以1.2亿元参与中青旅的定向增发，已收回净利润8500万元；三是财通基金的定向增发有可能获得1亿元左右的净利润。2015年上半年，山东文投的净利润达到1.4亿元。

第四，成立相应的创投公司。大众报业积极利用国家"双创"的历史机遇，成立相应的公司。一是成立注册资本1.65亿元的山东大众创业投资公司，争取到省政府2500万元创业引导扶持资金，目前，该公司投资的山东卫视领航传媒已经在新三板挂牌。② 二是与山东有线、深圳同心基金联合出资1亿元，在深圳合作设立同心文鼎基金管理公司，意在突破国有控股投资平台在体制机制上的某些限制，对接深圳资本市场和深圳成长性较高的新技术中小企业，目前已经投资了"鹏金所""优衣购"等一批前景看好的高新企业和互联网公司，并取得了证券私募基金、股权私募基金管理牌照。目前，在全国报业内，同时拥有文投、创投、文交所（文化产权交易所）、专门基金管理平台的传媒企业，还没有第二家。

第五，2011年，以大众网为主体的大众传媒股份有限公司，被列入全国十

---

① 杨驰原、左志新：《大众报业逆势腾飞密码》，载《传媒》2014年第11期。
② 杨驰原、左志新：《大众报业逆势腾飞密码》，载《传媒》2014年第11期。

大转企改制试点新闻网站。目前，大众网转企改制工作方案已经得到中央外宣办批复，大众报业正从改革成本支付、资金投入、资源整合等方面全力支持，力争使其尽快具备申请创业板上市条件。

第六，在印刷厂建设方面，通过股份合作的方式，依托报纸的主业优势引进华泰集团等战略投资者。

（五）积极拓展多元化经营

报业集团具有很大的影响力，但是，如何把影响力转变为实实在在的经济效益就是一大难题，大众报业通过多元化经营获取稀缺性资源，成功地把品牌和影响力转变成了实实在在的"真金白银"。

首先，大众报业集团发起成立了山东首家文化资本对接平台——山东文化产权交易所。山东省是文化大省，历史悠久，文化资源丰富，文化产业交易市场空间巨大，成立文化产权交易所是顺势而为。

其次，加快培植楼宇经济。集团拥有山东新闻大厦、山东报业大厦、临沂新闻大厦、大众传媒大厦等楼宇和酒店，经营面积达20万平方米，成为集团重要的支柱板块。[①]

最后，加快文化产业园区建设。集团已在蓬莱建成占地上千亩的山东文化产业职业学院；在胶南竞拍到建设用地280亩，正在建设大众报业文化创意产业园；在济南西部经济开发区，计划征地建设大众传媒文化创意产业园，一期工程用地指标经过国土资源部门审批，已经落实300亩。这三大文化园区总共占地2000多亩。

（六）立足主业，跨界运营

大众报业在做好报业主业的同时，积极拓展自身的影响力，大力实施跨界运营战略，成功打造了八大板块。

第一，报纸支柱板块。目前，集团有18张报纸和6份刊物。在"十二五"期间，集团连续整合了青岛、临沂、潍坊、菏泽四大城市的6份市场类报纸，在山东一半以上的区市拥有了自己创办、合办的报纸。在全省17个市区城市中，《大众日报》地方新闻版达到10个，行业和县域版达到8个。《齐鲁晚报》地方新闻版实现全省17个市区城市全覆盖。另外，《齐鲁晚报》《半岛都市报》《鲁中晨报》等还创办了一大批县市区版和社区报。

第二，有线电视和新媒体板块。以大众网为龙头，大众报业整合集团内外部

[①] 杨驰原、左志新：《大众报业逆势腾飞密码》，载《传媒》2014年第11期。

的新媒体和手机报资源，组建成立了省管大型文化企业——山东省互联网传媒集团（简称为"网媒集团"）。2015 年，大众网独立实现收入 2.15 亿元，净利润为 3280 万元；整个网媒集团合并报表收入为 2.27 亿元，净利润为 3385 万元。大众报业还累计投资 10 亿元入股山东有线，成为第一大股东，从而形成了报刊主业、有线电视和新媒体三条传媒线。

第三，楼宇板块。建筑面积为 8.3 万平方米的大众传媒大厦在 2014 年建成投入使用。目前，大众报业拥有可用于酒店经营和出租出售的楼宇面积超过 20 万平方米，此板块经营年收入超过 1.3 亿元，净利润为 6000 万元，成为大众报业一个比较稳定的利润源。

第四，文化产业板块。目前，大众报业拥有的已开发和可开发土地超过 2500 亩。其中，在烟台蓬莱的教育产业园区占地面积 1000 多亩，在校生超过 6000 人，已经实现盈亏平衡。在青岛西海岸，大众报业文化创意产业园一期工程已经开始销售回款；青岛唐岛湾明清建筑园区一期 2.5 万平方米主体工程已经完工。在济南西部大学城，大众报业已经拿到工业用地 530 亩，后续还将拿到 150 亩；齐鲁汽车广场建成开业；位于济南市区黄金地段的印务厂区腾空西迁后，原厂址的 60 亩余土地可用于商业开发。

第五，投融资板块。大众报业集团已经形成山东省文化产业投资公司、大众创业投资公司、山东文化产权交易所、深圳同心文鼎基金管理公司等四大投融资平台。

第六，会展板块。齐鲁晚报天一国际会展公司在 2014 年实现营业收入 7000 万元，并且与辽宁日报报业集团合资成立了会展公司。

第七，发行物流板块。大众报业集团已经把在济南、青岛、潍坊、淄博的发行物流队伍整合成一个辐射胶东半岛核心城市的发行物流网，并与上海万象等公司建立了"落地配"合作。大众报业正在筹备建设智能物流仓库。

第八，印刷板块。除了报纸印刷业务外，集团投资控股的济南众发印务有限公司向济南西部新征地块搬迁扩产后，将成为山东最大的食品、医药包装印刷企业。

（七）培养了一大批年轻骨干人才

报业集团作为轻资产企业，其主要资产和核心资产是人才与品牌，而品牌的基础又是人才。大众报业高度重视人才，培养了一大批知识结构合理、素质高、实践经验丰富的年轻骨干队伍，目前，这批人大多身处关键岗位，承担着集团发展和壮大的重任。大众报业集团形成了一整套科学合理的人力资源管理制度。

第一，坚持干部竞争上岗制度，不断完善竞聘人员考查办法。

第二，坚持人员招聘制度，完善人才结构。自2005年起，大众报业每年都从名校招收一批优秀毕业生。

第三，完善干部交流轮岗制度，在集团内形成人才充分流动的局面，使中层干部适应更多岗位，培养出更多复合型人才。

第四，采取"监事"制度，对于具有一定级别的、年龄偏大的干部，让他们去当监事，为年轻人准备更多的岗位。

尤其值得指出的是，大众报业集团在山东文化产业职业学院开设了"陈中华记者学院"，这在全国省级以上报业集团尚属首次，也充分体现了集团对优秀人才的尊重。

大众报业经过近些年的快速发展，成效显著："十二五"期间，集团的总资产、净资产分别增长了38.2亿元和28.1亿元，增长率分别为104%和109%，集团总资产、净资产规模分别达到74.9亿元、53.8亿元，集团综合实力基本可以稳定在全国报业集团的前4位。其中，2015年集团收入为19.9亿元，净利润为2.5亿元。

当然，我们也必须看到，虽然大众报业集团在战略布局、信息源控制等方面都取得了很大的先机，但在新媒体的强烈冲击下，也面临着中国报业都面临的严峻问题，主要表现为：观念能否符合互联网思维，传统业务下滑而新业务不能完全弥补下滑，互联网业务占比低，等等。

五、案例5 湖南广电：基于媒体生态的转型

互联网技术打破了不同产业之间的界限，基于互联网的传媒生态成为大势所趋，湖南广播电视台（简称为"湖南广电"）以IP资源为基础、以芒果TV为互联网平台、以资本为驱动、以观念为导向、以改革为保障，逐步打造属于自身的生态系统。

（一）基础：稀缺的IP资源

当前，一方面，我国已经进入消费升级新时代，人们对休闲娱乐类消费的需求处于井喷期；另一方面，互联网的技术快速发展，使得媒体能够为用户提供更好的体验，在这种情况下，优质、稀缺的IP资源价值越来越大。

1. 积累了大量的稀缺IP资源

湖南广电长期以来高度重视内容建设，并注重版权保护，积累了大量优质的IP资源。一是在节目制作中，湖南广电坚持自制自播，其新闻和综艺节目采取的

是完全自制方式；二是在节目采购中，采取全版权的采购方式，以确保对版权的控制。

经过长期的积累，湖南广电积累了丰富的 IP 资源。截至 2014 年年底，芒果 TV 已拥有正版视频 20.4 万集、7.32 万小时。2015 年，芒果 TV 又投入数亿资金，出品 30 至 50 部网络自制剧。

2. 对 IP 资源的全产业链开发

湖南广电基于优质的 IP 资源，对其进行全产业链的开发，包括电影、动漫、出版物、新媒体等多种表现形式。例如，围绕《爸爸去哪儿》打造的全产业链就是一个很好的案例。

当《爸爸去哪儿》热播后，湖南广电在游戏、电影、互联网视频等方面对此进行深度开发。在游戏方面，于 2013 年 12 月成立的芒果互娱公司将主营业务定位为移动互联网游戏和移动应用开发，而《爸爸去哪儿》同名手游（手机游戏）则成为第一个项目，该项目下载量突破了 2.5 亿次，在线人数高峰时达到 300 万；在电影方面，天娱传媒在 2014 年春节档推出《爸爸去哪儿》的同名电影，票房收入近 7 亿元，排名 2014 年国产电影票房第 3 位，《爸爸去哪儿2》同名电影又在 2015 年春节实现了超 2 亿元的票房收入；在互联网视频方面，湖南卫视 2013 年首次对接 Youtube 华人用户，成为国内媒体在该网站点击量最多的频道，年分账收入达 1000 万元。

3. 探索出了行之有效的 IP 资源管理模式

单一 IP 资源开发项目难以保证可持续性，湖南广电通过《爸爸去哪儿》的 IP 资源开发实践，摸索出了一套 IP 资源管理模式，其核心是专业化导向，以"产品第一、部门第二"为原则。具体说来，湖南广电的所有视频版权以芒果 TV 为主平台运营，IP 化衍生手游由芒果互娱公司主导，电影由天娱传媒公司专业化运作，电视剧、动漫则分别由芒果传媒、金鹰卡通等团队运营，各团队深度参与创意和 IP 生成过程，在版权共享中采用内部市场化交易机制。

（二）互联网平台：芒果 TV

当前，传统电视乃至传统媒体的互联网转型困难重重，芒果 TV 却在短时间内一转成名，成为 2015 年互联网视频领域最大的黑马，而且已经成为合一①、爱奇艺等之后的网络视频领域的新独角兽，作为湖南广电的互联网转型平台，取得

---

① 合一集团的前身为优酷土豆股份有限公司，是中国网络视频行业的领军企业。

了较好的成效。

1. 平台思路

传统媒体面临严峻冲击的根本原因是用户连接失效，而要从根本上解决这个问题就是要搭建基于大数据的平台以重建用户连接。目前，传统媒体的转型思路主要有两种：一是把自己定位成一个纯粹的内容提供商，充分利用各种互联网平台进行传播，而不搭建与用户重建连接的平台。由于小型的传统媒体和内容创业者的资金与能力有限，不可能搭建起有效的平台，成为纯粹的内容提供商是最为合理的选择。二是定位为互联网平台而重建用户连接。对于大型传媒集团来说，自己不搭建平台，一方面难以与用户建立起真正的、有效的连接，导致转型和发展缺乏后劲，另一方面单靠互联网现有平台的版权和分红收入难以维持自身的正常运转。

湖南广电深刻地认识到平台的重要性，整合了旗下所有的互联网媒体业务，以芒果 TV 为品牌，"一云多屏"，完全采取互联网的办法来打造自己的互联网平台，以聚集尽可能多的用户。

2. 雄厚、独特的资源优势

湖南台以市场化为方向，以娱乐立台，具备了很强的市场化能力，具有雄厚的、独特的视频资源和大量的专业化人才，这是芒果 TV 能够在很短时间内快速壮大的基础，也是其他传统电视媒体难以做到的。

首先，大量独特的视频资源能够支撑短期的独播策略。湖南台多年来积累了大量的既叫好又叫座的娱乐视频资源，能够在短期内拉动大量的观众转移到芒果 TV 这个互联网平台上。为了集聚用户，湖南台率先启动了芒果 TV 的独播战略，自有版权暂时在一定时间内不再向社会视频媒体分销，只在自主网络视频、IPTV、互联网电视、移动电视、移动手机端等平台上播出，以更好地吸引观众注册。当然，等用户到了一定程度之后，就可以不再采取独播策略了。另外，芒果 TV 通过自制、定制、购买等方式不断实现内容规模化、多元化、精品化，以丰富内容源。

其次，湖南台具备了较强的市场化能力。湖南台是国内传统电视媒体中较早进行市场化改革的电视台，很早"下海"也练出了一身真本领，其娱乐化的市场定位就是最好的表现，这也使得其向互联网转型更为容易：一方面，其市场化能力很强，生产的产品更为市场化，更符合市场和用户的需求，也更能为用户所接受；另一方面，培养了大量的人才，无论是传统媒体还是互联网媒体，竞争的核心是人才之间的竞争，湖南台在节目制作、市场化运作等方面都有很好的人才积累。

最后，完全按照互联网发展规律运作。当前，很多传统媒体创办的新媒体绝大多数依赖于传统业务，以实现"台网互动""报网互动"为目的，而实践证明这种转型效果极差，合理的路径是完全按照互联网的规律打造全新的互联网媒体。芒果TV采取独立化的发展路径，作为独立的平台，按照互联网的发展规律进行运作。

3. 积极打造生态系统

当前，媒体的竞争已经从内容竞争、产品竞争、平台竞争上升到生态系统的竞争，要真正实现自身的彻底转型，传统媒体就必须打造涵盖硬件制造商、内容制造商、用户的生态系统。

芒果TV通过互联网娱乐视频来引爆平台，在实现用户的大规模聚集之后积极打造自身的生态系统。一是芒果TV已与三星、飞利浦、TCL、创维、长虹、华为、清华同方等40多家硬件企业合作；二是通过投资、并购等方式，除互联网视频以外，还打造了影游互动、网络新闻以及"芒果铺子"等视频购物栏目；三是对软硬件领域进行渗透，研发操作系统以及自主生产芒果电视机。

4. 充分利用资本的力量

传统媒体的转型作为一项复杂的、系统性工程，耗时长且资金投入大，这就需要充分利用资本市场的力量。

首先，芒果TV积极引资改制。在2015年6月份，芒果TV完成A轮融资，实现投后估值超70亿元，资本对价增长10倍以上；后续又启动了B轮融资，有超过60家机构、200亿元的资金参与了申报，估计投前估值将超过120亿元。引资改制一方面能够解决芒果TV的资金问题，另一方面也有利于解决市场化人才机制问题。

其次，芒果TV积极进行战略投资。一是完成对中国最大的音频内容原创平台"荔枝FM"的投资，推动广播与互联网融合，构建既芒果TV之后的音频新媒体平台；二是OTT为战略发展方向，直投国内领先的智能微投企业集米科技，进入到智能硬件领域；三是实现了对"环塔汽车拉力赛"、移动互联网音乐社交平台"唱吧"的股权投资，旨在打造体育、音乐、动漫等全新的业务单元；四是以资本为纽带，整合游戏团队成立了合资公司，从品牌电视节目中成功衍生开发了《爸爸去哪儿》《武媚娘传奇》《花儿与少年》等热门手游。

最后，采取基金化运作。湖南台联合海通证券、厦门建发、中南重工等战略合作伙伴，于2014年正式成立芒果海通文化产业投资基金（简称为"芒果基金")。该基金以 TMT① 和泛文化产业为重点,完成投资大道知行、精灵数字、顺荣三七、华尔街见闻等 10 多个项目,并在音视频、动漫、数字营销、手游、大数据、社交、安全等方面储备了 30 多个项目。芒果基金首期 5 亿元已经投完,第二期规模为 25 亿元,募资已经超额完成。

(三) 驱动力:资本

传统媒体的转型作为长期、复杂的系统性工程,必须以雄厚的资金为基础,而这就需要借助资本的力量,来助力自身的转型。湖南广电旗下有电广传媒和快乐购两家上市公司以及达晨创投基金管理公司。

1. 电广传媒

电广传媒公司是成立于 1999 年并于同年上市的传媒公司,其实际控制人为湖南广播电视台,主营业务为有线网络、广告影视、投资业务、酒店旅游、新媒体等。目前,湖南广播电视台持有电广传媒 16% 的股权。电广传媒充分利用上市公司平台,以投资并购为突破口,大力实施"互联网+传媒+跨界"战略,已经形成移动互联网平台、内容运营生态、家庭互动娱乐生态等多元化媒体平台,且各项板块、各项业务之间相互支持。

(1) 通过收购互联网媒体加快在互联网领域的布局。电广传媒从 2014 年第三季度开始布局互联网媒体,先是以 2.9 亿元收购广州翼锋 51% 的股权和江苏马上游 45% 的股权;2015 年 6 月,斥资 13.35 亿元收购深圳九指天下 51% 的股权、深圳亿科思奇 60% 的股权、北京金极点 51% 的股权、上海久之润 70% 的股权;2015 年 10 月,以 21.38 亿元拿下成都古羌科技 79.25% 的股权、安沃传媒 80% 的股权和上海久之润剩余 30% 的股权。电广传媒对这 8 家新媒体公司的投资合计高达 37 亿元。被并购的这些互联网公司中,安沃传媒始建于 2010 年 1 月,是国内领先的移动营销平台之一;亿科思奇专注于移动互联网效果广告,是致力于为广告主提供精准投放、效果营销、优化服务的移动营销企业;九指天下是一家移动互联网行业媒体运营平台类企业,依靠其自主开发的移动应用分发平台,为移动应用程序开发商及发行商提供发行推广渠道服务;广州翼锋专注互联网广告 10 多年,致力于为广告主提供精准、互动、创新的移动营销服务,是中国规模最大的移动广告公司之一;成都古羌(看书网)致力于原创文学的挖掘和作者的培养,通过多种渠道向读者展示优秀作品,为超过 300 万注册用户提供涵盖玄

---

① TMT (technology, media, telecom),是由科技、媒体和通信三个英文单词缩写的第一个字母整合在一起。TMT 产业也被称为数字新媒体产业。

幻、都市言情、网游、历史军事、侦探推理、武侠修真等不同题材的高品质创作和阅读服务；金极点是国内第一家推出手机音频客户端应用、专注于移动互联网音频领域的高新技术企业。

此外，电广传媒还与阿里巴巴签署战略合作协议，大力实施"互联网+"战略。通过在移动新媒体方面继续进行延伸布局，电广传媒初步构建出了一个较完整的业务生态体系。

（2）通过战略合作拓展影视业务。2015年1月，电广传媒与狮门影业签订了战略合作协议，未来狮门影业出品的电影，电广传媒都有机会投资25%；狮门影业出品的中国合拍片，电广传媒的投资比例还有望增至43%。狮门影业每年还将有4部电影给电广传媒在中国独家销售。这意味着电广传媒将与狮门影业分享全球的票房，成为国内首家跟好莱坞电影公司签下长期票房分成协议的公司。

（3）布局移动互联网。电广传媒于2015年8月24日发布了与感知科技有限公司签署合资合同的公告，共同出资成立上海感知实业发展有限公司，电广传媒持股50%。感知科技有限公司是由感知集团有限公司与上海润良泰物联网科技合伙企业合资组建的公司，其拥有的物联网标准已为国际国内行业权威机构认可和采用，其标准基础上的共性模块系列产品，国内目前仅感知科技能够生产，具有自主定价权。合资公司将充分利用物联网技术，与电广传媒旗下的全资子公司湖南省有线电视网络集团紧密合作，共同打造基于广电网络的物联网共性平台，投资、建设和运营基于广电网络的物联网智慧城市项目、行业应用项目和智慧家庭项目，迅速拓展市场。

2015年1—9月，电广传媒营业收入和净利润分别为38.84亿元和3.43亿元，营业收入基本与2014年同期持平，但剔除投资收益的情况下，主营业务亏损。

2. 达晨创投

近些年来，随着资本市场的发展和新兴产业的发展，PE和创投业快速成长，湖南广电把握住这一趋势，2000年4月，电广传媒成立了全资子公司深圳达晨创业投资有限公司（简称为"达晨创投"）。达晨创投是我国第一批按市场化运作设立的本土创投机构之一，启动资金1亿元，目的是投资拟上市创业板的企业。但由于当时创业板一推再推，使得达晨创投曾在长达5年的时间里没钱、没人、没退出机制，一度沦落到关门的地步。达晨创投成功克服了这些困难，不仅坚持了下来，而且成功发展成为全国一流的创投机构。

（1）达晨创投管理资金规模大，投资企业成功率高。截至2015年6月底，达晨创投共管理 15 期基金，管理基金总规模超过 150 亿元；投资企业 300 多家，成功退出 80 多家，其中 40 家企业 IPO，并有 24 家企业在新三板挂牌，有 25 家企业完成 IPO 预披露等待证监会审核，在全行业中排名第一。到 2015 年的 6 月 15 日为止，在创业板 475 家上市公司当中，获得创投机构投资的有 294 家，其中达晨创投就输送了 23 家。2015 年上半年，达晨创投有 12 家企业 IPO，其中有航新科技等 9 家公司登陆创业板。其投资的爱尔眼科、蓝色光标、数码实训、讯游科技等都是市值超百亿、创业板上的中坚公司。

（2）达晨创投为电广传媒贡献了巨额的净利润。近些年来，达晨创投成为电广传媒的主要利润源。例如，2014 年，电广传媒全年归属母公司股东的净利润为 3.33 亿元，而达晨创投贡献了 6.27 亿元投资收益，如果剔去达晨创投的投资收益，电广传媒的主营业务则净亏损 2.94 亿元。

（3）达晨创投有利于湖南广电的转型布局。湖南广电借助达晨创投的业务能力，在布局互联网、传媒、物联网等方面拥有一定优势，可以通过持续的并购完善公司的产业链，进而实现自身的更好转型。

3. 快乐购

"快乐购"于 2005 年年底由湖南广播影视集团与湖南卫视联合注资亿元成立，从"电视百货、连锁经营"起家，定位"媒体零售、电子商务"，致力跨行业、跨媒体、跨地区发展，现在已经成长为国内新一代家庭购物行业领军者，并已成功上市，成为创业板电商第一股。

2015 年，"快乐购"实现营业收入 29.61 亿元，同比增长 8.14%。实现归属于上市公司股东的净利润 9550.12 万元，同比下降 38.03%。

（四）观念：创新

1. 市场化的创新方向

当前传统媒体在转型时，多从内部需求出发而导致自说自唱、自娱自乐，而湖南广电长期以来坚持市场化的方向，以受众的需求为导向来进行创新，无论是最早的娱乐节目，还是后来的"娱乐立台"，再到现在的芒果 TV 等都是如此。市场化的创新也使得湖南广电的受众忠诚度更高，并且有助于把湖南广电的受众有效转变为芒果 TV 的用户。

2. 树立用户理念

观众和用户之间存在本质区别，在互联网和大数据技术的快速推动下，把观众转变为用户成为可能。湖南广电认识到观众理念的局限，通过树立用户理念，使自己从服务观众向服务用户转型。在具体措施方面，湖南广电打造"一云多屏、多屏开花"的新传播生态，实现产品的多样化、渠道的多元化、平台的规模化，最终达到用户在哪里，产品就延伸到哪里的目标。

3. 树立 IP 资源理念

传统媒体擅长于内容，其商业模式也是传统的"二次销售"的商业模式，即主要靠向广告主售卖自己的传播功能来获取收入。而在互联网时代，这种商业模式的缺陷越来越明显，这就需要重建商业模式和盈利模式。湖南广电变内容产品为 IP 资源，通过全方位、全产业链的开发，取得了良好的效果。例如，围绕《爸爸去哪儿》的 IP 资源，湖南广电已经获得了 40 多亿元的收入。

4. 树立生态理念

媒体的竞争已经从内容、产品、平台上升到生态系统的竞争，湖南广电把自身视为全新的生态体系——"芒果生态圈"，其中湖南卫视是全台内容创新引擎和发动机，是龙头；芒果传媒是全新体制机制下的合格市场主体，是市场平台。

（五）保障：改革

1. 通过体制改革，打造全新的市场主体

传统媒体转型难的一个主要制约因素是尚未成为完全市场化的主体，而电广传媒则把经营性资产拿出来，以芒果传媒为平台来打造真正的市场主体，走专业化、规模化、集约化的市场之路。

湖南广播影视集团作为我国第一家省级广电集团成立于 2000 年 12 月 27 日，此后由于政策原因，于 2010 年 4 月注销，并在 2010 年 6 月成立湖南广播电视台，继承其全部债权债务。湖南广播电视台统一管理旗下湖南电视台、湖南经视、湖南人民广播电台等省级媒体资源，将其中可经营性事务剥离组建子公司——芒果国际传媒（集团）有限公司；同时，湖南广播电视台控股湖南电广传媒股份有限公司及潇湘电影集团有限公司。但在运作中，湖南广播电视台的事业体制存在着创新难、容错机制弱、缺乏包容性等问题，且相关经营性资产难以进行有效整合，严重制约着湖南广电的市场化运营。

鉴于上述问题，2014 年 11 月，湖南省委、省政府下发《深化省管国有文化资产管理体制改革方案》。根据改革方案，湖南省整合湖南广播电视台相关可剥离经营性资产和芒果传媒有限公司，组建湖南广播影视集团有限公司。湖南广播

电视台和湖南广播影视集团有限公司采取"一个党委、两个机构、一体化运行"的管理模式。在具体运作方面,湖南广电公司作为市场法人,成为真正的市场主体,提供更好的体制机制激发人才的积极性、主动性和创造性;而电视台则采取事业法人身份,确保媒体的策划权、编辑权、审查权、播出权。

在公司化运作上,湖南卫视"快乐购"和"快乐阳光"两个业务板块实现了市场化转型,其中"快乐购"于2015年1月21日在深交所正式上市,目前市值已经过百亿元;"快乐阳光"也在2014年完成了融资改制第一阶段目标,公司估值超过60亿元。

在内部运营上,湖南广电走"整体制播一体化、内部制播分离"的道路,所有媒体可通过市场化方式,向湖南广电内"以我为主"的公司定制内容。例如,芒果TV向芒果娱乐定制了《选秀季》,向湖南卫视团队定制《歌手相对论》《备战T2区》等节目。

2. 实行产品经理制

当前,为了更好地满足用户的需求和为用户提供更好的用户体验,互联网媒体采取的往往是产品经理制。湖南广电之前采取的"频道制""制片人制"帮助其打造了"电视湘军"和"湖南电视现象",但在互联网大潮下,"制片人制"已经不能适应市场的需求,湖南广电进一步提出了产品经理制。产品经理作为复合型人才,不仅要懂创意、管理,还要懂市场。

湖南广电通过打造生态,转型取得了较好的效果。在广告收入方面,2015年全集团广告收入为109.1亿元,同比增长30.9%;湖南卫视2015全年创收101.8亿元,同比增长35.7%,成为首个单频道创收突破百亿元的省级卫视;地面频道方面,省属各级地面频道全年整体完成广告创收7.3亿元。在互联网平台建设方面,芒果TV也交上了一份靓丽的答卷:已实现全平台日均活跃用户超过3500万,日点击量峰值突破1.37亿;2015年广告收入超过7亿元,同比增长10倍多,总体收入过10亿元;芒果TV完成A轮融资,实现投后估值超70亿,资本对价增长10倍以上,在B轮融资中,估计投前估值将超过120亿元。此外,电广传媒、达晨创投、"快乐购"和"快乐阳光"都取得了不俗的业绩。

我们也必须清醒认识到的是,湖南广电的转型虽然取得了良好的成效,但是在管理层长期激励等体制性问题和技术等方面仍然存在较大的短板,而这也可能成为制约其成功转型的最大阻力。

六、案例 6　华闻传媒以并购为抓手的资本转型探索

当前,传统媒体纷纷采取各种措施进行转型,但能否成功,关键是看其是否能够认清趋势和充分发挥自身优势。成立于 1991 年的华闻传媒投资集团股份有限公司(简称为"华闻传媒"),1997 年在深交所上市,目前公司控股股东为国广环球资产管理有限公司,持股比例为 14.47%,实际控制人为国广环球传媒控股有限公司和中国国际广播电台。近年来,华闻传媒充分发挥上市平台的优势,在准确把握传媒业发展新趋势的基础上,通过整合、并购等有效手段,形成了良好的战略布局,潜力巨大,转型成效显著,值得条件接近的传统媒体借鉴。

(一) 华闻传媒积极顺应传媒业发展新趋势

1. 信息服务业成型

在互联网技术的推动下,传媒业、通信业和 IT 业正在高速融合成新的"蓝海"——信息服务业,这对于传统媒体来说,既是巨大的挑战又是潜在的机遇。华闻传媒跳出传媒看传媒,把自身的产业经营领域扩大为"信息服务业",以全新的视角来指导自身的转型和发展。

2. 商业生态系统竞争成为主流

传媒业的竞争已经从内容、产品、平台上升到生态系统的竞争。在 BAT 互联网三巨头中,无论是阿里巴巴、腾讯还是百度,他们之所以能够快速成长,核心都是打造了属于自己的商业生态系统:阿里巴巴是基于人与交易,腾讯是基于人与生活,百度是基于人与信息。华闻传媒也在积极打造基于大数据平台的人和信息之间的商业生态系统。

3. 智能信息时代快速到来

在互联网技术的推动下,我们已经进入智能经济时代,随之而来的,信息服务也进入智能信息时代。而信息智能服务的关键是要基于大数据和移动互联,对用户需求进行精准定位,进而实现信息和用户个性化、定制化信息需求的智能匹配。在实践中,搜狐新闻客户端虽然用户数和流量都远远高于今日头条,但是其估值却远远低于今日头条,根本原因在于今日头条是信息智能匹配,而搜狐新闻客户端仍然是简单的新闻媒体。华闻传媒深刻认识到该趋势,通过收购大数据公司,积极打造属于自己的信息智能平台。

4. 与生活场景高度匹配的服务才有商业价值

任何一项产品要具有商业价值，就一定要有符合用户的场景。例如，阿里巴巴的服务就和用户的商品交易高度吻合，腾讯的服务则和用户的交流高度吻合。华闻传媒认为和自己匹配的场景就是信息的交流，即用户的智能信息服务。

（二）整合和并购是华闻传媒进行战略布局的有效手段

华闻传媒自成立以来，其主要发展战略为两点：一是整合资源，把实际控制人的相关经营资源注入；二是收购式的扩张战略，一方面收购细分行业龙头企业，另一方面收购科技公司来打造自己的平台。

1. 经营资源注入

2012 年 8 月，华闻传媒的控股股东变更为上海渝富资产管理有限公司，实际控制人变更为国广环球传媒控股有限公司。此后，中国国际广播电台的雄厚经营资源分批、逐步注入华闻传媒。

中国国际广播电台（简称为"国际台"）创建于 1941 年，系国家级广播电台，与中央电视台、中央人民广播电台并称"中央三台"。作为中国唯一向世界广播的国家电台，不仅是中国语种最多、资质最全、受众最广的传媒，而且是世界三大广播电台之一。国际台实现了由单一媒体向综合媒体转变、由对外广播向国际传播转变、由本土媒体向跨国媒体转变，拥有广播、电视、平面媒体、新媒体、影视译制和产业六大集群，正积极建设现代、综合、新型国际传媒集团。国际台目标受众定位于中青年、高学历、高收入的主流精英人群，客户忠诚度高，具有极高的市场价值。政府人员、企事业高管、专业人士、白领、商业人士，是国际台各渠道受众明显的标志。

截至 2015 年年底，国际台拥有 95 家境外整频率电台（每天用 43 种语言播报，覆盖 60 多个国家和地区）、12 家境外广播孔子课堂、18 家环球网络电台、40 个驻外记者站及总站、4112 个境外听众俱乐部，无线广播每天累计播出节目 3000 多个小时，多文种平面媒体海外发行 132.5 万份，具有全球信息采集能力和传播覆盖能力。环球东方卫视是通过卫星频道、无线频道、有线频道、IPTV 频道和新媒体手机终端进行每天 24 小时全天候播出的电视台，覆盖美国、加拿大、墨西哥、巴西、阿根廷等北美洲、中美洲和南美洲共 30 多个国家，观众可通过卫星接收器免费收看节目。环球东方卫视积极推动中美之间电影电视和文化艺术的交流与合作，积极参与中美电影节的各项活动，并且与中美两国的影视同行推出联合制作的电影电视作品①，在把好莱坞的先进影视科技引进中国的同时，更把优秀的中华文化传播到国际舞台；国广东方与海外著名影视公司合作，建立覆盖北美、东南亚、非洲、中东、欧洲的海外渠道；中华网成为海外华人了解中国资讯的第一门户网站。国际台拥有国内传媒领域最全面的媒体经营牌照，包括广播、网络视频、手机电视、互联网电视、IPTV、电视频道、报刊、出版社等经营牌照。国际台使用65种语言全天候向世界传播，是全球使用语种最多的国际传播机构。经过近70年的发展，国际台形成了一系列语种多、受众广、影响力强、覆盖全球的品牌集群。

2. 大规模收购

（1）2006年8月，华闻传媒以2.20亿元收购陕西华商传媒集团有限责任公司30%的股权；2007年，又购买了陕西华商传媒集团有限责任公司31.25%的股权，总共持有陕西华商传媒集团有限责任公司61.25%股权，实现了控股。华闻传媒开始大举进军传媒业，此后，传媒业成了华闻传媒的主业。

（2）2006年9月，华闻传媒以8400万元收购深圳证券时报传媒有限公司84%的股权，进入财经新闻领域。

（3）2011年8月，国广环球传媒控股有限公司依照股份转让协议的约定，将其拥有新型媒体经营资源——互联网电视经营业务的控股子公司国广东方网络（北京）有限公司的44.18%股权以增资方式注入华闻传媒，成功进入互联网电视领域。

（4）2013年1月，华闻传媒以6.80亿元现金收购了国际广播电台唯一专属广告经营公司——国广光荣。

（5）2013年6月25日，华闻传媒拟以6.48元/股定向增发收购10家关联公司部分或全部股权，对价31.50亿元。这10家公司中，除了北京澄怀科技有限公司外，其余均为"华商系"公司，该部分股权交易价约为24.50亿元。其中收购最大的标的为陕西华商传媒集团有限责任公司，作价14.50亿元。此次收购完成后，华闻传媒将持有其100%股权。加之此前的两次收购，华闻传媒最终以18亿元的总价将华商传媒收入囊中。

（6）2014年4月，华闻传媒以2.80亿元收购国视通讯（上海）有限公司100%股权，进入手机电视业务。

---

① 国广东方是国广东方网络（北京）有限公司的简称，成立于2006年11月，其主要股东是国广传媒发展中心，该中心是承担中国国际广播电台网络音视频及IPTV业务运营的主体，独家负责中国国际广播电台可经营性资源的经营管理。

（7）2014年8月，华闻传媒通过向特定对象非公开发行1.34亿股股份并支付现金的方式，购买掌视亿通100%的股权、精视文化60%的股权、邦富软件100%的股权以及漫友文化85.61%的股权，总交易价格合计为27.90亿元，发行股份的价格为13.68元/股；同时，拟以12.31元/股的底价向不超过10名特定投资者非公开发行股份募集配套资金不超过9.2亿元，全部用于支付该次交易的对价。

华闻传媒在进行收购时，选择的对象都是各个细分行业的龙头。华商传媒集团作为我国重要的报业传媒集团，在陕西省、辽宁省和吉林省的报业市场上都居于龙头地位；《证券时报》在财经资讯领域也处于龙头地位；目前运营商付费手机视频商业模式的收入远超在线视频企业的手机端业务，而国视通讯在运营商付费手机视频模式中又是最具规模的一家；留学及考试教育在线网站"太傻网"目前的注册用户已超过220万人，每年新增注册用户超过50万人，独立IP访问量超过2200万/年，在青年学生中有很好的品牌认可度，属于高端留学第一品牌；掌视亿通是国内领先的运营商视频内容营销与推广平台龙头；精视文化是国内第二大楼宇电梯广告提供商；邦富软件是国内网络舆情研究与信息服务领域的龙头企业，系国内唯一以成熟企业级平台为核心的舆情系统提供商，也是行业内唯一独立拥有所有产品自主知识产权的公司；在漫画杂志领域，漫友文化的《漫画世界》长期保持在漫画杂志的第一集团，漫画杂志前10名中，漫友文化占有4本。

（三）良好的战略布局

华闻传媒通过一系列的收购，已经成为国内目前传播渠道覆盖最广、牌照最齐全的综合传播集团，并且作为中国国际广播电台旗下唯一的文化传媒上市平台，拥有稀缺的海外互联网电视渗透渠道。华闻传媒及其旗下企业在以下各个领域都有不错的发展势头。

1. 平面媒体领域

华闻传媒主要有《证券时报》《华商报》《新文化报》《华商晨报》《重庆时报》《消费者导报》《南非华人报》《淑媛》《自驾游》《大众文摘》《益寿宝典》等报刊。其中，《证券时报》是三大财经报纸之一，《华商报》《华商晨报》《新文化报》《重庆时报》均为都市报前30名，分别在西安、沈阳、长春、重庆等区域占主导地位，尤其需要指出的是，《华商报》在全国晚报都市类报纸竞争力评比中雄踞第3位。此外，其他杂志和周报也在各自领域具有一定的影响力。

2. 广播领域

华闻传媒拥有中国国际广播电台旗下三套频率即环球资讯广播（NewsRadio）、劲曲调频（HitFM）和轻松调频（EZFM）经营及听众互动平台。

3. 互联网领域

（1）华商网是陕西省较强的信息服务平台，日均页面浏览量（PV）800万，日均用户访问量（UV）60万，"华商论坛"注册用户数90余万，日均发帖量超28000帖，同时在线人数超万人。

（2）辽一网是辽宁第一门户网站，日均页面浏览量（PV）200万，日均用户访问量（UV）120万，"华商论坛"注册用户数200余万，日均发帖过万。根据全球公认互联网排名机构Alexa的检测，辽一网在东北地区地方网站中排名第一，居全国地方骨干新闻网站前10位。

（3）证券时报网全面整合各种财经新闻、财经资讯，全天24小时不间断提供全方位的财经信息服务。目前，该网站设有股票、公司、基金、创业板、港股、期货、股指期货、理财、研究报告、新股、博客、股吧、网上路演等近30个频道。时报快讯、股票行情等APP下载量超过40万次。证券时报网是证监会指定的信息披露网站之一。

（4）中华网定位为代表中国名声和形象的多语种国家级门户网站，获得"国际传播能力建设项目"的支持，由国广控股绝对控股；是国内互联网门户第二梯队的领先者，拥有7000万月独立访问用户。截至目前，中华网已完成覆盖中国周边国家的11个多语种网站的建设，并陆续开始本土发布和推广。2014年，中华网承办了国际微电影大典，主办首届军事文化节、游戏论坛、动漫嘉年华等活动，进一步建设品牌，其军事频道在全国同类频道中拥有最多的粉丝。

（5）"太傻网"。澄怀科技创立了留学及考试教育在线网站"太傻网"。截至2015年年底，该网站注册用户已超过220万人，每年新增注册用户超过50万人，网站的用户访问量超过3亿次/年。"太傻网"平台覆盖全国"211重点高校"在校学生，定期在校举办推广活动，在16～26岁青年学生中有很好的品牌认可度。"太傻论坛"日均IP、日均PV值、百度权重、收录数量、反向链接等指标均处于行业前列。

3. 手机视频

首先，华闻传媒旗下的国视通讯和掌视亿通，是中国移动通信行业手机音视频领域中领先的内容服务及运营推广企业。截至2013年年底，国视通讯拥有超过 800 万的包月用户，是国家广电总局颁发的 6 张手机音视频集成播控牌照方及 10 多张内容牌照方中，在前向内容收费模式下收入和用户数规模最大的一家。目前，国视通讯与中国移动、中国电信和中国联通三大移动网络运营商均开展了基于移动音视频内容服务的合作。截至 2013 年年底，按照艾瑞咨询《2014 年中国移动端视频行业研究报告》中的数据显示，国视通讯以 25.6% 的份额成为"中国移动视频基地"最大的内容服务商。而掌视亿通是国视通讯最主要的内容提供商及内容运营推广商。

其次，国广星空作为中立、开放的互动视频新媒体运营公司，定位于为电视台提供全新的互动工具、互动系统和互动模式，帮助传统电视媒体快速翻越技术屏障，进行互动运营，拓展互动增值收益。

最后，Dopool 手机电视客户端累计下载已超过 1.3 亿次，月活跃用户 445 万人，已经具有一定的用户基础。

4. 互联网电视

国广东方负责中国国际广播电视网络台（CIBN）互联网电视平台的建设和运营，具有巨大的牌照经营价值。国际台拥有国家新闻出版广电总局下发的 7 张互联网电视牌照之一。截至目前，国广东方与四川电信等战略合作方合作落地项目达到 18 个，其中 10 个项目已实现平台对接，付费用户快速提升。国广东方与国内领先的视频搜索引擎技术公司开展紧密合作，并与世界顶尖的游戏引擎企业拟合作发展客厅端 3D 游戏业务。

5. 楼宇广告

精视文化是国内第二大电梯广告企业，在 8 个城市拥有超过 80000 个版位，城市主要中心区域市场占有率超过 70%；在杭州拥有 4200 多部电梯资源和 300 多个高档商务楼等候厅播放的高清数字 3.0 大屏，广告版位超过 15000 多个，涉及 800 多个社区、商务楼；在成都拥有版位数将近 23000 个，在太原拥有版位数达到 12000 多个，在青岛、济南、石家庄三地合计拥有版位数达到 18000 多个，在南京、常州二地合计拥有版位数达到 13000 个。

6. 动漫领域

漫友文化是国内较大的原创漫画平台。多年来，漫友文化积累了丰富的漫画人才和作品资源，培养了千万级忠实的"漫迷"，拥有巨大的动漫产业链优质 IP 入口和平台价值。漫友文化运营《漫友》（半月刊）、《漫画世界》（周刊）等知名品牌漫画期刊，推出了销量达 4500 万册的《乌龙院》及 3800 万册的《爆笑校园》等过千种畅销漫画，累积动漫作品 4 万余部，发行漫画书刊 5.2 亿册。漫友文化先后打造了 BENJAMIN、寂地、客心、丁冰、朱斌、十九番、韩露、夏达等数百位漫画明星，签约漫画家（工作室）接近 100 位（家），长期合作的漫画家逾 300 人。漫友文化是承办由国家文化部等十部委联合主办的"首届中国动漫艺术大展"及"中国国际漫画节"（全国顶级三大动漫节展之一）的策划和服务单位。

7. 大数据领域

邦富软件具备大数据和技术积累优势，在舆情服务领域的领先优势明显：一是目前邦富软件拥有最强大、最成熟的舆情软件研发队伍，是国内排名前 10 的垂直搜索公司；二是邦富软件通过多年的积累，形成了一个庞大的舆情信息库，在社会公共管理方面的数据也很丰富。

邦富软件所从事的舆情监测业务也正面临政策和市场的双轮驱动，市场开始进入高速成长期。①政策和市场双轮驱动。一方面，在智慧城市建设的背景下，国家大力推行电子政务；另一方面，互联网舆论的影响力和破坏性越来越大，许多机构对监控的购买意愿越来越强。②市场开始进入高速成长期。一方面，就政府市场而言，还有许多市场有待培育和开发；另一方面，经过前几年的培育，公安和宣传系统的舆情监测市场逐步被打开，行业已经开始进入高速成长期。

七、案例 7　SMG 的系统化转型

2014 年，SMG[①] 重启改革，以旗下的互联网平台上市公司百视通（BesTV）吸收合并上市公司——上海东方明珠（集团）股份有限公司（以下简称为"东方明珠"）来推动媒体融合，这种另辟蹊径的以资本运作为主要特征的媒体融合方式为旗下具有上市公司的传媒集团提供了全新的视角和思路。

（一）以资本运作为抓手的系统融合之路

1. 全新战略定位：新型互联网传媒集团

目前，SMG 已成为中国省级文化传媒行业产业布局最完整和市场价值最大的文化传媒产业集团，业务涵盖广播、电视、报纸、杂志等传统媒体运营，影视

[①] 上海广播电视台、上海文化广播影视集团有限公司（英文统称 Shanghai Media Group，简称 "SMG"）是中国目前产业门类最多、产业规模最大的省级新型主流媒体及综合文化产业集团。

剧及电视节目制作与发行，数字付费电视、交互式网络电视（IPTV）和互联网电视（OTT）等新媒体渠道与平台运营，以及网络视频、网络游戏、电视购物、现场演艺和文化旅游等领域。SMG 旗下拥有 12 个广播频率、15 个电视频道、15 个数字付费电视频道、8 种报刊，一批全国知名文艺院团、演艺场馆，以及东方明珠广播电视塔、上海国际会议中心、上海东方绿舟等城市文化地标。

SMG 进行上市公司的合并，目的是把互联网基因植入传统媒体集团，并牵引、倒逼、推动整个 SMG 的变革，进而打造"新型互联网传媒集团"。

2. 顶层融合："大文广"（原上海文化广播影视集团）和"小文广"（上海东方传媒集团有限公司）实施大整合

根据 2014 年的改革方案，在保持上海广播电视台的事业体制不变的基础上，"大文广"的事业单位建制撤销，对"大文广"、上海广播电视台和"小文广"的经营性资产进行全面整合后而改制设立的国有独资的上海文化广播影视集团有限公司（即现在的 SMG）正式运营。"小文广"以国有股权划转方式与上海文化广播影视集团有限公司实施整合。改制后，上海文化广播影视集团有限公司通过其控股子公司累计持有东方明珠 45.23% 股权。整合后的 SMG，于 2014 年 3 月 31 日正式挂牌，业务涵盖内容生产、媒体运营、网络传输、现场演绎、文化旅游、购物、版权经营等多个领域，截至 2014 年 9 月底，其总资产规模达 467.90 亿元，净资产规模达 300.60 亿元，资产负债率低于 40%。[①]

3. 平台融合：百视通和东方明珠整合

根据重组方案，将由百视通收购东方明珠，合并完成后，SMG 将只保留"百视通"一家上市公司。停牌前百视通的市值为 356.28 亿元，东方明珠为 347.95 亿元；截至 2015 年 1 月 9 日下午停盘时，东方明珠的市值为 432.02 亿元，百视通的市值为 405.50 亿元，合计为 837.52 亿元，预计重组后的新"百视通"公司，将成为传统媒体领域首个跨越千亿市值门槛的传媒公司。[②]

百视通和东方明珠的合并重组方案有三个步骤：吸收换股合并、发行股份购买资产以及募集配套资金。[③] 百视通拟以每股 32.54 元的价格，以新增股份换股方式吸收合并东方明珠，换股比例为 3.04∶1，交易完成后，东方明珠被注销。同时，百视通拟以非公开发行股份购买"尚世影业"100% 的股权、"五岸传播"

[①] 孙嘉夏：《上海文广系统改革启幕：大文广改制，小文广并入》，载《每日经济新闻》2014 年 3 月 31 日。
[②] 张昊昱：《百视通并购东方明珠通过审批，市值超 1300 亿元》，载《证券时报》2015 年 4 月 7 日。
[③] 张昊昱：《百视通并购东方明珠通过审批，市值超 1300 亿元》，载《证券时报》2015 年 4 月 7 日。

100% 的股权、"文广互动"约 68% 的股权、"东方希杰"约 45.21% 的股权。另外，百视通拟通过向上海国和基金、交银文化基金、绿地金控、上汽投资、上海光控投资、长江养老、招商基金、国开金融、中民投资本以及文广投资中心在内的 10 家机构定向发行股份的方式，募集不超过 100 亿元的配套资金。

SMG 为什么采取"以小吃大"的方式——以规模较小的百视通为平台来整合规模较大的东方明珠呢？根本原因在于百视通更具备互联网基因，更符合传媒业的发展趋势和市场认可度。

4. 百视通和东方明珠整合后初具生态系统雏形

首先，整合后的百视通公司，牌照资源、内容资源和渠道资源丰富。①牌照资源。作为综合性的传媒集团，SMG 在 2005 年就获得中国第一张 IPTV 全国运营牌照。2012 年，SMG 旗下的百视通完成了对视频网站"风行网"的收购。目前，除了已有的 IPTV 牌照，SMG 还手握互联网电视以及 3G 手机电视牌照。②内容资源。SMG 已经建成"百视通""风行网""东方购物"以及技术运营中心等基础平台，拥有 150 多万小时的内容资源存储能力。此次重组，SMG 募投了 100 亿元人民币，其中 5 亿元投在"尚世影业"，扩大影视剧生产规模，20 亿元用来购买版权。③渠道资源。除了现有的互联网电视、IPTV、有线数字电视等，SMG 还将花 10 亿元用来建云平台和大数据中心，把旗下所有的平台包括"东方购物"680 万的用户整合到一个平台，进行集中开发，提高用户价值。

其次，基于百视通的互联网电视发展良好。尽管百视通是目前最大的 IPTV 运营商，拥有 2200 万 IPTV 用户、3300 万一体机用户，但是，随着近年来外部经营环境和政策环境发生重大变化，百视通既有的 IPTV 业务不论收入还是利润，都已经不再像过去一样能有 60% ~ 70% 的超高增长率。百视通亟需加大对 OTT 电视等新兴业务的投入，使之成为新的核心收入来源。SMG 这次定增的 100 亿元中，有近 50 亿元投向互联网电视业务领域，其中包括用于购买优质版权内容的 20 亿元、全媒体云平台建设的 9.86 亿元、OTT 电视及网络视频项目建设的 17 亿元和新媒体购物平台建设的 4.18 亿元。

最后，重组后的百视通已经成为一个生态圈。根据重组方案，SMG 新上市公司的业务生态圈将包括"内容、平台 + 渠道、服务"三大板块。生态圈中的内容板块将涵盖节目模式研发、影视制作、版权经营等；"平台 + 渠道"板块则包括互联网电视、IPTV、有线数字电视、网络视频、云平台和大数据等相关业务；服务板块囊括数字广告、网络游戏与主机游戏、电视购物与电子购物、文化旅游等领域。①

5. 内容大整合

首先，东方卫视大力整合内容资源。一是以"独立制作人"为机制改革的核心，成立新的东方卫视中心，旗下的上海东方娱乐传媒集团有限公司原有管理架构和职能自 2014 年 3 月起撤销，并新组建东方卫视中心。该中心由原东方卫视中心、艺术人文中心、大型活动中心、新娱乐、星尚传媒等单位和部门组成，直属台、集团管理。二是东方卫视中心下设节目生产中心、节目研发中心、频道运营中心，以及业务拓展部、广告营销部、综合管理部，这"三部三中心"与 20 组"独立制作人"团队形成闭环结构。中心实行扁平化管理，150 多个中层干部最后只保留了 50 个左右。三是通过公开竞聘，SMG 业已形成近 20 支"独立制作人"团队，并采取切实措施，使得制作人团队"责权利相对等"。一方面，制作人团队直接对产品负责、对观众负责，同时也对团队自身负责；另一方面，通过简政放权，管理岗位人员缩减，而制作人及其团队拥有创意自主权、项目竞标权、团队组建权、经费支配权、收益奖励权、资源使用权，相关的行政、财务、法务结构也进一步理顺并形成了内部激励体系，专门服务于满足观众需求的内容产品创新和研发。

其次，以"第一财经"为核心打造数据财经新闻。一是大力推进"第一财经"的改革，"第一财经"传媒公司与"第一财经"报业公司实施一体化运作，重构业务流程，打通业务平台，形成四大系统（行政支持系统、全媒体生产系统、经营系统、技术支撑系统）和数字产品中心，建立覆盖"财经媒体＋数字化专业财经信息服务＋衍生服务"的业务模式，战略目标是成为中国最具影响力和竞争力的新型数字化财经媒体与信息服务集团。二是 SMG 已与阿里巴巴集团在商业与金融数据服务以及财经资讯领域初步达成战略合作意向，双方将以 SMG 旗下"第一财经"为平台，借助各自在数据、资讯、技术、研究和市场推广方面的行业领先优势，携手进入市场潜力巨大的数据服务领域。三是"第一财经"与阿里巴巴实际控股的上市公司"恒生电子""浙江蚂蚁小微金融服务集团有限公司""宁波云汉投资管理合伙企业（有限合伙）"签署了合作意向书，各方同意，将发挥各自优势，在数据业务领域寻求资本及业务层面的合作机会，共同将"恒生电子"控股的子公司——上海恒生聚源数据服务有限公司（简称为"恒生聚源"）打造成一家领先的数据服务公司。

最后，成立公益媒体群。SMG 成立了由艺术人文频道、七彩戏剧频道、经典

---

① 黎瑞刚：《SMG 的改革实践与思考》，载《新闻记者》2015 年第 1 期。

947 频率、戏剧曲艺频率组合而成的公益媒体群。这个公益媒体群既是全国媒体公益性改革的探索性尝试，也是 2015 年 SMG 深化改革的一个重要环节。公益媒体群的宗旨是传播高雅艺术、弘扬传统文化，不会像其他频道那样考核收视率和经营创收。SMG 公益媒体群的设立，为中华优秀传统文化提供了集群式的传播平台。

6. 配套改革启动

首先，百视通启动股权激励改革。百视通对公司中高级管理人员以及核心人才实施股权期权与股票增值权计划，行权价为 44.33 元/股，此价与公司停牌前股价相同。百视通根据实施对象国籍的不同，其激励形式分为股票期权激励计划与股票增值权激励计划两种。其中，在期权激励方面，公司拟向 224 位中高级管理人员以及关键技术骨干人员授予期权 396.31 万股，占公司总股本的 0.356%，人均期权约为 1.77 万股；在股票增值权激励方面，拟向 2 名外籍高管授予虚拟股票 13.43 万股，占股本总额的 0.012%，人均为 6.715 万股。当满足一定条件的情况下，行权人可以获得公司行权日市价高于行权价格的增值部分收益，由公司以现金形式支付。该计划授予股票期权的行权限制期为 2 年，限制期满后，在公司满足相关业绩条件的前提下，股票将分 3 批匀速生效。

其次，成立相关投资基金。一是 SMG 携旗下上市公司与华纳兄弟、华人文化基金、Rat Pac 娱乐和 WPP 等合作伙伴，共同设立"跨国文化创意投资基金"，从事境内外文化创意、娱乐产品的投融资业务，基金首期募资规模不低于 1 亿美元。二是 SMG 发起的另一只以美国硅谷新媒体及互联网技术为投资对象的风投基金也将问世，这一举措将切入硅谷媒体技术和移动互联网的最前沿，为 SMG 的互联网化战略转型引入先进的技术和创新的商业模式。

最后，实施扁平化管理。主要思路是通过改变原有的矩阵式垂直管理形态，使选人用人、生产制作等进一步"扁平化"，形成各尽其长的施展平台，最终构成以人为核心的闭合式"圆环"，进一步提高生产效率和创新能力。

此外，SMG 还将电视新闻中心与"看看新闻网"融合起来发展，建设全媒体指挥中心，实现全媒体流程与组织再造；并将东方广播中心整合为 4 大广播板块，推出了数字新媒体产品"阿基米德"；"大小文广"所拥有的演艺资源也在进行线上线下全产业链的布局。

（二）融合转型后的显著成效

1. 经营收入和净利润均获高速增长

据 SMG 内部统计数据，2014 年前三个季度，整合后的 SMG 合并营业收入为

163.8 亿元，同比增长 12%，同期净利润增长 28%。如果按照这一发展势头，合并后的 SMG 有望成为首家进入中国企业 500 强的国有文化传媒类企业。而东方卫视也在与其他 5 大频道的改组后，享受起改革红利。在我国传统媒体广告收入快速下滑的背景下，截至 2014 年 9 月底，东方卫视的广告收入增速超过了 20%。

2. 产业结构更为合理

整合后，SMG 的广告收入占比已经从 2002 年的 90% 下降到如今的不到 1/3，包括互联网电视在内的新媒体业务收入将成为 SMG 主要收入来源的一个新的强劲支撑点。

（三）转型的思考

1. 媒体融合转型的核心是有一个强有力的"一把手"

黎瑞刚毫无疑问是 SMG 的领军人物，之前主政"小文广"时，他就锐意改革，取得了显著的成就。这次以资本运作进行的 SMG 的媒体融合改革，正是因为有了他这个"一把手"的掌舵，改革才更加顺利。

2. 深化改革是破除"大企业病"的有效措施

当前，文化体制改革已经进入了攻坚阶段，SMG 的资产规模达到数百亿元，有数万员工，旗下的企事业单位数十家，已经在一定程度上出现了组织机构繁杂、人浮于事、效率低下等"大企业病"的征兆，如果不进一步深化改革，就有可能出现严重的"大企业病"。SMG 通过这次改革，构建了更为科学合理的决策机制和组织机构，更为扁平化和市场化，实现人尽其才、才尽其能和有效提高决策效率，这就能够有效避免"大企业病"的出现与发展。

3. 资源整合是解放体制生产力的科学途径

在上一轮的改革浪潮中，上海文化传媒业取得了不小的成果。但是在当前的情况下，上一轮改革形成的上海文广系统事业单位"叠床架屋"的管理层级，已经成为进一步发展的禁锢。再者，上海文广系统本身涉及面广、触及利益多，牵一发而动全身，如果不进行彻底、全面的整合和改革，就难以取得实效。

SMG 通过资源整合，可以有效地实现优势资源的整合和互补，更好地发挥资源的协同效应，真正解放体制生产力。

4. SMG 融合的风险点

首先,能否真正再造基于互联网的用户平台?从严格意义上讲,目前的百视通还不是真正的互联网公司,合并之后的上市公司能否打造真正的基于互联网的平台还是一个未知数。

其次,资产合作容易,而后续人员、业务等的整合却是真正的难点,因此,能否有效推进人员、业务等的整合还值得高度关注。

再次,管理层思维的彻底互联网化。SMG 面临互联网转型压力,此次改革不是简单意义上的传统媒体和互联网的资产重组,而是需要整体思维和业务流程的互联网化。媒体的传统思维和流程要被瓦解后进行重新构筑,这将给 SMG 带来非常巨大的压力和挑战。

最后,SMG 还缺乏突破性的爆款产品。

(四)对其他企业的启示和借鉴意义

1. 借助资本市场进行整合是一条行之有效的路径

传统媒体的转型,必须具备两大工具,一是互联网平台,二是具有强大的资本运作能力。这对于那些旗下有上市公司的传统媒体来说,借助资本市场来收购互联网媒体无疑是一条捷径。

2. 以互联网媒体为主体进行融合

SMG 的整合是以百视通为融合主体,而不是以市值和规模更大的东方明珠为主体来进行,原因在于如下亮点:一是百视通是互联网媒体,更符合融合的趋势;二是互联网媒体的估值更高,更能够为市场认可。

3. 注意顶层设计

SMG 这次资本整合的顶层设计和方案较为合理,这样就使得后续的动作更容易落实和执行。与之不同的是,有些集团虽然口号很响,但是由于顶层设计不合理,导致后续落实和执行难度极大。

参考文献

[1] 中共中央宣传部新闻局. 中国媒体融合发展的实践与探索 [M]. 北京：学习出版社, 2015.

[2] 北京市新闻工作者协会. 媒体融合蓝皮书：中国媒体融合发展报告（2015）[M]. 北京：社会科学文献出版社, 2015.

[3] 喻国明. 媒介革命：互联网逻辑下传媒业发展的关键与进路 [M]. 北京：人民日报出版社, 2015.

[4] 万小广. 媒体融合新论 [M]. 北京：新华出版社, 2015.

[5] 麦尚文. 全媒体融合模式研究 [M]. 北京：中国人民大学出版社, 2012.

[6] 崔保国, 等. 中国传媒产业发展报告（2015）[M]. 北京：社会科学文献出版社, 2015.

[7] [美] 凯文·凯利. 失控：全人类的最终命运与结局 [M]. 北京：电子工业出版社, 2010.

[8] [美] 凯文·凯利. 必然 [M]. 北京：电子工业出版社, 2016.

[9] [美] 凯文·凯利. 新经济 新规则 [M]. 北京：电子工业出版社, 2014.

[10] [美] 凯文·凯利. 科技想要什么 [M]. 北京：电子工业出版社, 2014.

[11] [英] 维克托·迈尔－舍恩伯格, 肯尼思·库克耶. 大数据时代 [M]. 杭州：浙江人民出版社, 2013.

[12] [美] 艾伯特－拉斯洛·巴拉巴西. 爆发：大数据时代预见未来的新思维 [M]. 北京：中国人民大学出版社, 2012.

[13] [美] 詹姆斯·格雷克. 信息简史 [M]. 北京：人民邮电出版社, 2013.

[14] 涂子沛. 大数据 [M]. 桂林：广西师范大学出版社, 2015.

[15] 涂子沛. 数据之巅 [M]. 桂林：广西师范大学出版社, 2015.

[16] 车品觉. 决战大数据：大数据的关键思考 [M]. 杭州：浙江人民出版社, 2016.

[17] [美] 彼得·蒂尔, 布莱克·马斯特斯. 从0到1：开启商业与未来的秘密 [M]. 北京：中信出版社, 2015.

[18] [美] 埃里克·施密特, 乔纳森·罗森伯格. 重新定义公司：谷歌是如何

运营的［M］.北京：中信出版集团，2015.

[19]［美］克里斯·安德森.免费：商业的未来［M］.北京：中信出版集团，2015.

[20]［美］杰夫·戴尔，赫尔·葛瑞格森，克莱顿·克里斯坦森.创新者的基因［M］.北京：中信出版社，2013.

[21]［美］克莱顿·克里斯坦森.创新者的窘境［M］.北京：中信出版社，2014.

[22]［美］克莱顿·克里斯坦森，［加］迈克尔·雷纳.创新者的解答［M］.北京：中信出版社，2013.

[23]［美］克里斯·安德森.长尾理论：为什么商业的未来是小众市场［M］.北京：中信出版集团，2015.

[24]吴军.浪潮之巅［M］.北京：人民邮电出版社，2013.

[25]吴军.硅谷之谜［M］.北京：人民邮电出版社，2015.

[26]［美］阿伦·拉奥，皮埃罗·斯加鲁菲.硅谷百年史：伟大的科技创新与创业历程（1900—2013）［M］.北京：人民邮电出版社，2014.

[27]［美］克莱·舍基.认知盈余［M］.北京：中国人民大学出版社，2012.

[28]［美］杰里米·里夫金.零边际成本社会：一个物联网、合作共赢的新经济时代［M］.北京：中信出版社，2014.

[29]［美］杰里米·里夫金.第三次工业革命：新经济模式如何改变世界［M］.北京：中信出版社，2012.

[30]谢德荪.源创新：转型期的中国企业创新之道［M］.北京：五洲传播出版社，2012.

[31]腾讯科技频道.跨界：开启互联网与传统行业融合新趋势［M］.北京：机械工业出版社，2014.

[32]阿里研究院.互联网+：从IT到DT［M］.北京：机械工业出版社，2015.

[33]赵大伟.互联网思维：独孤九剑［M］.北京：机械工业出版社，2014.

[34]郭全中.传媒集团战略与管理体制研究［M］.合肥：安徽大学出版社，2010.

[35]郭全中.传媒业大变局［M］.合肥：安徽大学出版社，2011.

[36]郭全中.传媒大转型［M］.广州：中山大学出版社，2013.

[37]郭全中.传媒大融合［M］.广州：中山大学出版社，2018.

[38]范以锦.以互联网思维的商业模式做强媒体［J］.新闻与写作，2014（11）.

[39]范以锦.转型艰难，但势在必行：传统媒体融合新媒体转型之我见［J］.

同舟共进，2014（10）.
[40] 喻国明，弋利佳，梁霄. 破解"渠道失灵"的传媒困局："关系法则"详解：兼论传统媒体转型的路径与关键［J］. 现代传播，2015（11）.
[42] 陈昌凤. 媒体融合中的全员转型与生产流程再造：从澎湃新闻的实践看传统媒体的创新［J］. 新闻与写作，2015（9）.
[43] 童兵，樊亚平. 从信息提供者到问题求解者：转型时代传统媒体的角色转型［J］. 新闻记者，2014（11）.
[44] 吴飞. 传统媒体的新媒体转型方向何在？［J］. 新闻实践，2013（2）.
[45] 蔡雯. "全媒体战略"中的内容生产创新：对新形势下传统媒体转型的思考［J］. 新闻战线，2013（1）.
[46] 宋建武. 传统媒体集团向综合信息服务商的转型［J］. 新闻与写作，2011（1）.
[47] 彭兰. 正在消失的传媒业边界［J］. 新闻与写作，2016（2）.
[48] 朱春阳. 媒体融合：传统媒体应向新媒体学习什么［J］. 新闻记者，2016（5）.
[49] 戴元初. 传统媒体转型的方向选择［J］. 青年记者，2015（24）.
[50] 刘晓雪. 媒体融合视角下的传统电视转型思考［J］. 现代传播，2015（12）.
[51] 刘鹏. 传统媒体融合转型的若干趋势［J］. 新闻记者，2015（4）.
[52] 王宏宇. 新媒体冲击下传统媒体转型之路探析［J］. 新闻战线，2015（2）.
[53] 宴秋秋. 美国传统媒体转型初探［J］. 新闻记者，2014（3）.
[54] 夏德元. 传统媒体的数字化转型："有"OR"没有"？［J］. 传媒评论，2014（3）.
[55] 张志安. 传统媒体数字化转型之困与变［J］. 传媒评论，2014（1）.
[56] 黎瑞刚. SMG的改革实践与思考［J］. 新闻记者，2015（1）.
[57] 杨星. 突破纸围，我们在路上［J］. 新闻战线，2014（12）.
[58] 詹晓明. 从都市快报看传统媒体内部创业氛围渐向好［J］. 中国报业，2015（21）.
[59] 张凯. 互联网思维的十个特征［J］. 计算机与网络，2016（5）.
[60] 刘保国. 互联网思维下传统媒体和新媒体融合发展探讨［J］. 科技传播，2016（5）.
[61] 方兴东，潘可武，李志敏，等. 中国互联网20年：三次浪潮和三大创新［J］. 新闻记者，2015（4）.

[62] 胡泳."互联网+":信息时代的转型与挑战 [J].人民论坛·学术前沿,2015 (10).

[63] 郭全中.媒体融合:现状、问题与对策 [J].新闻记者,2015 (3).

[64] 郭全中.传统媒体转型的"一个中心""四个基本点" [J].现代传播,2015 (12).

[65] 郭全中.传统媒体转型的关键点研究 [J].新闻与写作,2015 (11).

[66] 徐妙,郭全中.《华盛顿邮报》转型的实践与借鉴 [J].出版广角,2016 (9).

[67] 何天骄.领跑文化传媒产业改革 推动 SMG 整体上市 [N].第一财经日报,2014-11-07.

[68] 张汉澍.SMG 改制博弈 [N].21 世纪经济报道,2013-03-09.